新时期

公路水路交通基础设施发展投融资政策研究

蒋桂芹　邹光华　陈建军　著

中国财经出版传媒集团
中国财政经济出版社

图书在版编目（CIP）数据

新时期公路水路交通基础设施发展投融资政策研究 / 蒋桂芹，邹光华，陈建军著. -- 北京：中国财政经济出版社，2020.12

ISBN 978 - 7 - 5223 - 0294 - 2

Ⅰ.①新… Ⅱ.①蒋… ②邹… ③陈… Ⅲ.①公路运输－交通运输建设－基础设施建设－投资政策－研究－中国②水路运输－交通运输建设－基础设施建设－投资政策－研究－中国③公路运输－交通运输建设－基础设施建设－融资政策－研究－中国④水路运输－交通运输建设－基础设施建设－融资政策－研究－中国 Ⅳ.①F512.3

中国版本图书馆 CIP 数据核字（2020）第 259974 号

责任编辑：张怡然　高　青　　　　责任校对：胡永立

封面设计：卜建辰　　　　　　　　责任印制：张　健

中国财政经济出版社 出版

URL：http：//www.cfeph.cn

E - mail：cfeph@ cfeph.cn

社址：北京市海淀区阜成路甲 28 号　邮政编码：100142

营销中心电话：010 - 88191522

天猫网店：中国财政经济出版社旗舰店

网址：https：//zgczjjcbs.tmall.com

北京中兴印刷有限公司印刷　　各地新华书店经销

成品尺寸：170mm × 240mm　16 开　14.5 印张　221 000 字

2020 年 12 月第 1 版　2020 年 12 月北京第 1 次印刷

定价：58.00 元

ISBN 978 - 7 - 5223 - 0294 - 2

（图书出现印装问题，本社负责调换，电话：010 - 88190548）

本社质量投诉电话：010 - 88190744

打击盗版举报热线：010 - 88191661　QQ：2242791300

前　言

改革开放以来，我国公路水路交通基础设施在“贷款修路，收费还贷”、养路费等一系列政策的支持下，取得了跨越式发展。高速公路里程跃居世界第一，交通运输规模总量位居世界前列，我国已经成为名副其实的交通大国。但与美国、日本等交通强国相比，我国公路水路基础设施的服务能力和服务水平仍存在差距，相比人民日益增长的美好生活需要，发展还不平衡不充分，特别是中西部地区以及广大农村地区仍然存在短板和供给不足的情况。习近平总书记指出，“十三五”是交通运输基础设施发展、服务水平提高和转型发展的黄金时期。① 2019 年中共中央、国务院印发的《交通强国建设纲要》提出，从 2021 年到本世纪中叶，分两个阶段推进交通强国建设；到本世纪中叶，全面建成人民满意、保障有力、世界前列的交通强国。② 从当前公路水路基础设施所处发展阶段看，“十三五”期及今后一段时间仍然是集中建设、加速成网、补齐短板的关键时期，建设任务依然繁重，资金需求规模庞大。

近年来，随着国家财税体制改革和投融资体制改革的加快推进，特别是《国务院关于加强地方政府性债务管理的意见》（国发〔2014〕43 号）、新版《中华人民共和国预算法》等政策、法律文件的出台，“贷款修路，收费还贷”的政策基石受到较大冲击，地方政府建设收费公路只能通过发行专项债券进行融资，普通公路、内河航道等没有收益的公路水路基础设施建设只能通过发行一般债券进行融资，但受制于地方政府债券管理限额影响，地方政府债券能够安排用于公路水路基础设施的规模难以满足发展需要。在此背景下，为使市场

---

① 中国政府网. 切实抓住和用好黄金时期 开创交通运输事业新局面［EB/OL］.（2016－12－27）［2020－12－11］. http://www.gov.cn/xinwen/2016－12/27/content_5153332.htm#l.

② 中华人民共和国交通运输部. 中共中央 国务院印发《交通强国建设纲要》［EB/OL］.（2019－09－19）［2020－12－11］. http：//xxgk.mot.gov.cn/jigou/zcyjs/201909/t20190920_3273715.html.

在资源配置中起决定性作用和更好发挥政府作用，本书从评价当前公路水路基础设施中央投资政策入手，通过分析公路水路基础设施投融资现状及存在的主要问题，结合新时期国家财税体制改革和投融资体制改革新形势及要求，充分考虑公路水路基础设施的经济属性及发展规律，在总结借鉴国外交通投融资经验做法的基础上，对完善车购税专项资金政策、设立公路发展政府性基金等中央交通投资政策，以及设立公路产业投资基金、实施债转股等交通融资政策进行了探索性、前瞻性研究，系统提出调整完善收费公路管理相关政策等促进公路水路基础设施健康可持续发展的政策建议，以期为深化交通投融资改革提供参考和借鉴。

公路水路交通基础设施发展投融资政策研究，是一个需要根据行业发展所处阶段和外部政策环境进行不断探索创新的长期性课题，由于时间仓促，加之作者水平有限，书中难免有纰漏之处，敬请各位读者批评指正。

蒋桂芹

2020 年 11 月 10 日

目录

第一章　公路水路交通基础设施中央投资政策评价 …………………… 1

第一节　公路水路交通基础设施中央投资政策 …………………………… 1
第二节　公路水路交通基础设施中央投资情况 ………………………… 18
第三节　公路水路交通基础设施中央投资政策的主要问题 …………… 19

第二章　公路水路交通基础设施投融资现状分析 ……………………… 25

第一节　公路水路交通基础设施投融资体制 …………………………… 25
第二节　公路水路交通基础设施投融资成效 …………………………… 40
第三节　公路水路交通基础设施投融资的主要问题 …………………… 46

第三章　公路水路交通基础设施投融资形势分析 ……………………… 48

第一节　投融资体制改革及影响分析 …………………………………… 48
第二节　财税体制改革及影响分析 ……………………………………… 55
第三节　地方政府债务管理改革及影响分析 …………………………… 59

第四章　公路水路交通基础设施投融资理论分析 ……………………… 65

第一节　公路水路交通基础设施属性分析 ……………………………… 65
第二节　公共财政基本理论分析 ………………………………………… 73
第三节　公共财政框架下公路水路基础设施供给原则 ………………… 79

第五章　国外公路水路交通基础设施投融资经验及启示…………… 82

第一节　国外公路建设投融资经验及启示 ……………………………… 82

第二节 国外航道建设投融资经验及启示 …… 104

第六章 公路水路交通基础设施投资政策研究 …… 110

第一节 稳定车购税专项资金政策研究 …… 110
第二节 公路发展政府性基金设立研究 …… 114
第三节 交通建设长期债券研究 …… 123
第四节 差异化普惠中央投资政策调整研究 …… 132
第五节 差异化特惠中央投资政策研究 …… 136

第七章 公路水路交通基础设施融资政策研究 …… 141

第一节 发行收费公路专项债券研究 …… 141
第二节 公路产业投资基金设立研究 …… 152
第三节 多式联运产业基金设立研究 …… 161
第四节 公路交通存量资产盘活研究 …… 167
第五节 政府购买服务融资模式研究 …… 192

第八章 公路交通基础设施行业债转股研究 …… 198

第一节 债转股的基本内涵 …… 198
第二节 债转股在我国的应用 …… 198
第三节 交通行业推进债转股的必要性 …… 203
第四节 债转股的优劣势分析 …… 205
第五节 债转股方案设计 …… 206
第六节 债转股实施面临的困难 …… 208
第七节 推动债转股实施的建议 …… 209

第九章 公路水路交通基础设施投融资相关政策建议 …… 210

第一节 调整完善收费公路管理相关政策 …… 210
第二节 稳步推进公路发展政府性基金制度建设 …… 212
第三节 进一步完善收费公路专项债券制度 …… 213
第四节 充分发挥国有交通企业在行业发展中的作用 …… 214

第五节　规范开展公路项目 PPP 模式运用 …………………… 214
第六节　积极探索推行收费公路降本增效…………………… 215
第七节　防范化解交通运输行业债务风险…………………… 217

参考文献………………………………………………………… 220

第一章　公路水路交通基础设施中央投资政策评价

第一节　公路水路交通基础设施中央投资政策

中央用于公路水路交通建设的主要资金包括中央预算内资金、车辆购置税（以下简称“车购税”）和港口建设费（以下简称“港建费”）。其中中央预算内资金规模相对较小，“十二五”以来每年安排规模在70亿~80亿元，在此中央交通投资仅指交通运输部安排用于公路、水路等基本建设的车购税和港建费资金。

一、公路交通基础设施领域

（一）投资方向

车购税资金作为公路建设中央投资资金的主要来源，根据《财政部 交通运输部关于进一步明确车辆购置税收入补助地方资金补助标准及责任追究有关事项的通知》（财建〔2016〕879号），“十三五”期车购税资金支出范围包括交通运输重点项目、一般公路建设项目及国务院批准用于交通运输的其他支出（见表1-1）。

表1-1　“十三五”期车购税资金支出范围

支出范围	具体事项	
（一）交通运输重点项目	1. 国家高速公路	2. 普通国道
	3. 普通省道	4. 公路灾毁恢复重建
	5. 客运站场	6. 货运枢纽（物流园区）
	7. 信息化项目	8. 内河水运建设
	9. 港口集疏运公路	10. 港口集疏运铁路
	11. 靠港船舶使用岸电项目	

续表

支出范围	具体事项
（二）一般公路建设项目	1. 农村公路 2. 安保工程、危桥（隧）改造、灾害防治工程 3. 乡镇公路客运站 4. 普通国省干线公路服务区
（三）国务院批准用于交通运输的其他支出	

资料来源：《财政部 交通运输部关于进一步明确车辆购置税收入补助地方资金补助标准及责任追究有关事项的通知》（财建〔2016〕879 号）。

相比“十二五”期，“十三五”期调整了支出项目分类维度，明确了车购税资金的投资补助范围，其中信息化项目、港口集疏运公路、港口集疏运铁路、靠港船舶使用岸电项目、普通国省干线公路服务区 5 类项目，以及内河水运建设中的港口公共锚地建设属于新增投资方向，公路灾毁恢复重建、乡镇公路客运站 2 类项目是在原有投资项目基础上调整形成的新的投资方向，“十二五”期投资方向中的农村老旧渡船报废更新项目、交通运输节能减排项目、公路甩挂运输试点项目、内河航道应急抢通项目和老旧汽车报废更新项目 5 类项目不再纳入支出范围。调整后的车购税资金支出项目分类维度更科学、涵盖项目类型更多、支持重点更突出，更有利于实施精细化管理。

（二）投资标准

“十三五”期是公路集中成网、服务水平全面提升、发展方式加快转变的关键时期，西部地区仍有约 20% 的建制村需连通硬化路，国家高速公路实线仍有约 25% 的路段亟须贯通，部分早期建成的高速公路通道扩容改造需求迫切，普通国省道的技术等级、安全性和舒适性有待进一步提升。这一时期，公路建设项目主要集中在经济发展水平较低的地区，桥隧项目占比比较大，社会效益显著，但经济效益较差。在此背景下，中央加大了对中央财政事权范围的国家高速公路、普通国道等项目的投资补助力度，针对地区经济发展不平衡问题采取更加多样化的特惠投资政策标准，差异化投资政策目标更加精准。从财建〔2016〕879 号文看，车购税投资标准包括一般投资政策标准和特殊投资政策标准，具体情况如下：

1. 国家高速公路

从一般投资政策标准看，“十三五”期中央投资政策标准不再以里程为基准，调整为以项目总投资或建安费为基准，区分东、中、西不同地区执行差异化投资政策，给予中西部地区更大的支持，更好地发挥中央投资政策的宏观调控作用。同时，优化调整了特殊投资政策，投资地区范围增加了云南、甘肃两个省，加大对南疆四地州①、江西省赣州市的支持力度。此外还规定，车购税资金标准若高于项目资本金，按实际资本金安排。采用政府和社会资本合作模式（Public - Private Partnership，PPP 模式）的国家高速公路项目，补助地方标准以政府还贷（债）项目的补助标准为上限（见表 1 - 2）。

表 1 - 2　　国家高速公路项目投资标准

地区	标准
东部	静态总投资的 25%
中部	静态总投资的 28%
西部	静态总投资的 30%
西藏自治区	项目总投资的 100%
新疆南疆四地州、青海省	项目建安费的 70%
川、滇、甘三省藏区，新疆南疆以外地区，贵州省，云南省，甘肃省	项目建安费的 50%

注：根据中央交通资金投资政策相关规定，东部地区包括北京、天津、河北、上海、江苏、浙江、福建、山东、广东、海南和辽宁 11 个省（市），中部地区包括山西、安徽、江西、河南、湖北、湖南、吉林和黑龙江 8 个省，西部地区包括内蒙古、广西、重庆、四川、贵州、云南、西藏、陕西、甘肃、青海、宁夏和新疆 12 个省（区、市）。全书东、中、西部地区划分同此。

资料来源：《财政部 交通运输部关于进一步明确车辆购置税收入补助地方资金补助标准及责任追究有关事项的通知》（财建〔2016〕879 号）。

2. 普通国道

从一般投资政策标准看，“十三五”期中央普遍提高对不同地区、不同技术等级的普通国道项目投资标准，二级公路和三级公路按投资标准进行区分，东部和中部地区二级公路投资补助标准翻了一番（见表 1 - 3）。此外还规定，对地形复杂、桥隧占比高的项目，投资标准按项目造价适当上浮；独立桥梁长度超过 1 500 米时，每超过 100 米上浮 2%，最高上浮为基数的 2 倍。

① 南疆四地州是指喀什、和田、阿克苏地区及克孜勒苏柯尔克孜自治州。

表 1－3　　普通国道项目一般投资标准

地区	一级公路（万元/公里）	二级公路（万元/公里）	三级公路（万元/公里）	独立桥隧（元/平方米）
东部	800	400	240	2 000
中部	1 000	500	300	3 000
西部	1 200	600	360	4 000

资料来源：《财政部 交通运输部关于进一步明确车辆购置税收入补助地方资金补助标准及责任追究有关事项的通知》（财建〔2016〕879 号）。

从特殊投资政策看，“十三五”期中央将更多经济欠发达区域纳入投资补助范围，差异化投资政策更趋精准，投资标准明显提高，投资力度进一步加大。一是调整执行西部地区一般投资补助标准的地区范围，增加了江西省赣州市，将原中央苏区缩小为福建省原中央苏区。二是提高了投资补助标准，将川、滇、甘、青藏区普通国道，G331、G219 两条沿边国道，连接陆路边境口岸的路线，国家高速公路展望线建成前通道内的路线以及边境县区域内路线，按项目建安费（一般指建筑安装工程费）的 100% 进行补助，并取其与项目资本金的低值；其他集中连片特殊困难地区、革命老区，按同地区一般补助标准上浮 10%。

3. 普通省道

普通省道属于地方财政事权，中央投资发挥宏观调控作用。“十三五”期投资标准以普通国道投资标准为基准，下浮一定幅度，其中西藏自治区和南疆四地州实行特殊投资政策，执行普通国道标准；其余地区则实行一般投资政策，按普通国道一般标准的 70% 执行，对地方申请低于上述标准的，按照地方申请数执行。

4. 公路灾毁恢复重建

公路灾毁恢复重建项目支出范围包括：普通国道、省道因暴雨、台风、强震和雨雪冰冻等自然灾害及洪涝、滑坡、泥石流等次生灾害导致公路路基、路面、桥涵及其他交通设施严重受损，以恢复原用功能为主的重建性工程项目。项目补助标准按地方申请数与重建项目工程造价的 50% “孰低原则”核定。

5. 客运站场

综合客运枢纽方面，区分一体化和非一体化衔接项目，东、中、西部地区执行差异化投资政策（见表1－4），不再考虑项目总投资，投资范围明显扩大。其中，全国性综合交通枢纽城市中心地区内项目在一般标准上浮2 000万元。车购税资金占申报项目公路客运枢纽站及相关换乘设施总投资的比例以50%为上限。

表1－4　　综合客运枢纽项目补助标准

地区	一体化衔接项目（万元/个）	非一体化衔接项目（万元/个）
东部	4 000	2 500
中部	4 500	3 000
西部	5 000	3 500

资料来源：《财政部 交通运输部关于进一步明确车辆购置税收入补助地方资金补助标准及责任追究有关事项的通知》（财建〔2016〕879号）。

普通客运站方面，东、中、西部地区一级、二级地级客运站继续执行“十二五”期相应技术等级的投资补助标准，并将二级及以上、三级县级客运站纳入投资补助范围。此外还规定，纳入扶贫规划的贫困地区地级客运站执行所在区域相应标准，但县级客运站则执行西部地区的补助标准（见表1－5）。

表1－5　　普通客运站项目补助标准

区域	地级客运站（万元/个）		县级客运站（万元/个）	
	一级客运站	二级客运站	二级及以上客运站	三级客运站
东部	1 500	800	600	400
中部	2 000	1 000	800	500
西部	2 500	1 200	1 000	600
纳入扶贫规划范围的贫困地区	执行所在区域相应标准		1 000	600

资料来源：《财政部 交通运输部关于进一步明确车辆购置税收入补助地方资金补助标准及责任追究有关事项的通知》（财建〔2016〕879号）。

6. 货运枢纽（物流园区）

货运枢纽（物流园区）按功能划分为多式联运型和通用集散型两类，东、中、西部地区执行差异化投资政策，不再考虑项目投资规模（见表1－6）。车购税资金占项目总投资的比例以30%为上限。

表1-6　　货运枢纽（物流园区）项目补助标准

地区	多式联运型（万元/个）	通用集散型（万元/个）
东部	5 000	2 500
中部	6 000	3 000
西部	7 000	3 500

资料来源：《财政部 交通运输部关于进一步明确车辆购置税收入补助地方资金补助标准及责任追究有关事项的通知》（财建〔2016〕879号）。

7. 信息化项目

中央对于纳入交通运输“十三五”信息化建设规划且符合财政资金预算安排原则的项目，按项目投资的一定比例进行补助（见表1-7）。从一般投资政策看，东、中、西部地区执行差异化投资政策，东、中部执行相同的补助标准，西藏、青海、新疆三个省（区）执行特殊投资政策。此外，部省共同推进的区域性试点示范项目按项目投资的30%进行补助。

表1-7　　信息化项目补助标准

项目类型	补助标准
西藏项目	项目投资的100%
部省共同推进区域性试点示范项目	项目投资的30%
新疆、青海项目	项目总投资的50%，且单个项目补助投资不超过3 000万元
西部其他省份项目	项目总投资的40%，且单个项目补助投资不超过4 000万元
东、中部省份项目	项目总投资的30%，且单个项目补助投资不超过5 000万元

资料来源：《财政部 交通运输部关于进一步明确车辆购置税收入补助地方资金补助标准及责任追究有关事项的通知》（财建〔2016〕879号）。

8. 内河水运建设

内河水运建设项目的补助标准如表1-8所示。航道建设方面，加大对作为中央财政事权的界河航道的投资，由承担工程费用的90%调整为承担全部支出责任，即总投资的100%，同时加大对高等级航道的投资，东、中、西部地区投资补助比例较“十二五”期分别增加15%、10%和5%。航电枢纽建设方面，按工程费用的一定比例或项目资本金50%取最低值进行补助，东部地区补助标准提高，与中部地区补助相同。通航设施建设方面，不再考虑项目是否以交通运输部为主，全部执行“十二五”期西部、其他地区相应标准。港口公共锚地建设方面，按项目总投资的50%进行补助。此外，中、西部地区库湖区便民交通码头视同其他航道。便民交通码头以客运为主，且无码头装卸机械。

表1-8　　内河水运建设项目补助标准

类别		标准
航道	长江干线航道	总投资的100%
	界河航道	总投资的100%
	东部地区高等级航道	工程费用的70%
	中部地区高等级航道	工程费用的75%
	西部地区高等级航道	工程费用的80%
	东部地区其他航道	工程费用的45%
	中部地区其他航道	工程费用的55%
	西部地区其他航道	工程费用的70%
航电枢纽	东部和中部地区	工程费用的20%与项目资本金的50%取低值
	西部地区	工程费用的30%与项目资本金的50%取低值
通航设施	东部和中部地区	工程费用的40%与项目资本金的50%取低值
	西部地区	工程费用的60%与项目资本金的50%取低值
港口公共锚地	—	总投资的50%

资料来源：《财政部 交通运输部关于进一步明确车辆购置税收入补助地方资金补助标准及责任追究有关事项的通知》（财建〔2016〕879号）。

9. 港口集疏运公路

《“十三五”港口集疏运系统建设方案》中明确了车购税资金支持集疏运公路建设的重点和投资标准（见表1-9）。从技术等级看，中央仅投资补助一级和二级港口集疏运公路，东、中、西部地区执行差异化投资政策。此外还规定，车购税资金按定额标准计算与项目总投资的50%取低值；按照国家现行规定享受西部地区政策的东、中部地区，执行西部标准；收费一级公路建设项目包括政府还贷项目和采用政府和社会资本合作（PPP）模式的经营性项目。

表 1-9　　港口集疏运公路建设项目补助标准　　单位：万元/公里

等级	东部地区	中部地区	西部地区
不收费一级公路	560	700	840
收费一级公路	按不收费一级公路补助标准和项目资本金两项取低值		
二级公路	280	350	420

资料来源：《财政部 交通运输部关于进一步明确车辆购置税收入补助地方资金补助标准及责任追究有关事项的通知》（财建〔2016〕879 号）。

10. 港口集疏运铁路

《“十三五”港口集疏运系统建设方案》中明确了车购税资金支持集疏运铁路建设的重点和投资标准（见表 1-10）。从一般投资政策看，中央区分双线和单线港口集疏运铁路，东、中、西部地区执行差异化投资政策。此外还规定，车购税资金按定额标准计算与项目总投资的 20% 取低值；单个项目投资补助里程原则上不超过 50 公里；按照国家现行规定享受西部地区政策的东、中部地区，执行西部标准。

表 1-10　　港口集疏运铁路建设项目补助标准　　单位：万元/公里

等级	东部地区	中部地区	西部地区
双线	800	1 000	1 200
单线	500	650	800

资料来源：《财政部 交通运输部关于进一步明确车辆购置税收入补助地方资金补助标准及责任追究有关事项的通知》（财建〔2016〕879 号）。

11. 靠港船舶使用岸电项目

沿海和内河港口岸电设备设施建设和船舶受电设备设施改造项目，按照核定的项目设施设备投资额予以一次性奖励，2016 年、2017 年和 2018 年完成的项目分别补助核定投资额的 60%、50% 和 40%。

12. 农村公路

为完成全面建成小康社会的奋斗目标，“十三五”期中央对农村公路建设投资政策作了较大调整，加大了资金支持力度（见表 1-11）。从一般投资政策看，乡镇通硬化路方面，中央仅对西藏、新疆和四川进行投资补助，并执行差异化投资政策。建制村通硬化路方面，中央仅对西部一般地区进行投补助资。撤并建制村通硬化路、窄路基路面公路加宽和其他农村公路建设方面，中央对东、中、西部地区执行差异化投资政策。从特殊投资政策看，在建制村通硬化路、撤并建制村通硬化路、窄路基路面公路加宽、扶贫地区资源路旅游路产业路建设、其他农村公路建设方面，区分西藏、南疆四地州和其他连片特困地区、国贫县、其他“老少边”县域执行两个不同的投资标准，重点支持云南“直过民族”地区自然村通硬化路建设。

表 1－11　　农村公路建设项目补助标准

特殊投资政策			一般投资政策		
项目	西藏、南疆四地州	其他连片特困地区、国贫县、其他“老少边”县	东部一般地区	中部一般地区	西部一般地区
乡镇通硬化路	西藏 180 万元/公里、新疆 150 万元/公里、四川 100 万元/公里				
建制村通硬化路	西藏 90 万元/公里、南疆四地州 80 万元/公里	其他集中连片特困地区、国家扶贫开发重点县按“贫困深度系数法”划分为三档，分别为 60 万元/公里、65 万元/公里、70 万元/公里（四省藏区均为一档 70 万元/公里）；其他“老少边”县 60 万元/公里	—	—	45 万元/公里
撤并建制村通硬化路	50 万元/公里	40 万元/公里	20 万元/公里	25 万元/公里	30 万元/公里
窄路基路面公路加宽	22 万元/公里	13 万元/公里	8 万元/公里	10 万元/公里	12 万元/公里
扶贫地区资源路旅游路产业路建设	200 万元/公里	160 万元/公里，且与工程造价的 70% 取低值	—	—	—
其他农村公路建设	西藏 100%、南疆四地州建安费 100%	不超过总投资 70%，各省（区、市）在此基础上可制定地方投资补助标准	不超过总投资 40%，各省（区、市）在此基础上可制定地方投资补助标准	不超过总投资 50%，各省（区、市）在此基础上可制定地方投资补助标准	不超过总投资 60%，各省（区、市）在此基础上可制定地方投资补助标准
云南“直过民族”地区自然村通硬化路	—	25 万元/公里	—	—	—

资料来源：《财政部 交通运输部关于进一步明确车辆购置税收入补助地方资金补助标准及责任追究有关事项的通知》（财建〔2016〕879 号）。

此外还规定，西藏按项目总投资、南疆四地州按建安费全额投资。在保证各建设类别里程规模且建设标准符合交通运输部《农村公路建设管理办法》相关技术要求的前提下，地方交通运输主管部门可结合具体项目的地形条件、建设成本、难易程度，对补助标准进行适当调整，调整幅度不超过15%，调剂资金仍然用于规划范围内的农村公路项目建设。

13. 红色旅游公路

根据《全国红色旅游公路规划（2017—2020年）》规定，中央仅支持二级、三级红色旅游公路建设项目，东、中、西部地区执行采取差异化一般投资政策，三级公路按二级公路标准的60%执行（见表1-12）。在特殊投资政策方面，海南省、吉林省延边州、黑龙江省大兴安岭地区、湖北省恩施州、湖南省湘西州、福建省原中央苏区、江西省赣州市执行西部地区标准，福建省原革命老区执行中部地区标准。此外还规定，补助资金不超过项目总投资的70%。

表1-12　红色旅游公路建设项目投资标准

地区	二级公路（万元/公里）	三级公路（万元/公里）
东部	280	168
中部	350	210
西部	420	252

14. 安保工程、危桥（隧）改造、灾害防治工程

从区域范围看，中央除继续对东、中、西部地区执行差异化一般投资政策外，增加对西藏、南疆四地州，其他连片特困地区、国贫县、其他“老少边”县执行特殊投资政策（见表1-13）。从项目类型看，增加了隧道隐患改造项目。

表1-13　安保工程、危桥（隧）改造、灾害防治工程项目补助标准

项目		西藏、南疆四地州	其他连片特困地区、国贫县、其他“老少边”县	东部一般地区	中部一般地区	西部一般地区
安全生命防护工程（万元/公里）	国道	16	12	6	7	8
	省道、县乡道	10	7	4	5	6
	村道	14	10	6	7	8

续表

项目		西藏、南疆四地州	其他连片特困地区、国贫县、其他“老少边”县	东部一般地区	中部一般地区	西部一般地区
危桥改造（元/平方米）	加固	2 400	1 600	1 000	1 200	1 400
	重建	5 500	3 800	2 200	2 800	3 200
隧道隐患改造（元/延米）	5 类隧道	22 000	18 000	11 000	14 000	16 000
	4 类隧道	3 600	2 900	1 800	2 200	2 500
	安全及机电设施	3 000	2 400	1 500	1 800	2 100
灾害防治（万元/公里）		50	40	25	30	35
总投资比例		项目概算的 100%	项目概算的 85%	项目概算的 45%	项目概算的 60%	项目概算的 75%

资料来源：《财政部 交通运输部关于进一步明确车辆购置税收入补助地方资金补助标准及责任追究有关事项的通知》（财建〔2016〕879 号）。

此外还规定，公路安全生命防护工程、危桥（隧）改造、干线公路灾害防治工程车购税资金采用分区域按定额和投资比例两者取低的办法进行补助。西藏自治区、南疆四地州所有项目全额补助。福建省原革命老区参照中部地区补助标准，海南省、吉林省延边州、黑龙江省大兴安岭地区、湖南省湘西州、湖北省恩施州、江西省赣州市、福建省原中央苏区参照西部地区补助标准。新疆生产建设兵团乡道及以上等级公路危桥改造项目全额补助。总投资超过 500 万元的项目，经省级交通运输主管部门同意，可按照项目投资比例进行补助。国、省、县、乡道安全生命防护工程补助标准为安全隐患综合治理补助标准，村道为设置连续式防护装置补助标准。

15. 乡镇公路客运站

从一般投资政策看，东、中、西部地区执行差异化的投资补助标准；从特殊投资政策看，加大对纳入扶贫规划范围的贫困地区乡镇公路客运站建设补助力度（见表 1 - 14）。同时规定，车购税资金补助按定额计算与项目总投资的 70% 取低值。

16. 普通国省干线公路服务区

“十三五”期，为解决普通国省干线公路服务设施总量不够、布局不优和服务质量不高等问题，根据《全国普通国省干线公路服务设施“十三五”建设

表 1-14　乡镇公路客运站项目补助标准

区域	乡镇客运站（万元/个）
东部	30
中部	40
西部	50
纳入扶贫规划范围的贫困地区	60

资料来源：《财政部 交通运输部关于进一步明确车辆购置税收入补助地方资金补助标准及责任追究有关事项的通知》（财建〔2016〕879 号）。

专项规划》规定，中央增加对普通国省干线公路服务区建设投资补助，对新建服务区、新建停车区、改造服务设施三类项目，区分东、中、西部地区执行差异化一般投资补助政策，对西藏自治区所有项目执行全额补助的特殊投资政策（见表 1-15）。

表 1-15　普通国省干线公路服务区项目补助标准　单位：万元/个

类型	新建服务区	新建停车区	改造服务设施
东部地区	100	35	20
中部地区	125	40	20
西部地区	150	45	20

（三）中期调整

为贯彻落实党中央、国务院关于支持深度贫困地区脱贫攻坚、国有林场林区改革等决策部署，适应交通运输行业发展需求，2019 年 5 月，财政部、交通运输部发布《关于印发〈车辆购置税收入补助地方资金管理暂行办法〉的补充通知》（财建〔2019〕272 号），对车辆购置税资金补助范围和标准进行了调整，主要体现在以下几个方面：

1. 继续扩大车购税资金支持项目范围

将复线改造和电气化改造等扩能改造类港口集疏运铁路项目、国家区域性公路交通应急装备物资储备中心应急物资装备购置和管理信息系统建设、国有林场林区道路建设、抵边自然村通硬化路建设、公路灾毁抢修保通 5 类项目纳入车购税资金支持范围，分别享受一般投资政策标准和优惠投资政策标准，其中：

一是复线改造和电气化改造等扩能改造类港口集疏运铁路项目补助标准执行财建〔2016〕879 号规定的单线铁路补助标准，并按照项目总投资的 20% 进行上限控制。

二是国家区域性公路交通应急装备物资储备中心应急物资装备购置和管理信息系统建设，西藏按项目核定投资的 100% 执行，青海、新疆按项目核定投资的 70% 执行，其他地区按核定投资的 50% 执行。

三是国有林场场部通硬化路参照同地区建制村通硬化路标准执行（其中：东、中部一般地区分别执行 25 万元/公里、35 万元/公里标准），国有林区林下经济节点对外连接公路参照扶贫地区资源路旅游路产业路标准执行。

四是西藏、南疆四地州（含兵团南疆师团）、其他地区抵边自然村通硬化路建设，分别执行 80 万元/公里、60 万元/公里和 40 万元/公里标准。各省级交通运输主管部门可根据路面形式、投资造价等不同，在年度资金切块和按平均补助标准完成建设任务不变的情况下，对具体项目中央投资补助标准上下浮动 50%。

五是公路灾损抢修保通项目，车购税补助标准按灾情类别执行：一类灾情（灾情特别严重）1 500 万元，二类灾情（灾情严重）1 200 万元，三类灾情（灾情较重）900 万元，四类灾情（灾情一般）600 万元。

2. 继续扩大车购税资金支持地区范围

将凉山州（四川省凉山彝族自治州）、怒江州（云南省怒江傈僳族自治州）、临夏州（甘肃省临夏回族自治州）三个少数民族自治州地区，纳入车购税资金支持范围，涉及国家高速公路、普通国道、建制村通硬化路三类项目，享受与四省藏区相同的特殊投资补助标准。其中，国家高速公路按项目建安费 50% 执行，普通国道按项目建安费 100% 执行，建制村通硬化路按 70 万元/公里标准执行。

3. 明确车购税资金支持部分项目投资上限

采用政府和社会资本合作（PPP）模式的政府收费公路项目，通过资本金注入和投资补助安排的车辆购置税资金以所在地区政府收费（还债）方式建设的项目补助标准为上限。不享受特殊政策的地区，非收费普通国道项目补助标准不超过项目建安费，收费普通国道项目补助标准不超过同地区国家高速公路项目补助标准。

4. 取消与涉农资金整合试点政策不符的限制规定

在国家积极推进涉农资金整合背景下，明确车辆购置税用于农村公路建设项目资金要严格按照整合试点规定分配和使用管理，取消“戴帽”下达、对贫困县仍按约束性任务考核、要求地方“专款专用”等限制整合的条款，进一步细化支持贫困县涉农资金整合的要求。

二、水路交通基础设施领域

（一）投资方向

港建费资金作为水路公共基础设施建设中央投资资金的主要来源，是中央和地方共享的政府性基金，根据《港口建设费征收使用管理办法》（财综〔2011〕29号）规定，中央分成的港口建设费主要用于沿海港口公共基础设施建设支出、内河水运建设支出、支持保障系统建设支出、专项性支出、征管经费、支付船舶代理公司或货物承运人的港口建设费代征手续费、国务院批准的其他支出。地方分成的港口建设费主要用于辖区内港口公共基础设施以及航运支持保障系统的建设和维护。

从交通运输部发布的《“十三五”车购税和港建费资金投资补助标准》看，港建费资金投资补助范围包括沿海建设、内河水运建设和海事、救捞、长航系统三大类支持系统（见表1-16）。相比“十二五”期，考虑到我国港口基础设施建设发展较快，中央取消了港建费资金对内河港口项目的补助支持，增加了内河港口公共锚地，明确了对海事、救捞和长航系统支持保障系统的支持，充分体现了港建费资金宏观调控作用的发挥，投资方向进一步向水运公共基础设施和行业发展短板聚焦，投资精准性进一步提高，投资重点更加突出。

表 1 - 16　　中央分成港建费资金支出范围

支出范围	具体事项
沿海港口	1. 航道、锚地、防波堤工程 2. 陆岛交通码头
内河水运建设	1. 航道 2. 航电枢纽 3. 通航设施 4. 港口公共锚地
支持保障系统建设	海事、救捞、长航系统

（二）投资标准

新常态下，“十三五”期我国水运发展呈现增速放缓、结构优化、动力转换、品质提升的主要特点，内河航道、港口等基础设施建设任务繁重，内河水运建设进入攻坚期，而沿海港口基础设施建设强度则继续下降，进入加快推动功能拓展、实现提质增效的新阶段。在此背景下，中央继续发挥港建费和车购税资金在水路建设项目中的作用，加大了航道、锚地、防波堤工程、陆岛交通码头等项目的投资补助力度，差异化投资政策目标更加精准。

1. 沿海港口建设

中央资金主要用于重要港区航道、防波堤、锚地等公用基础设施建设，并适当支持陆岛交通码头建设，投资标准相比“十二五”期普遍提高（见表 1 - 17）。其中，航道、锚地、防波堤工程方面，根据沿海港口地域分布情况，中央区分东部、西部和其他地区以工程费用为基准执行差异化投资政策，并向西

表 1 - 17　　沿海建设项目补助标准

类别		标准
航道、锚地、防波堤工程	东部地区重要港区	工程费用的 50%
	西部地区重要港区	工程费用的 55%
	其他港区	工程费用的 30%
陆岛交通码头	客运码头	工程费用的 60%
	滚装码头	工程费用的 50%

资料来源：《“十三五”车购税和港建费资金投资补助标准》。

部和东部地区倾斜。陆岛交通码头方面，不再按吨位进行投资补助，而按功能区分客运码头、滚装码头进行投资补助，并向客运码头倾斜。

2. 内河水运建设

中央不再对中、西部内河港口和界河港口项目进行投资补助，投资范围更多向没有收益的内河航道、通航设施和港口公共锚地聚焦，继续发挥在航电枢纽项目建设方面的引导作用（见表1－18）。航道建设方面，中央对属于中央财政事权的长江干线航道、界河航道建设全额投资；高等级航道投资补助标准明显提高，东、中、西部地区间补助标准差异缩小；其他航道投资补助标准相比"十二五"期没有变化。航电枢纽、通航设施方面，继续执行"十二五"期以交通运输部为主的项目的投资补助标准，在确定具体补助额度时需要与项目资本金的50%进行比较，取两者中的低值。港口公共锚地方面，按项目总投资的50%进行补助。

表1－18　内河水运建设补助标准

类别		标准
航道	长江干线航道	总投资的100%
	界河航道	总投资的100%
	东部地区高等级航道	工程费用的70%
	中部地区高等级航道	工程费用的75%
	西部地区高等级航道	工程费用的80%
	东部地区其他航道	工程费用的45%
	中部地区其他航道	工程费用的55%
	西部地区其他航道	工程费用的70%
航电枢纽	东部和中部地区	工程费用的20%与项目资本金的50%取低值
	西部地区	工程费用的30%与项目资本金的50%取低值
通航设施	东部和中部地区	工程费用的40%与项目资本金的50%取低值
	西部地区	工程费用的60%与项目资本金的50%取低值
港口公共锚地	—	总投资的50%

资料来源：《"十三五"车购税和港建费资金投资补助标准》。

3. 海事、救捞、长航系统

中央对海事、救捞、飞行、打捞基础设施、深海远海救捞装备、长航航运公安以及长江上游航道维护装备等建设项目全额投资；对具备一定经营功能的打捞船舶、南京以下航段挖泥船及配套设备进行补助投资，其中10亿元及以下打捞船舶补助按项目总投资的70%，10亿元以上打捞船舶补助按项目总投资的60%，其他打捞设备补助按项目总投资的90%，南京以下航段挖泥船及配套设备补助按项目总投资的80%。

（三）中期调整

为进一步加强港口建设费资金管理，提高资金使用效益，适应交通运输行业发展需求，确保“十三五”水路规划完成，2018年8月交通运输部办公厅发布《关于印发“十三五”港口建设费资金投资补助标准（修订版）的通知》，对港口建设费资金投资补助标准进行了局部调整修订，主要体现在以下三个方面：

1. 调整扩大港口建设费支持项目范围

将原纳入车购税资金投资补助范围的靠港船舶使用岸电项目，调整由港口建设费予以支持补助。

2. 提高港口建设费资金投资项目补助标准

相比“十三五”前期，将港口建设费资金补助航电枢纽项目的比例增加15%，其中东部和中部地区按工程费用的35%（调整前为20%）与项目资本金的50%取低值执行，西部地区按工程费用的45%（调整前30%）与项目资本金的50%取低值执行。不再区分总投资金额大小，统一将交通运输部救捞系统打捞船舶补助标准调整为总投资的80%。

3. 明确界定港口建设费投资补助项目的范围

将原沿海港口锚地建设项目调整为沿海港口公共锚地建设项目，明确长江干线航道、界河航道包括航道支持保障系统，强调对内河水运建设中的航道、航电枢纽、通航设施、港口公共锚地的投资补助资金不超地方申请数。

第二节　公路水路交通基础设施中央投资情况

一、公路交通基础设施领域

2016—2019 年，车购税作为中央交通专项资金投资公路建设累计超过1 万亿元，约占公路建设完成投资总额的 14%，并呈现出如下投资特点：

一是加大对交通扶贫攻坚的投资支持力度，为全面建成小康社会发挥好交通先行作用。2016—2019 年车购税资金累计投资总额中，农村公路投资占比约 32.4%，相比“十二五”期增加 6.6%。

二是继续保持对普通国省道建设发展的投资支持力度，为公众出行提供基础性普遍服务发挥保障作用。2016—2019 年车购税资金累计投资总额中，普通国省道投资占比约 32.9%，相比“十二五”期略有增加，年均投资规模基本保持不变。

三是继续发挥在高速公路建设中的引导作用，吸引更多社会资本投资。2016—2019 年车购税资金累计投资总额中，高速公路占比约 27.5%，略低于普通国省道及农村公路的占比，但相比“十二五”期增加了 4.6%。

二、水路交通基础设施领域

2016—2019 年，中央投资中车购税资金安排支持内河建设仅 50 亿元左右，港建费中央分成部分累计投资水路建设接近 700 亿元，并呈现出如下投资特点：

一是地方内河建设是港建费中央分成部分投资支持的重点，2016—2019 年支持力度逐年递增，在港建费资金累计投资总额中占比超过 50%，相比“十二五”期占比增长约 9.3%。

二是支持系统建设是港建费中央分成部分投资的重要内容，主要用于中央海事系统与救捞系统等的建设投资，每年用于支持系统建设的投资规模约 1 亿元，2016—2019 年在港建费资金累计投资总额中占比接近 25%。

三是沿海港口公共基础设施建设是港建费中央分成部分投资的主要内容，2016—2019 年在港建费资金累计投资总额中占比接近 30%。

第三节　公路水路交通基础设施中央投资政策的主要问题

一、投资方向覆盖面广，投资重点不够突出

（一）车购税资金政策

从总体分类看，车购税资金投资项目划分维度较多、项目类别略显复杂，包括交通运输重点项目、一般公路建设项目、国务院批准用于交通运输的其他支出三大类，其中交通运输重点项目包括国家高速公路等 11 类项目，一般公路建设项目包括农村公路等 4 类项目。从明细分类看，主要是农村公路项目划分过多过细，项目类型包括建制村通硬化路、窄路面加宽，还包括县乡公路生命安全防护、县乡公路危桥（隧）改造、村道生命安全防护、村道公路危桥（隧）改造等。这种分类管理方式虽有利于精细化管理，但不利于车购税资金宏观调控作用的集中发力，也增加了中央投资资金的管理难度。此外，车购税资金投资还包括内河水运建设、靠港船舶使用岸电和港口集疏运铁路项目，从本质上看这三类项目属于水路建设领域的项目，应当归属于港建费资金的投资范围，不符合车购税资金作为公路建设专项资金的专款专用特性。

（二）港建费资金政策

从投资领域看，港建费资金投资包括沿海港口建设中的航道、锚地、防波堤等没有收益的公共水运基础设施，也包括内河水运建设中的航电枢纽、通航设施和航道等有一定收益的水运基础设施，还包括海事、长航等支持系统，涉

及面较广，涵盖水运交通基础设施建设的多个方面。从结构调整看，当前阶段沿海和内河水运发展程度有较大差异，沿海港口基础设施发展相对超前，内河航道建设依然是水运基础设施的短板，作为没有收益的公共基础设施，港建费资金在其中的宏观调控作用有待进一步加强。

二、投资标准与财政事权和能力及发展需求不匹配

（一）投资标准与中央和地方财政事权不匹配

财政事权是履行支出责任的基础，当前阶段中央与地方交通运输领域财政事权存在权责划分不清晰、投资责任倒挂等问题。在公路领域，如国道，从其在全国路网体系中的地位及国家有关财政事权划分原则看，应属于中央财政事权，但目前建设养护管理主体主要在地方，地方不仅负责国道的建设和养护，还要承担建设投资资金的筹集责任，中央仅对国道建设给予一定比例的投资补助；农村公路属于地方财政事权，但是中央一直承担着重要的支出责任，如2019年中央车购税资金在农村公路建设投资总额中占比达20%，有的地区甚至超过50%。在水路领域，如航道，中央对地方的投资补助不区分中央和地方财政事权，仅按是否为高等级航道来确定补助标准。上述问题带来了地方在农村公路建设方面过度依赖中央投资、在国道建设养护方面责任履行不到位、在航道建设方面积极争取中央投资补助的局面，以及中央在国道建设养护方面财政事权履行不到位等现实问题，在一定程度上影响了交通运输事业健康可持续发展。2019年6月，国务院发布《交通运输领域中央与地方财政事权和支出责任划分方案》（国办发〔2019〕33号），但其中有关中央与地方共同事权的支出责任界定并不清晰，问题解决尚需一段时间。

（二）投资标准与不同地区财力差异性不匹配

一是车购税资金政策投资标准与经济发展水平差异性匹配不够，同一经济发展水平地区，区分东、中、西不同地区执行差异化投资政策，给予中部和西部地区更大的支持，对贫困地区执行更加优惠的投资政策，发挥了中央投资政

策在经济社会发展中的宏观调控作用。但从各省财政保障能力和经济发展水平看，东、中、西同一地区不同省份之间经济发展水平差异较大，如东部地区的河北省与江苏省，2019 年河北省人均 GDP 为 4.63 万元①，江苏省人均 GDP 为 12.36 万元②，是河北省的 2.7 倍，但两省同属东部地区，投资补助标准相同，政策差异化、精准化程度有待提升。二是港建费资金政策在重要港区与高等级航道等方面，东、中、西部地区之间的补助标准差异程度与各地区之间以及同一地区内各省份之间的经济社会发展水平的匹配程度的精准性、差异性也有待进一步调整完善。

（三）投资标准与国家高速公路发展形势和需求不匹配

一是与各省国家高速公路规划任务完成情况不匹配。《国家公路网规划（2013—2030 年）》规定，到 2030 年我国将建成约 11.8 万公里的国家高速公路网以及远期展望线 1.8 万公里。2019 年底，国家高速公路通车里程已达 10.86 万公里，其中广东等不少省份国家高速公路规划任务已经全部完成。按现有中央投资政策，提前完成规划任务的省份在高速公路建设方面将不能得到车购税资金的支持，而目前尚未完成规划任务的省份则会随着中央对国家高速公路项目投资标准的不断提高而获得更大规模的车购税资金支持，这种情况是显失公平的。

二是与国家高速公路项目运作模式多元化实际不匹配。国家高速公路项目通常为收费公路，包括政府收费公路和经营性公路两种类型，车购税资金仅对政府收费公路和采用 PPP 模式运作的经营性公路给予投资补助，对采用特许经营模式运作的经营性公路不予支持。国家高速公路作为重要的交通基础设施，虽然收费但并不以营利为目的，公共产品的经济属性并未改变，公共财政应当在其中发挥重要作用。2005 年施行的《基础设施和公用事业特许经营管理办法》允许交通基础设施通过特许经营的方式提供，《关于深化投融资体制改革的意见》（中发〔2016〕18 号）及《政府投资条例》提出对确需支持的

---

① 河北省统计局. 河北省 2019 年国民经济和社会发展统计公报 [R/OL]. (2020-02-24) [2020-12-31]. http://tjj.hebei.gov.cn/hetj/tjgbtg/101581590028160.html.

② 江苏省统计局. 2019 年江苏省国民经济和社会发展统计公报 [R/OL]. (2020-03-03) [2020-12-31]. http://tj.jiangsu.gov.cn/art/2020/3/3/art_4031_8993801.html.

经营性项目，主要采取资本金注入方式，也可以适当采取投资补助、贷款贴息等方式。也就是说，对采用特许经营模式运作的国家高速公路项目给予投资支持，既符合公路基础设施的经济属性，也有充分的政策依据。

（四）投资标准与普通国省道发展需求不匹配

当前阶段，普通国省干线作为没有收益的公共基础设施，融资渠道较窄，能够争取到的一般债券规模非常有限，政府付费 PPP 模式能够落地实施的项目也较少，不少普通国省干线中超期服役路段和瓶颈路段不能及时升级改造，已经成为公路网发展的短板，较大地影响了路网整体效率的发挥，应当予以高度关注。据统计，近年来，在高速公路和农村公路投资稳步增长的同时，普通国省干线投资大幅下滑，其中 2018 年同比下降 12.2%①，2019 年同比下降 10.3%②。

三、投资结构不够合理，“建、管、养、运”发展不协调

（一）投资范围应涵盖“建、管、养、运”全部事项

目前，中央投资资金投资范围仅包括公路、水路建设项目，不包括公路、水路基础设施管理、养护、运营等事项。但从交通运输领域中央与地方财政事权和支出责任划分方案看，中央财政事权包括公路水路基础设施的建设、管理、运营等全部事项。按照“谁的财政事权谁承担支出责任”的原则，应当将“建、管、养、运”等事项全部纳入中央投资资金的投资范围。

（二）在综合交通发展方面作用有限

“十三五”期，中央投资资金继续在推动综合交通运输发展方面发挥作

① 交通运输部. 2018 年交通运输行业发展统计公报［R/OL］.（2019-04-12）［2019-04-12］. http://xxgk.mot.gov.cn/jigou/zhghs/201904/t20190412_3186720.html.

② 交通运输部. 2019 年交通运输行业发展统计公报［R/OL］.（2020-05-12）［2020-05-12］. http://xxgk.mot.gov.cn/2020/jigou/zhghs/202006/t20200630_3321335.html.

用，加大对综合客运枢纽、货运枢纽（物流园区）建设投入支持力度，新增了港口集疏运铁路、港口集疏运公路两个投资方向。但由于受体制等多种原因制约，综合客运枢纽、货运枢纽（物流园区）建设只是在选址上尽可能向铁路、民航、城市客运等其他运输方式枢纽靠近，多种运输方式之间的相互转换不顺畅也不便利。

四、投资机制不够健全，债务风险需加紧防范

（一）发展规划与资金保障机制有待进一步健全

长期以来，公路水路交通基础设施建设发展主要由地方政府投融资平台采取银行贷款方式进行融资，地方在编制五年发展规划时，重点关注发展目标、主要任务等事项，较少关注资金保障情况，债务风险不断积聚。《国务院关于加强地方政府性债务管理的意见》（国发〔2014〕43 号）出台以来，国家不断加强政府债务风险管理。各级政府在编制五年发展规划时，如果只关注资金来源，不对项目资金保障能力进行科学评估，可能会出现为完成规划目标而过度举债的情况。

（二）中央与地方投资联动机制有待进一步完善

为确保公路水路建设发展规划目标实现，“十三五”期交通运输部跟省级政府签订了部省协议，初步建立中央与地方投资联动机制。但是，由于部省协议只是一种书面承诺，不具有政策约束力，也不具有法律效力，难以有效保证地方各级政府按照该协议安排财政资金。

五、投资管理不够到位，投资政策目标受影响

（一）事中事后监管不到位，车购税资金预算执行不力

由于缺乏对一般公路建设项目事中事后监管，以及对重点项目预算执行及预算调整管理机制，出现车购税资金大量结转结余等影响资金效益有效发挥等

问题。在国家加快推进财税体制改革、车购税资金专款专用性面临严峻挑战的背景下，车购税资金管理使用中暴露出来的一些问题，影响交通基础设施建设形成有效投资，不利于交通基础设施建设稳投资作用的发挥，已经引起国务院高度重视。

（二）资金管理不够到位，港建费资金使用效益待提升

由于长期以来缺少完善的投资监督管理制度和机制，对港建费资金管理使用情况进行跟踪评价不全面、不系统，资金投向没有紧密对接多式联运、绿色港口、智慧港口等水运发展新形势、新要求，对仍处于发展短板的内河航道支持明显不足，沿海港口公共基础设施投入范围也略显偏窄，都在一定程度上影响港建费资金使用的经济效益和引导作用。

第二章　公路水路交通基础设施投融资现状分析

第一节　公路水路交通基础设施投融资体制

一、高速公路投融资体制

（一）投资管理体制

改革开放以来，在“国家投资、地方筹资、社会融资、利用外资”的政策指引下，我国高速公路逐步形成了多元化的投资管理体制，主要包括：

1. 政府直接投资管理

政府直接投资管理模式是我国高速公路的重要管理模式。在这种模式下，一般由省级交通运输主管部门下属的高速公路建设局、管理局等单位作为主体进行投资建设和管理。投资建设的高速公路属于政府还贷公路，资金来源主要是财政性资金和银行贷款。目前，随着国家财税体制改革和投融资体制改革的加快推进，高速公路建设局、管理局等事业单位不得代政府融资，近年来地方通过投融资体制改革调整，此类模式已经名存实亡了。

2. 政府组建企业开展投资管理

为实现多渠道筹集公路建设资金，许多省份采用组建独资或控股的国有企业（集团）公司的形式，对所在区域的高速公路进行投资建设和管理。主要做法是将已建成的优良政府还贷公路资产，以无偿划拨的方式注入新建立的独资或控股的国有（集团）公司，作为公司初始自有资产，搭建企业化的平台，以省政府为主导或以省交通运输厅为主导进行管理。目前，绝大部分高速公路优良资产由这些独资或控股的国有（集团）公司进行管理。

3. 政府特许经营

根据2015年国家发展和改革委员会发布的《基础设施和公用事业特许经营管理办法》，高速公路领域的特许经营是指政府采用竞争方式依法授权我国境内外的法人或者其他组织，通过协议明确权利义务和风险分担，约定其在一定期限和范围内投资建设运营高速公路并获得收益，提供交通公共产品。国发〔2014〕43号文之前，高速公路领域的特许经营主要采用基础设施投资建设经营模式（Build－Operate－Transfer，BOT模式），之后则主要采用PPP模式。

高速公路管理模式的对比情况如表2－1所示。

表2－1　高速公路管理模式的对比

	公路类型	建设融资主体	融资方式
政府直接管理模式	政府还贷公路（政府收费公路）	行政事业单位性质的融资平台	单一银行贷款（发行收费公路专项债券）
政府投资公司模式	政府还贷公路、经营性公路	融资平台公司	贷款、债券（短期融资券、中期票据、企业债）等
政府特许经营模式	经营性公路	项目公司	贷款、债券（短期融资券、企业债）、发行股票等

资料来源：交通运输部科学研究院：《“十二五”期公路水路交通发展投融资政策研究》。

（二）主要融资渠道

1. 政府财政性资金

一是中央车购税资金。它是国家高速公路网建设重要的资金来源。目前，车购税资金约占高速公路建设总投资的30%[①]，超过当前阶段国家对公路项目资本金比例最低15%的要求[②]。车购税资金作为中央财政资金，在调节地区差异、扶持中西部地区高速公路建设上发挥着不可替代的作用，约占西部地区高速公路静态投资的30%，有力地支持了西部地区一批社会效益强、经济效益差的高速公路建设，在西部地区交通扶贫攻坚中发挥了重要作用。

① 交通运输部科学研究院．公路水路建设中长期投资政策研究［R］．2020.

② 中国政府网．国务院关于加强固定资产投资项目资本金管理的通知［EB/OL］．(2019－11－27)［2019－11－27］．http：//www.gov.cn/zhengce/content/2019－11/27content_5456170.htm.

二是地方政府财政资金。它是高速公路特别是地方高速公路重要的资金来源，也是高速公路资本金的重要来源，地方政府财政资金投入占高速公路总投资的25%左右。地方政府财政资金受经济发展水平影响很大，其中东部地区地方经济实力强，其地方财政资金投入较高，约占45%，相比之下，中、西部地区地方财政资金投入比例则较低，约为15%。[①]

三是收费公路专项债券。收费公路专项债券是地方政府为发展政府收费公路举借，以项目对应并纳入政府性基金预算管理的车辆通行费收入、专项收入偿还的地方政府专项债券，2017年开始试点发行使用。截至2019年底，全国共有25个省（区、市）发行使用了收费公路专项债券，资金规模累计超过2 500亿元[②]，为地方政府在新形势下发展收费公路开辟了重要的融资渠道。

2. 市场化融资资金

一是银行贷款。依托收费公路政策，以质押公路收费权方式取得的银行贷款是高速公路融资的主要渠道，约占高速公路总投资的65%。目前采用PPP模式运作的高速公路建设项目，银行贷款也是项目公司筹集资金的主要来源渠道，资金来源占比最高可达80%以上。[③]

二是上市融资。通过发行股票筹集资金，以股权换资金。据不完全统计，截至2017年底，我国以路桥收费为主营业务的上市公司共25家，其中21家在境内上市、4家在香港联交所上市。其中1996年8月至2004年12月底，宁沪高速、深圳高速、沪杭甬高速等19家公路公司上市，通过发行股票融资近270亿元。同时，这些上市公司在发展过程中通过配股、增发新股、发行公司债和可转换债券等多种方式，在证券市场进行二次融资，成为我国高速公路建设资金来源的重要补充[④]。

三是企业债券。我国交通企业债券融资起步于1998年，之后资本市场上各种债券类产品推出后，都有交通企业单位参与的身影。企业债券包括企业债、公司债、中期票据和短期融资券等品种，据统计，从1998年底到2011年7月，共有30多家公路企业发行中长期公路建设债券944亿元。其中，2007

① 杨建平. 我国公路水路交通投融资政策研究［M］. 北京：人民交通出版社，2016.

② 根据中国债券信息网地方政府债发行信息整理。

③ 根据交通运输部2016—2019年《全国收费公路统计公报》整理。

④ 交通运输部科学研究院. “十二五”期公路水路交通发展投融资政策研究［R］. 2011.

年发行 100 亿元，2008 年发行 104 亿元，2009 年发行 182 亿元，2010 年发行 196 亿元。[①]

二、普通干线公路投融资体制

（一）投资管理体制

普通公路作为非收费公路，其管理机构为各级公路管理机构，通常为"公路局"或"公路管理局"。目前，我国普通国省干线公路的投资管理体制主要有"以省为主，垂直管理""以市为主，省级指导""省市结合，分工协作"三种具体类型（见表 2－2）。

表 2－2　　普通国省干线投资管理体制

管理体制类型	管理体制特点	投资建设
以省为主，垂直管理	人、财、物垂直管理的"条条管理"模式	省级统一规划、建设，地市相应配套
以市为主，省级指导	省对市业务指导的"块块管理"模式	省级规划，地市建设管理
省市结合，分工协作	财、物由省级安排，人员归地市的"条块结合管理"模式	统一规划，省市共建

资料来源：交通运输部科学研究院：《"十二五"期公路水路交通发展投融资政策研究》。

1. *以省为主，垂直管理*

省公路局在地市下设公路分局，对其人事、财务、资产等进行垂直管理。省公路局承担全省国省干线公路建设、养护、路政管理的全部责任。地市公路分局作为省公路局的地方派出机构，在省公路局的统一领导下，负责辖区内国省干线公路的建设、养护、路政管理。这种管理模式通常被称为"条条管理"，代表省份为辽宁、山西等省。

2. *以市为主，省级指导*

省公路局负责全省公路发展的行业管理工作，制定行业政策、规范、标准等，对各地市的公路管理工作进行指导和检查。地市公路管理机构是公路管理

① 交通运输部科学研究院．"十二五"期公路水路交通发展投融资政策研究［R］．2011．

的主体，各地市公路分局及县公路段的人、财、物整体下放到地市政府，以地市为主组织公路建设、养护、路政管理。全省的公路建设和养护资金进行切块管理。县级公路管理机构属于地市公路管理机构的派出机构，负责辖区内的公路管理工作。这种管理模式通常被称为“块块管理”，代表省份为江西等省。

3. 省市结合、分工协作

省公路局负责全省公路建设、养护和路政的行业管理，编制全省公路的养护和建设计划，管理国省干线公路养护资金。地市公路管理机构的人事权隶属于地方政府，但公路养护资金一般由省统一管理，省公路局按照养护计划向地市公路管理部门拨付。在建设资金筹集方面，各省做法存在较大差异。有的以省筹资为主，地方筹集配套资金；有的以地方为主筹集，省公路局给予资金补助。这种管理模式通常被称为“条块结合管理”，我国大部分省份采用的是这种公路管理体制。

（二）主要融资渠道

1. 政府财政性资金

一是中央车购税资金，作为国家实现“宏观调控”目标的主要财政手段，是公路建设长期稳定的财政性资金来源，在普通干线公路建设中发挥了重要作用。

二是成品油消费税，作为中央转移支付资金，按照2009年1月1日起实施的成品油价格和税费改革规定，遵循“交通资金属性不变、资金用途不变、地方预算程序不变、地方事权不变”的原则，替代改革前交通部门收取的公路养路费，专项用于普通干线公路养护。公路养路费是国家规定由有车单位和个人向公路主管部门缴纳的用于公路养护和改善的事业费。改革后，由于成品油消费税转移支付资金多数用于普通干线公路养护人员支出，实际安排用于公路养护的资金规模非常有限（见专栏阅读2－1）。

专栏阅读2－1

2008年成品油消费税改革主要内容

根据《国务院关于实施成品油价格和税费改革的通知》（国发〔2008〕37号）规定，此次改革将提高现行成品油消费税单位税额，不再新设立燃油税，利用现有税制、征收方式和征管手段，实现成品油税费改革相关工作的有效衔接。相关内容包括：

一是取消公路养路费等收费。取消公路养路费、航道养护费、公路运输管理费、公路客货运附加费、水路运输管理费、水运客货运附加费六项收费。

二是逐步有序取消政府还贷二级公路收费。抓紧制定实施方案和中央补助支持政策，由省、自治区、直辖市人民政府根据相关方案和政策统筹研究，逐步有序取消政府还贷二级公路收费。各地可以省为单位统一取消，也可在省内区分不同情况，分步取消。实施方案由国家发展和改革委员会同交通运输部、财政部制订，报国务院批准后实施。

三是新增成品油消费税连同由此相应增加的增值税、城市维护建设税和教育费附加具有专项用途，除由中央本级安排的替代航道养护费等支出外，其余全部由中央财政通过规范的财政转移支付方式分配给地方。改革后形成的交通资金属性不变、资金用途不变、地方预算程序不变、地方事权不变。

三是地方政府一般债券，是以省、自治区、直辖市和计划单列市政府为发行和偿还主体的记账式债券。我国的地方政府一般债券是中央为增强地方安排配套资金和扩大政府投资的能力而开拓的新的政府融资方式，用来取代原先的国债地方转贷。从 2011 年开始，中央政府决定在上海市、广东省、深圳市和浙江省四地开展地方政府自行发债试点，2013 年试点范围又增加了江苏省和山东省。2014 年上海、浙江、广东、深圳、江苏、山东、北京、江西、宁夏、青岛试点地方政府债券自发自还。2015 年是我国省级地方政府发行债券的元年，发行规模为 3.8 万亿元。2019 年全国发行地方政府债券 43 624 亿元。其中，新增债券 30 561 亿元，发行置换债券和再融资债券 13 063 亿元。尽管地方政府债券发行规模逐年增加，但用于普通公路建设发展的规模仍较小。

四是地方自筹资金。各级政府通过各种方式筹集的资金已成为普通干线融资的重要渠道。有的省份通过对明显受益于公路发展的行业征收规费筹集资金；有的省级和地市财政安排一定比例的财政预算用于普通干线公路建设；部分高速公路和普通公路统贷统还的省份，如湖北省安排高速公路通行费收入用于普通干线公路建设。但这一来源通常不稳定，规模也不大。

2. 市场化融资资金

市场化融资资金主要是银行贷款。“十一五”期银行贷款占到普通国省干线公路投资的1/3。2008 年成品油税费改革后，公路规费取消，政府还贷二级公路收费也将逐步取消，普通国省干线公路贷款融资难度加大。国发〔2014〕43 号文出台后，普通干线公路将不得通过银行贷款进行融资。

3. 其他筹资方式

近年来，地方积极开展普通国省干线公路筹融资创新，采取各种方式吸引社会资本，其中贵州省推出了普通国省干线公路“建养一体化”，在破解资金难题、提升工程质量方面发挥了积极作用。“建养一体化”是地方政府、交通系统和社会资本各方参与的“共筹、共投、共建、共赢”的合作机制，三方资金缺一不可，即政府向社会公开招标选择社会资本，由社会资本承担项目的资金筹集、总承包施工或施工图设计施工总承包、交工验收后 5 年的养护服务工作，政府依据项目建设及养护的绩效评估情况，向社会资本支付服务费。

三、农村公路投融资体制

我国农村公路投资建设管理体制较为单一，随着改革的深入逐渐形成了“以县为主，乡村配合”的管理模式，其资金来源现阶段主要是由中央投入资金和地方投入资金组成（见表 2 - 3），其投融资具有以下主要特征。

（一）资金来源广泛但不稳定

农村公路建设资金来源从中央至地方，从各级政府财政、农民投工投劳、社会集资到银行贷款等，名目繁多，但大多数资金来源的数量很少。2003 年以来农村公路进入了一个大建设、大发展阶段，主要得益于中央车购税资金和地方财政资金投入的增加。2008 年成品油税费改革燃油税取代养路费等六费后，大部分资金主要用于规模庞大的人员支出，能够用于农村公路建设的资金非常有限。

表 2-3　　农村公路建设资金来源

中央投入资金	中央财政资金	一般财政预算资金
		财政专项资金（如预算内资金）
		国债资金等
	公路建设专项资金	车购税资金
地方投入资金	地方财政资金	一般财政预算资金
		财政专项资金
	地方交通部门资金	省转移支付资金
		市转移支付资金
	银行贷款	国内贷款
		国际金融组织贷款
	农民投入	社会集资
		其他

资料来源：交通运输部科学研究院：《“十二五”期公路水路交通发展投融资政策研究》。

（二）中央投资发挥重要作用

中央投资主要包括车购税、中央预算内资金等。作为中央补助农村公路建设最主要的资金来源，车购税投入是带动全社会建设农村公路的主要途径。近年来，交通运输部围绕贯彻落实全面建成小康社会的目标要求，全力推进交通扶贫脱贫攻坚战，对车购税资金投资结构安排进行重大调整，进一步向农村公路建设倾斜。据统计，“十三五”期用于农村公路建设的车购税资金规模比“十二五”期增长约30%。

（三）地方自筹占据主体地位

农村公路建设资金最主要的来源是地方自筹资金投入，占农村公路建设资金总量的70%左右，首先是地方政府财政资金投入以及社会集资、捐助资金等，其次是省（自治区、直辖市）交通部门投入的资金，包括燃油税和通行费资金，约占农村公路建设资金总量的10%～15%。税费改革后，国家已取消“民工建勤”，取而代之的是“一事一议”制。

由于经济发展水平不同，东、中、西部农村公路建设资金构成也有较大差别。经济比较发达的东部地区，地方财政充裕，在农村公路建设中地方财政资金明显高于中、西部地区，而经济比较落后的西部地区，国家补贴、以工代赈、扶贫等资金投入比例要高于东、中部地区。国家对西部地区的倾斜政策、扶贫政策对贫困地区的农村公路建设发挥着重要的推动作用。

四、港口投融资体制

（一）投资管理体制

改革开放以来，与我国经济体制由计划经济向市场经济过渡相适应，我国港口管理体制经历了多次调整，进行了根本性的变革，“十五”期全面完成管理权限下放地方工作，实现了港口行政管理与港口经营分离，推动了港口的市场化进程和港口建设投资多元化，形成政企分开、企业投资为主的高度市场化的投资管理体制，具有如下主要特征。

1. 地方主导，企业投资

伴随着港口下放到地方管理，国家投资逐步从经营性领域退出，国家投入港口建设的资金比重大幅度下降。港口建设以港口企业为主，港口企业除大量地利用银行贷款建设港口以外，还吸引“和记黄埔”“新加坡港务集团”等国际著名的港口企业和船务公司合资建设、合作经营港口、码头；上海、深圳、天津等港口整合优良资产，成功上市，由原来的国有企业逐步向以公有经济为主、多种资本参股的混合所有制经济转变，通过股票市场为港口筹措了大量的建设资金。

2. 产业集群，资源整合

近年来，不少沿海港口省份和城市为了壮大港口实力，采取了港口区内或跨区合并、形成产业集群、优化整合资源的体制创新，包括省内集群和跨省集群两种形式。其中，实施省内集群的典型省份有江苏、浙江等。2002 年，江苏将沿长江相邻的县级城市政府管理的太仓港、常熟港和原双重领导的张家港“三港合一”，合力打造苏州港品牌，成立苏州市港务局，可视为苏州市一个行政区划内的港口集群。浙江在“水运强省”战略决策下，实施“宁波舟山港口一体化”，提出按照规划、建设、品牌、管理“四个统一”的原则，坚持政府推动、市场运作、企业参与，调动各方积极性。2005 年宁波舟山港集团有限公司揭牌仪式在宁波环球航运广场举行，这标志着宁波舟山港实现了以资产为纽带的实质性一体化。同年 6 月，根据国务院批准的《国家计委关于上海国际航运中心洋山深水港区一期工程可行性研究报告的请示》中“洋山深水港区的港航行政和口岸一并纳入上海市政府管辖范围，由上海市统一管理”的要求，洋山深水港区的港航行政管理职能由上海市负责履行，管理工作由上海市港口管理局负责，形成“上海 + 洋山”的特殊模式，这是典型的跨省集群。

专栏阅读 2－2

港口管理体制改革历程

一是计划经济体制阶段（1949—1978 年）。政府是唯一投资主体，期间经历了“两放”“两收”。1958 年“大跃进”期间港口下放地方；1964 年港口重新上收中央，恢复港航一体、区域管理体制；1968 年“文化大革命”期间，港口再次下放地方；1973 年港口再度上收中央，实行统一管理。

二是市场化探索阶段（1978—1992 年）。改革开放初期实行“拨改贷”，但并未从根本上改变国家作为唯一投资主体的基本属性。1984—1987 年，除秦皇岛港仍由交通部管理外，沿海和长江干线其余 37 个交通部所属港口均下放地方，实行“中央和地方政府双重领导，以地方政府管理为主”的管理体制。

三是市场化推进阶段（1992—2002 年）。国家适时出台许多促进港口发展的措施和政策，港口建设利用外资步伐加快，第一个港口上市企业深赤湾诞生。由中央管理的秦皇岛港以及中央与地方双重领导的港口全部下放地方管理，实行政企分开。港口建设“中央投资、地方筹资、社会融资、利用外资”的多渠道投融资格局逐步形成。

四是市场化深入阶段（2003 年以后）。《中华人民共和国港口法》的实施确立了多元化投资主体和经营主体，鼓励国内外经济组织和个人依法投资建设、经营港口。允许社会资本进入法律法规未禁入的基础设施、公用事业及其他行业领域，推进了港口投资的市场化进程。

资料来源：交通运输部科学研究院：《“十二五”期公路水路交通发展投融资政策研究》。

（二）主要融资渠道

1. 政府财政性资金

港建费资金是目前我国港口公共基础设施建设政府资金的主要来源。港建费自 1986 年开征，1993 年征收范围扩大到全部对外开放口岸的港口，1997 年纳入政府性基金管理。2005 年明确对黄骅、太仓、乍浦、漳州、东营、大亚湾、钦州等 30 个新对外开放的港口开征港口建设费。2006 年底港口建设费执行到期后，在交通运输部的努力下得以继续保留。2011 年，《港口建设费征收使用管理办法》（财综〔2011〕29 号）实施，改变了征收主体，下调了征收费率，扩大了免征范围。2015 年 12 月，为进一步规范港建费征收管理，切实减轻外贸和水运企业负担，促进水运基础设施建设，财政部、交通运输部联合发布《关于完善港口建设费征收政策有关问题的通知》，明确自 2016 年 4 月起水运货物全程只征收一次港建费，港建费减半征收政策进一步扩大范围。

从港建费的使用范围看，港建费全部用于水运基础设施建设，专款专用。中央分成的港口建设费主要用于：（1）沿海港口公共基础设施建设支出，包括沿海港口航道、防波堤、锚地等基础设施建设，陆岛交通码头建设；（2）内河水运建设支出，包括内河航道、船闸、升船机、航电枢纽、中西部内河港口建设等；（3）支持保障系统建设支出，包括沿海和内河水域的海事、救助打捞、安全及应急通信、航道等；（4）专项性支出，包括交通建设发展前期工作经费、日元还贷支出等；（5）征管经费；（6）支付船舶代理公司或货物承运人的港口建设费代征手续费；（7）国务院批准的其他支出。地方分成的港口建设费主要用于辖区内港口公共基础设施以及航运支持保障系统的建设和维护。

从港建费收入看，自 1986 年开征到 2006 年底，全国累计征收港建费约 500 亿元。[①] 近年来，港口建设费征收额不断上升，“十三五”期，全国港口建

---

① 中央政府门户网站．交通部：履行国家赋予职责加强港建费征管和使用 [EB/OL]．(2007 - 05 - 09) [2007 - 05 - 09]． http：//www. gov. cn/govweb/gzdt/2007 - 05/09/content_608428. htm.

设费征收预计为“十二五”期的1.8倍，投入沿海港口公用设施和内河水运的支出规模预计为“十二五”期的1.4倍。①

2. 市场化融资资金

一是银行贷款。20世纪80年代以来，随着港口建设步伐加快，国内银行贷款迅速增加，并成为主要的资金来源。2018年沿海港口利用银行贷款资金约占当年沿海港口建设完成投资额的20%。② 国内银行信贷资金对我国港口建设发挥了巨大的推动作用。

二是上市融资。20世纪90年代以来，伴随着我国股票市场的开创和发展，一些港口企业积极上市，通过股票市场筹集了部分资金用于港口建设。这一渠道的开通，拓宽了港口建设的投融资渠道，打破了长期以来基本建设投资完全靠国家、靠银行的旧格局，形成了国家、企业、个人投资并存的多元化投融资新格局。目前，沪深两市共有19家港口业上市公司，包括珠海港、深赤港A、北部湾港、天津港、盐田港、厦门港务、锦州港、重庆港九、营口港、皖江物流、南京港、日照港、上港集团、连云港、唐山港、宁波港、大连港、广州港、秦港股份。

三是利用外资。一种是外商间接投资，包括国际金融组织贷款、外国政府贷款等；另一种是外商直接投资，包括中外合资、合作经营等。我国港口从1979年开始利用外国政府和国际金融组织贷款，1982年开始积极稳步地开展外商直接投资工作。外商直接投资港口项目大多采用合资建设和经营的方式，主要集中在集装箱码头的建设和经营，主要是因为港口集装箱码头经营利润相对较大，投资风险相对较小，而且合资方式按投资股比分成，具有较强的投资吸引力。2018年我国港口建设利用外资约3.2万亿元，占当年港口建设完成投资额的8%③，弥补了我国港口建设资金的不足，对港口基础设施建设发展起到了积极作用。

---

① 交通运输部科学研究院．公路水路建设中长期投资政策研究［R］．2020.

②③ 前瞻产业研究院．2019年中国港口建设行业发展现状和市场前景分析 港口信息化飞速发展［EB/OL］．（2019－09－02）［2019－09－02］．http：//www.qianzhan.com/analyst/detail/220/190830－3e06c48b.html.

五、内河航道投融资体制

（一）投资管理体制

我国内河航道包括中央管理的航道和地方管理的航道，其中地方管理的航道的投资管理体制包括“条条管理”和“块块管理”两种模式。

1. 中央垂直管理

中央管理的航道如长江航道，由交通运输部派出机构——交通运输部长江航道局负责管理，行使长江干线（四川宜宾至上海长江口，干线航道里程2 808公里）航运发展规划、运输市场监管、水上安全监督、航道整治维护、三峡枢纽通航、水上治安消防等政府行业管理职能。

2. 地方条条管理

地方内河航道普遍采取这种管理模式，航道管理部门隶属于地方各级交通主管部门，例如广东、吉林和江苏等地的航道管理机构。在这种体制下，多数地方并没有设立专门的航道管理机构，而是设置“集航道、船检、港口、地方海事等职能于一身”的管理机构来行使航道管理职责，俗称“一套人马，几块牌子”，广西、福建、贵州等19个省（区）实行这种管理体制。

3. 地方块块管理

这种体制下，航道管理部门由地方政府直接设立，且与地方交通主管部门没有隶属关系，而是直接归政府领导。这种体制以大连、日照、温州、台州、福州、厦门等地为代表。

（二）主要融资渠道

1. 政府财政性资金

一是中央预算内投资。它是指中央预算内基本建设支出资金，不包括纳入中央预算管理的专项基金中用于基本建设项目的资金和国债专项资金。中央预算内投资资金用于航道建设的很少，除了长江口航道整治工程外，平均每年在几千万元左右。“十一五”期以来，内河航道建设日益受到中央的重视，中央预算内投资资金对内河航道的投资有所增加。根据国家发展和改革委员会《关于规范中央预算内投资资金安排方式及项目管理的通知》（发改投资规〔2020〕518号）规定，中央预算内投资资金的安排方式包括直接投资、资本金注入、投资补助、贷款贴息等。其中，直接投资是指政府安排政府投资资金投入非经营性项目；资本金注入是指政府安排政府投资资金作为经营性项目的资本金，指定政府出资人代表行使所有者权益；投资补助是指政府安排政府投资资金，对市场不能有效配置资源、确需支持的经营性项目，适当予以补助的方式；贷款贴息是指政府安排政府投资资金，对使用贷款的投资项目贷款利息予以补贴的方式。

二是港建费。内河航道是港建费的投资重点，是目前我国内河航道建设政府资金的主要来源，“十二五”以来，国家更加重视内河水运发展，不断加大对内河航道建设的投入支持力度，资金投入规模逐年增加。

三是成品油消费税。作为中央转移支付资金，成品油消费税按照2009年1月1日起实施成品油价格和税费改革规定，遵循“交通资金属性不变、资金用途不变、地方预算程序不变、地方事权不变”的原则，替代改革前交通部门收取的内河航道养护费资金，专项用于航道养护。内河航道养护费是经国务院批准，由交通部门征收的主要用于航道疏浚、测量、航标设置与维护、航道护岸维护、临跨河建筑物标准控制等航道养护与管理工作的交通专项规费。改革后，由于成品油消费税转移支付资金多用于内河航道养护人员支出，实际安排用于内河航道养护的资金规模较小。

四是中央车购税资金。作为专项用于交通运输发展的中央财政资金，中央车购税资金投资领域重点在公路交通行业，但内河水运建设作为重点交通运输项目，也是中央车购税资金的一个重要投资方向，但投资资金占比并不高。从“十三五”期中央车购税资金投资安排情况看，仅有约0.5%用于内河水运建设。

五是地方财政资金。总体来说，地方政府从预算内用于水路交通建设的财政拨款比较少，有些地方甚至没有，但近年来地方财政支持力度有所加大。例如，湖南省政府从2009年起建立水运建设与发展专项资金，用于水运基础设施建设项目补贴。[①] 广东省财政 2018 年合计下达航道维护专项资金 1 953. 86 万元[②]；2019 年 6 月广东省交通运输厅下达航道建设维护等项目资金 4 963. 2521 万元，用于潮州港公用航道一期工程和汕头港广澳港区放坡提工程[③]。上海市则根据建设项目拨付部分资金。江苏省政府从 2007 年起，在省财政预算中建立专项资金，每年不少于 5 亿元。[④]

2. 市场化融资资金

近年来，随着我国内河水运事业的快速发展，各省为解决内河航道建设发展资金不足问题，通常是通过组建国有控股或独资企业作为融资平台公司，承担本地区水运建设投融资职责，通过开展多元化的经营，为内河航道建设筹集资金。其中银行贷款是最主要的融资渠道。

3. 其他筹资渠道

一是船舶过闸费。船舶过闸费是根据《中华人民共和国航道管理条例》和《船闸管理办法》等规定，为保证船闸养护和管理的资金来源，确保船闸畅通和航行安全，提高船闸的通过能力而设立。船舶过闸费标准每个省都不一样，交通部门建设的船闸过闸费同水利部门的也不一样。目前全国交通运输系统通航建筑物收取船舶过闸费的有浙江、安徽、山东、广西、江苏 5 个省（区），但船舶过闸费的性质存在较大差异。其中，仅有江苏省船舶过闸费纳入行政事业性收费，其他 4 省船舶过闸费属于经营服务性收费。

二是优惠政策支持。为了解决水路建设资金不足的问题，一些地方政府为了支持水路交通的建设，还制定了土地优惠、“以路补水”和“以电养航”等多项优惠政策。例如，对航道征用土地和拆迁予以补偿；在土地使用费上给予优惠，减少建设成本；结合工程项目，给予土地开发上的优惠政策；减免港口等航运

---

① 湖南省人民政府门户网站．湖南省人民政府关于加快水运业发展的意见［EB/OL］．（2010－03－05）［2020－03－05］．http：//www. hunan. gov. cn/hnszf/hnyw/zwdt/201212/t20121210_4722201. html.

② 广东省财政厅．关于安排航道维护专项资金的通知［EB/OL］．（2018－11－29）［2018－11－29］．http：//czt. gd. gov. cn/gkmlpt/content/0/188/post_188973. html#86.

③ 广东省交通运输厅．广东省交通运输厅关于下达 2019 年航道建设维护等项目资金计划的通知［EB/OL］．（2019－07－11）［2019－07－11］．http：//td. gd. gov. cn/zwgk_n/zfxxgk/channel5/content/post_2634047. html.

④ 江苏省人民政府．省政府关于加快水运发展的意见［EB/OL］．（2007－08－10）［2007－08－10］．http：//www. jiangsu. gov. cn/art/2007/8/10/art_46143_2543724. html.

企业的税负负担；从交通规费增收部分安排一定比例资金投入水运建设和发展。

第二节　公路水路交通基础设施投融资成效

一、公路交通基础设施领域

（一）投资稳步增长

2016—2019 年，公路建设累计完成投资 82 459 亿元，年均增长 6.8%，车购税资金投资拉动效果明显，1 亿元车购税资金拉动地方政府及其他社会资本等投资约 7.4 亿元（见图 2－1）。其中，高速公路建设年度投资完成规模持续增加，累计完成投资 38 969.18 亿元，占全国公路建设累计投资的 47.3%，年均增长 11.8%；普通国省道建设年度投资完成规模先增后降，累计完成投资 24 647.42 亿元，占全国公路建设累计投资的 30.0%，年均下降 6.8%；农村公路建设增长较快，累计完成投资 18 039.64 亿元，占全国公路建设累计投资的 21.9%，年均增长 8.4%。

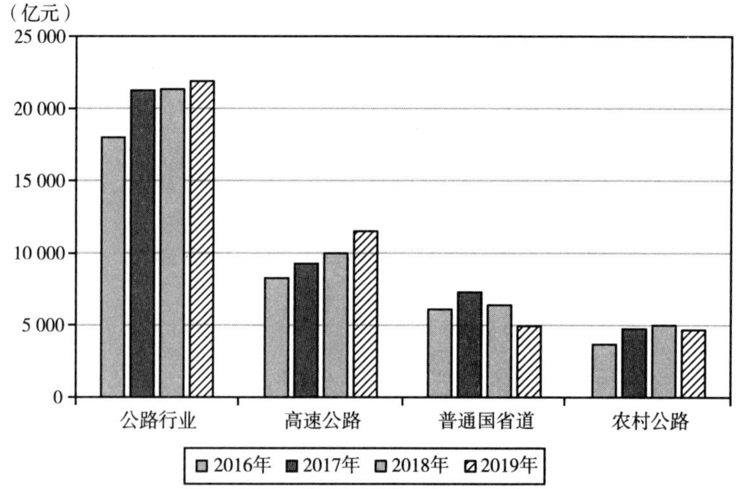

图 2－1　2016—2019 年公路建设投资情况

资料来源：2016—2019 年各年交通运输行业发展统计公报。

（二）路网加快完善

截至2019年底，全国公路总里程501.25万公里，比“十二五”期末增加43.52万公里；公路密度52.21公里/百平方公里，增加4.53公里/百平方公里（见图2－2）。

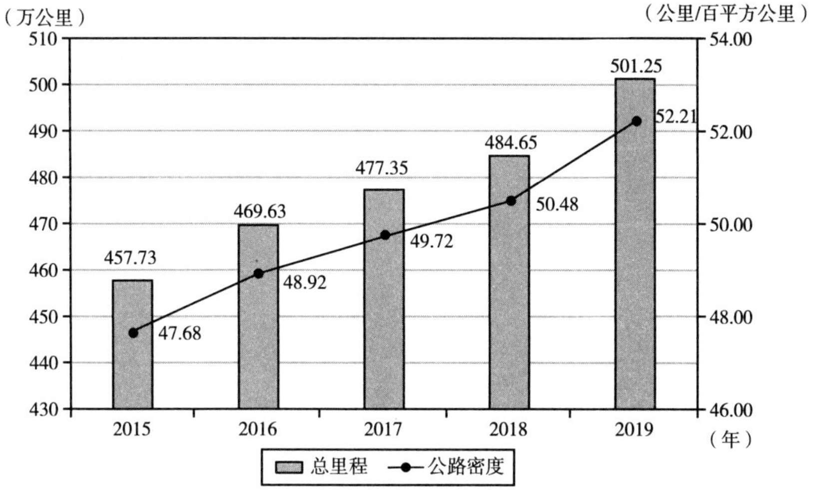

图2－2　2015—2019年公路总里程及公路密度变化

资料来源：(1)《2015年交通运输行业发展统计公报》；(2)《2019年交通运输行业发展统计公报》。

从技术等级看，2019年末全国等级公路里程469.87万公里，比“十二五”期末增加65.24万公里，占公路总里程93.7%，提高5.3个百分点；二级及以上等级公路里程67.20万公里，增加9.71万公里，占公路总里程13.4%，提高0.8个百分点；高速公路里程14.96万公里，增加2.61万公里；高速公路车道里程66.94万公里，增加12.1万公里；国家高速公路里程10.86万公里，增加2.9万公里（见表2－4）。

表2－4　2015—2019年公路交通发展变化　　单位：万公里

		“十二五”期末	2019年末	变化
公路总里程		457.73	501.25	43.52
公路密度		47.68	52.21	4.53
等级公路	里程	404.63	469.87	65.24
	占比（%）	88.40	93.70	5.30

续表

		“十二五”期末	2019 年末	变化
二级及以上公路	里程	57.49	67.20	9.71
	占比（%）	12.60	13.40	0.80
高速公路里程		12.35	14.96	2.61
高速公路车道里程		54.84	66.94	12.10
国家高速公路里程		7.96	10.86	2.90

资料来源：（1）《2015 年交通运输行业发展统计公报》；（2）《2019 年交通运输行业发展统计公报》。

2019 年全国公路里程分技术等级构成如图 2－3 所示。

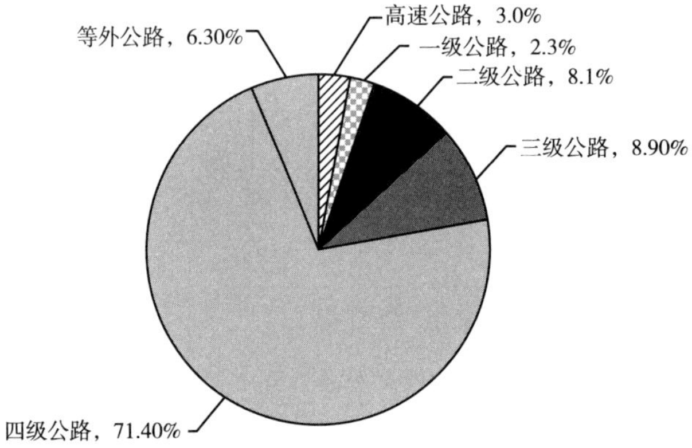

图 2－3　2019 年全国公路里程分技术等级构成

资料来源：《2019 年交通运输行业发展统计公报》。

从行政等级看，2019 年末国道里程 36.61 万公里，省道里程 37.48 万公里，分别比“十二五”期末增加 18.08 万公里、4.51 万公里。农村公路里程 420.05 万公里，比“十二五”期末增加 21.99 万公里，其中县道里程 58.03 万公里，乡道里程 119.82 万公里，村道里程 242.20 万公里，分别比“十二五”期末增加 2.6 万公里、8.5 万公里、10.89 万公里（见表 2－5）。

表 2－5　相比“十二五”期末公路交通变化　　单位：万公里

	“十二五”期末	2019 年末	变化
一、国道	18.53	36.61	18.08
二、省道	32.97	37.48	4.51

续表

	“十二五”期末	2019年末	变化
三、农村公路	398.06	420.05	21.99
（一）县道	55.43	58.03	2.6
（二）乡道	111.32	119.82	8.5
（三）村道	231.31	242.20	10.89

资料来源：（1）《2015年交通运输行业发展统计公报》；（2）《2019年交通运输行业发展统计公报》。

从公路桥梁隧道看，2019年末全国公路桥梁87.83万座、6063.46万米，比“十二五”期末增加9.91万座、1 470.69万米，其中特大桥梁5 716座、1 033.23万米，大桥108 344座、2 923.75万米。全国公路隧道19 067处、1 896.66万米，增加5 061处、628.27万米，其中特长隧道1 175处、521.75万米，长隧道4 784处、826.31万米。

（三）扶贫成效显著

2019年末，交通扶贫建设任务累计完成率达到80%以上，超过时间进度，完成了预期目标，全国实现了具备条件的乡镇和建制村全部通硬化路，国省干线和农村公路交通条件持续改善，客货运输服务水平明显提高，基本形成了以县城为中心、乡镇为节点、建制村为网点，遍布农村、连接城乡的农村公路网络。2020年，贫困地区实现国家高速公路主线基本贯通，具备条件的县城通二级及以上公路，具备条件的建制村通硬化路、通客车，为脱贫攻坚和全面建成小康社会提供坚实有力的交通运输保障。

二、水路交通基础设施领域

（一）内河建设投资稳步提升

2016—2019年，内河建设累计完成投资2 363.54亿元，年均增长3.6%（见图2－4）。其中，2018年内航道及港口建设完成投资增长最快，同比增长10.3%，但2019年则出现下降，降幅约2.3%，占公路水路基础设施固定资产总投资的10.1%。

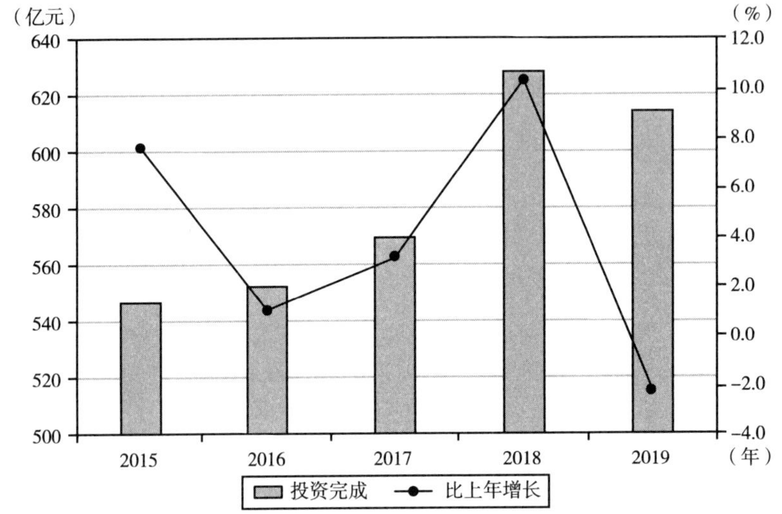

图 2－4　2016—2019 年内河投资额及增长变化

资料来源：2016—2019 年各年交通运输行业发展统计公报。

（二）内河航道等级优化提升

2019 年末，全国内河航道通航里程 12.73 万公里，比“十二五”期末增加 0.03 万公里（见图 2－5）。2019 年末全国内河航道通航里程构成如图 2－6

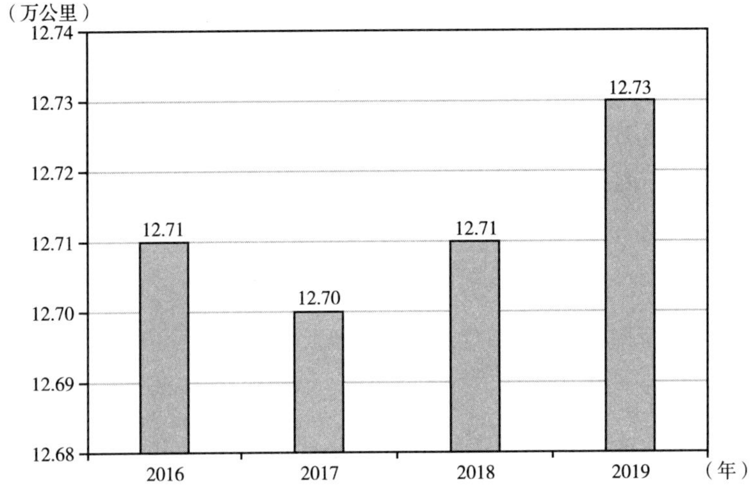

图 2－5　2016—2019 年全国内河航道通航里程

资料来源：2016—2019 年各年交通运输行业发展统计公报。

所示，等级航道里程 6.67 万公里，占总里程的 52.4%，提高 0.2 个百分点。三级及以上航道里程 1.38 万公里，占总里程的 10.9%，提高 1.8 个百分点。其中，一级航道通航里程 1 828 公里，比"十二五"期末增加 487 公里，年均增长 8.1%；二级航道 4 016 公里，比"十二五"期末增加 573 公里，年均增长 3.9%；三级航道 7 975 公里，比"十二五"期末增加 1 215 公里，年均增长 4.2%。

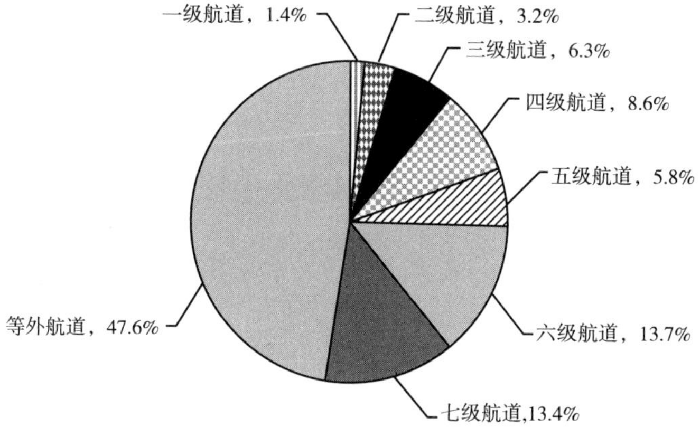

图 2-6　2019 年末全国内河航道通航里程构成

资料来源：《2019 年交通运输行业发展统计公报》。

（三）沿海港口大型化趋势明显

"十三五"以来，全国港口生产码头泊位不断减少，但万吨级以上泊位数量稳步增加，且以沿海港口万吨级以上泊位数量增加为主。2019 年末，全国港口拥有生产用码头泊位 22 893 个，比"十二五"期末减少 8 366 个。其中，沿海港口生产用码头泊位 5 562 个，减少 337 个；内河港口生产用码头泊位 17 331 个，减少 8 029 个。与此同时，全国港口拥有万吨级及以上泊位 2 520 个，比"十二五"期末增加 713 个（见表 2-6）。其中，沿海港口万吨级及以上泊位 2 076 个，增加 269 个，占全国万吨级及以上泊位数量的 82.4%；内河港口万吨级及以上泊位 444 个，增加 30 个。

表 2-6　　2018 年末沿海港口万吨级以上泊位数变化　　单位：个

泊位吨级	“十二五”期末	2019 年末	变化
合计	1 807	2 520	713
1 万～3 万吨级（不含 3 万）	619	859	240
3 万～5 万吨级（不含 5 万）	266	421	155
5 万～10 万吨级（不含 10 万）	600	822	222
10 万吨级以上	322	418	96

资料来源：(1)《2015 年交通运输行业发展统计公报》；(2)《2019 年交通运输行业发展统计公报》。

第三节　公路水路交通基础设施投融资的主要问题

一、财政投入不足

作为重要的公共基础设施，公路、航道发展应得到充足的财政投入保障，发达国家公路、航道发展的资金来源主要是各类财政性资金，总体约占 90%。而我国公路建设资金仅有约 30% 来自财政性资金并主要为专项税，其余 70% 为各类债务及其投资。即便是公益性极强的普通公路、航道的建设，甚至养护，由于缺乏足够政府投入，也需通过大量债务融资筹集资金。近年来，普通国省干线由于只能依靠地方政府发行债券进行融资，且债券规模受地方政府债务限额管理影响，发展滞后问题日益凸显。

二、普通公路融资难度加大

普通干线公路和农村公路是公益性基础设施，其投入主要依靠中央和地方各级财政资金。但由于地方各级财政困难，财政预算资金投入及政府债券支持远远不能满足建设发展需要。河南省反映，政府直接付费的公益性基础设施尤其是农村公路融资十分困难，如不尽早解决资金问题，将会对河南省乃至全国“十三五”规划目标甚至脱贫攻坚目标的实现带来不利影响。黑龙江反映，《关于进一步规范地方政府举债融资行为的通知》（财预〔2017〕50 号）、《财政部关于坚决制止地方以政府购买服务名义违法违规融资的通知》（财预〔2017〕87号）要求进一步规范地方政府举债融资行为，叫停了以政府购买服务的方式进行融资，普通公路融资受到较大影响，地方落实配套资金的压力较大。

三、公路债务问题依然突出

目前公路建设投资除资本金外，其他来源主要是债务性资金，很多项目的部分资金来源也是债务，这种资金来源结构放大了公路的债务风险和投资规模。根据《2018年全国收费公路统计公报》，2018年末，全国收费公路累计建设投资总额88 823.5亿元，其中，债务性资金比例69.6%。2018年度，全国收费公路通行费收入5 552.4亿元，支出9 621.8亿元，收支缺口4 069.4亿元。其中，利息、养护、运营管理、税费和改扩建等刚性支出合计4 555亿元，近80%的债务本金没有对应的稳定的通行费收入作为偿还保障，总体上面临收不抵支问题。

四、收费公路政策与改革发展形势不适应

一方面，按照《预算法》及国务院关于加强地方政府性债务管理和深化预算管理制度改革的要求，地方政府为政府收费公路发展举借债务采取发行收费公路专项债券形式，并以车辆通行费收入偿还。上述规定彻底改变了当前政策规定的交通运输主管部门“贷款修路，收费还贷”的融资模式。另一方面，规划项目筹融资能力明显减弱，按照国务院批准的《国家公路网规划(2013—2030年)》，未来5~10年，我国公路仍将处于集中建设、加快成网的关键时期，随着新建公路向中西部地区和山岭重丘地区延伸，建设成本提高，项目收益下降，融资难度加大。不少收费公路项目按现行收费标准和收费期限难以获得投资回报，导致社会资本投资意愿不强，部分已纳入PPP项目库的建设项目难以落地，亟须调整以保障收费公路可持续发展。

第三章　公路水路交通基础设施投融资形势分析

第一节　投融资体制改革及影响分析

为贯彻落实党的十八届三中全会确定的改革目标，解决我国经济体制改革的核心问题，处理好政府和市场的关系，使市场在资源配置中起决定性作用和更好地发挥政府作用。2014 年以来，深化财税体制改革和投融资体制改革的步伐不断加快，一系列改革文件密集出台，紧紧围绕划清政府与市场的边界、完善政府投融资体制和充分发挥市场机制作用三个方面进行展开，对公路水路交通基础设施投融资模式产生了根本性的影响。

一、相关政策规定

（一）划清政府与市场的边界

1. 规范政府举债行为

2014 年 9 月，国务院印发《关于加强地方政府性债务管理的意见》（国发〔2014〕43 号），明确划分了政府与市场之间责权利主体间的界限，从加强地方政府性债务管理的角度提出要分清责任；明确政府和企业的责任，政府债务不得通过企业举借，企业债务不得推给政府偿还，切实做到谁借谁还、风险自担；要求加强政府或有债务监管；剥离融资平台公司政府融资职能，融资平台公司不得新增政府债务。《关于进一步规范地方政府举债融资行为的通知》（财预〔2017〕50 号）规定，地方政府及其所属部门不得以文件、会议纪要、领导批示等任何形式，要求或决定企业为政府举债或变相为政府举债。上述政策规定的目标是确保地方政府和融资平台之间、地方政府债务和银行体系之间实现有效切割。

2. 加强预算管理

2014 年 9 月，国务院印发《国务院关于深化预算管理制度改革的决定》（国发〔2014〕45 号），标志着新一轮财税体制改革的“先行军”——预算管理制度改革进入实质操作阶段，这是一场政府的自我革命，有助于将政府权力关进制度“笼子”里，倒逼政府转变职能，更好执政为民。《决定》从深化预算管理制度改革的角度强调：划清市场和政府的边界。凡属市场能发挥作用的，财税等优惠政策要逐步退出；凡属市场不能有效发挥作用的，政府包括公共财政等要主动补位。

3. 促进政府职能转变

2016 年 7 月，中共中央、国务院印发《关于深化投融资体制改革的意见》（中发〔2016〕18 号），从进一步为企业投融资松绑、释放市场主体的经济活力角度提出深化投融资体制改革的目标，充分发挥市场在资源配置中的决定性作用和更好地发挥政府作用。《意见》进一步强调：要科学界定并严格控制政府投资范围，充分发挥政府投资的引导作用和放大效应，完善政府和社会资本合作模式。

（二）完善政府投融资体制

1. 明确政府举债方式

国发〔2014〕43 号文提出，建立规范的地方政府举债融资机制。地方政府举债采取政府债券方式。没有收益的公益性事业发展确需政府举借一般债务的，由地方政府发行一般债券融资，主要以一般公共预算收入偿还。有一定收益的公益性事业发展确需政府举借专项债务的，由地方政府通过发行专项债券融资，以对应的政府性基金或专项收入偿还。财预〔2017〕50 号文进一步强调应严格执行预算法和国发〔2014〕43 号文件规定，进一步健全规范的地方政府举债融资机制。

2. 明确政府投资范围

中发〔2016〕18 号文提出，政府投资资金只投向市场不能有效配置资源的社会公益服务、公共基础设施等公共领域的项目，以非经营性项目为主，原则上不支持经营性项目。

《关于推进中央与地方财政事权和支出责任划分改革的指导意见》（国发〔2016〕49号）提出，要正确处理政府与市场、政府与社会的关系，合理确定政府提供基本公共服务的范围和方式，将应由市场或社会承担的事务，交由市场主体或社会力量承担；对应由政府提供的基本公共服务，要明确承担财政事权和支出责任的相应政府层级，促进社会主义市场经济体制不断完善，使市场在资源配置中的决定性作用得到充分发挥。

3. 规范政府投资管理

中发〔2016〕18号文提出，编制三年滚动政府投资计划，明确计划期内的重大项目，并与中期财政规划相衔接。建立覆盖各地区各部门的政府投资项目库，未入库项目原则上不予安排政府投资。

国发〔2014〕45号文提出，实行中期财政规划管理。编制三年滚动财政规划，中期财政规划要与国民经济和社会发展规划纲要及国家宏观调控政策相衔接。推进部门编制三年滚动规划，加强项目库管理，各部门规划中涉及财政政策和资金支持的，要与三年滚动财政规划相衔接。

4. 加强政府投资监管

中发〔2016〕18号文提出要加强政府投资事中事后监管。首先是加强政府投资项目建设管理，严格投资概算、建设标准、建设工期等要求；严格按照项目建设进度下达投资计划，确保政府投资及时发挥效益；严格概算执行和造价控制，健全概算审批、调整等管理制度。其次是完善政府投资监管机制，加强投资项目审计监督，强化重大项目稽察制度等，健全政府投资责任追究制度。最后是鼓励有条件的政府投资项目通过市场化方式进行运营管理。

（三）充分发挥市场机制作用

一是推广使用政府与社会资本合作模式。国发〔2014〕43号文明确规定，鼓励社会资本通过特许经营等方式，参与城市基础设施等有一定收益的公益性事业投资和运营。投资者按照市场化原则出资。政府对投资者按约定规则依法承担特许经营权、合理定价、财政补贴等相关责任，不承担投资者的偿债责任。

二是鼓励政府和社会资本合作。中发〔2016〕18号文提出，可根据需要和财力状况，通过特许经营、政府购买服务等方式，在交通、环保、医疗、养老等领域采取单个项目、组合项目、连片开发等多种形式，扩大公共产品和服务供给。

三是优化政府投资安排方式。中发〔2016〕18号文明确指出，对确需支持的经营性项目，主要采取资本金注入方式投入，也可适当采取投资补助、贷款贴息等方式进行引导。根据发展需要，依法发起设立基础设施建设基金、政府出资产业投资基金等各类基金，充分发挥政府资金的引导作用和放大效应，加快地方政府融资平台的市场化转型。

二、相关影响分析

（一）交通融资平台不得继续作为政府举债融资主体

长期以来，在“贷款修路，收费还贷”政策指导下，我国政府还贷公路建设发展筹融资由交通运输行政事业单位和企业作为融资主体，主要采取向银行申请贷款方式解决资金不足问题。国发〔2014〕43号文的出台，切断了地方政府与融资平台之间、地方政府债务与银行体系之间的联系，过去作为地方政府融资平台的交通运输行政事业单位和企业不得继续作为地方政府举借债务融资主体，地方政府举债只能通过政府及其部门。由此，地方政府举债融资“暗道”被堵，过去主要依赖融资平台举借融资的交通运输基础设施发展模式需要变革，未来地方政府举债融资必须采用“明渠”方式。未来交通融资平台以各种市场化方式举借的债务均不属于地方政府债务，地方政府不承担偿还责任。政府作为出资人的，仅在出资范围内承担有限责任。

（二）规范的地方政府举债融资机制需加快建立

国发〔2014〕43号文从控制地方债务风险角度出发，对地方债务管理做出的政策部署，要求加快建立规范的地方政府举债融资机制，坚决制止地方政府违法违规举债。2015 年 1 月开始实施的新版《中华人民共和国预算法》从法律层面明确地方政府举借债务一律通过发行地方政府债券方式筹措，除此以外地方政府及其所属部门不得以任何方式举借债务；除法律另有规定外，地方政府及其所属部门不得为任何单位和个人的债务以任何方式提供担保。同时还规定，对负有直接责任的主管人员和其他直接责任人员给予撤职、开除的处分。

财预〔2017〕50 号文、《关于坚决制止地方以政府购买服务名义违法违规融资的通知》（财预〔2017〕87 号）的出台，对地方政府举债融资监管从财政部一家单兵作战到六部委协同监管，初步实现了对当前地方政府及其部门主要违法违规融资方式的政策全覆盖。党的十九大报告更是将防范化解重大风险列为三大攻坚战之首，足以看出国家对于防控风险的重视程度和防风险的紧迫性。党的十九大以来，国务院及财政部、国务院国有资产监督管理委员会、中国银行业监督管理委员会、中国人民银行等中央部委先后出台政策，采取措施，加大对中央企业投融资行为、金融系统的管控，国家在防控风险重点领域频频出拳，监管政策步步收紧。

当前形势下，地方政府发展交通运输事业，筹集发展资金，靠“旁门左道”行不通了，只能在法律法规框架内积极作为，维护《预算法》和国发〔2014〕43 号文等法律法规的权威性，提升政府的治理能力和治理水平，以实际行动促进依法治国。未来普通公路、内河航道等没有收益的交通运输基础设施，其建设发展采取发行地方政府一般债券的方式进行融资，主要以一般公共预算收入偿还；有一定收益的收费公路、枢纽场站等交通运输基础设施，其建设发展采取发行地方政府专项债券的方式进行融资，以对应的政府性基金或专项收入偿还。同时，对于有一定收益的交通基础设施，也可鼓励社会资本通过特许经营等方式，采用政府和社会资本合作模式参与投资和运营。在政府和社会资本合作期限内，政府不承担社会资本投资者或特别目的公司的偿债责任，政府作为出资人仅在其出资范围内承担有限责任。

（三）政府投资范围和投资方式更加明确

根据中发〔2016〕18 号文规定，交通运输基础设施作为公共基础设施，市场不能发挥有效配置资源的作用，属于政府投资资金的投资范围。其中，普通公路、内河航道等没有收益的交通运输基础设施领域的项目和不以营利为目的政府还贷（债）公路，属于非经营性项目，是政府投资资金的主要投资方向；以营利为目的的经营性公路、枢纽场站及航电枢纽等有一定收益的交通运输基础设施领域项目，属于经营性项目，政府投资资金原则上不予支持。

从投资方式看，政府投资资金对普通公路、内河航道等没有收益的交通运输基础设施和不以营利为目的政府还贷（债）公路的投资，按项目安排，以直接投资方式为主。对确需支持的和以营利为目的经营性公路、枢纽场站及航电枢纽等有一定收益的交通运输基础设施领域的经营性项目，政府投资资金也按项目安排，主要采取资本金注入方式投入，也可适当采取投资补助、贷款贴息等方式进行引导。

（四）收费公路发展模式将发生较大变化

一是政府还贷公路向政府还债公路模式转变。根据新版《预算法》和国发〔2014〕43 号文，未来政府将通过发行专项债券方式举债融资建设收费公路，该收费公路不属于“贷款修路，收费还贷”政策指导下的政府还贷公路，而是按照“借、用、还”相统一原则管理的地方政府债务性公路。政府还贷公路相关存量债务应通过发行政府债券将其置换成为地方政府专项债务，政府还贷公路也随之转换为地方政府债务性公路，在此之后，政府还贷公路将完成历史使命而退出历史舞台，政府通过举债方式融资修建的收费公路将全部为政府债务性公路，并将通过收取通行费形成的政府性基金或专项收入偿还。2017 年，财政部、交通运输部联合发布《地方政府收费公路专项债券管理办法（试行）》，在政府收费公路领域开展收费公路专项债券试点，为地方政府收费公路发展提供了规范的市场融资渠道，未来地方政府收费公路发展将依靠发行专项债券进行融资。

二是经营性公路模式发展内涵更加丰富。根据国发〔2014〕43 号文规定，收费公路作为有一定收益的公益性交通基础设施，其发展除通过发行政府专项债券发展政府债务性公路外，还可采取政府和社会资本合作模式，通过特许经营等方式，由社会资本按市场化原则出资，按约定规则独立或与政府共同成立特别目的公司进行建设和运营合作项目。也就是说，在经营性公路中增加了采用政府和社会资本合作模式的内涵，更加注重发挥政府和社会资本各自的优势，合作期内特别目的公司享有收费公路权益，合作期满时收费公路无偿移交给政府，这样丰富了经营性公路发展模式。

（五）政府和社会资本合作模式运用将逐步规范

近年来，随着国家财税体制改革步伐不断加快，未来政府发展交通将主要依靠地方政府债券进行融资，同时采取 PPP 模式吸引社会资本投资。当前阶段，地方政府债券可用于交通领域的额度有限，PPP 模式已成为交通基础设施建设发展重要的融资手段，被作为落实国家战略的一项重要举措被大力推广应用。中央密集出台了一系列政策文件，较为系统的政策框架体系基本形成。在政策的大力推动下，全国 PPP 模式发展迅速，促使一批转型发展和民生保障项目落地，还促进了行政体制、财政体制和投融资体制改革，但 PPP 模式的野蛮生长也带来了不少问题，如明股实债、政府变相举债、重建设轻运营、绩效考核不完善、社会资本融资杠杆倍数过高等泛化异化问题，积累了一些隐性的风险。为此，国家加大规范力度，进一步规范地方政府举债融资行为，加强中央企业 PPP 业务风险管控，严厉核查违规操作行为，整治银行业市场乱象，根本性地限制住了 PPP 的资本金融资和后续贷款进度，对落地和未签约的项目有着极大的影响。在政策多重作用下，PPP 数量有较大幅度的减少。未来，PPP 市场运作将回归理性，逐步步入规范发展的轨道。

（六）政府投资管理更规范且监管力度更强

根据国发〔2014〕45 号和中发〔2016〕18 号等文件规定，政府投资必须编制三年滚动计划，并与三年滚动财政规划相衔接，没有进入政府投资项目库的项目原则上不予安排政府投资，并对政府投资事中事后监管提出更高要求。未来，需要政府投资和补助的交通建设项目应当科学规划，积极争取纳入政府投资项目库，以获取政府投资资金的支持。政府投资资金支持项目应当按照相关规定加强监管，确保政府投资资金效率和效果。

第二节　财税体制改革及影响分析

一、预算管理制度改革及影响

（一）部门办交通向政府办交通转变

长期以来，交通部门以车购费（税）和养路费两个专项费（税）为基础，以收费公路政策为支点，撬动银行贷款和社会资金，市场化融资闸门得以打开，推动我国交通运输事业取得了跨越式发展。国发〔2014〕43号出台后，各省交通运输厅（局）及所属部门（高管局等）通过政府还贷政策建设收费公路模式已无法继续实施。政府投资项目只能由政府举债，并且只能通过发行地方政府债券的形式筹集公路建设资金。按照国务院文件精神，对普通公路等没有收益的公益性事业发展，由地方政府发行一般债券融资，纳入一般公共预算管理，以一般公共预算收入偿还债务；对收费公路、枢纽场站等有一定收益的公益性事业发展，通过发行地方政府收费专项债券融资，纳入政府性基金管理。地方政府债券发行规模由各省（自治区、直辖市）上报国务院，再由国务院报请全国人大审议后内实施。这意味着，原来交通部门可以自己联系银行，也不用政府或财政审批，但现在行不通了，政府债券能有多少用于交通运输行业，主要由省级政府来决定，已经实现从部门办交通向政府办交通的转变。

此外，按照改革的要求，当前我国用于公路、水路交通建设和发展的车购税、成品油消费税、港建费等交通专项资金以及地方一般预算和车辆通行费等交通专项收费，将分门别类地纳入政府预算管理，实现资金使用管理的制度化和规范化，这也有助于明确地方政府在交通运输发展事业中的主体地位，防范债务风险，促进地方政府在其财政事权范围内对交通运输发展提供必要的资金保障。

（二）交通专项资金的专项属性逐步淡化

在深化财税体制改革的过程中，财政部门曾经多次向国务院建议，将车购税由中央税调整为地方税，纳入一般预算统筹使用，取消专款专用性质。经过交通运输部努力争取，车购税作为交通专项资金得到了保留，但将来交通专项资金专款专用的属性将逐步淡化。国发〔2014〕45 号文提出，优化财政支出结构，取消城市维护建设税等的专款专用的规定，统筹安排这些领域的经费。《国务院关于印发推进财政资金统筹使用方案的通知》（国发〔2015〕35 号）提出逐步取消一般公共预算中以收定支的规定，新出台的税收收入或非税收入政策，一般不得规定以收定支、专款专用。2016 年国家已先行取消了城市维护建设税以及矿产资源补偿费、探矿权采矿权使用费和价款、草原植被恢复费、海域使用金等专项收入专款专用。从发展趋势来看，未来我国将加大政府性基金预算转列一般公共预算力度和国有资本经营预算调入一般公共预算力度，而对于一般公共预算中的专款专用资金也将逐步被取消专项性。车购税作为《中华人民共和国公路法》规定的公路建设专项资金，是一般公共预算资金中具有专款专用性质的专项税收收入，是深化预算管理制度改革的主要内容，其作为一般公共预算中以收定支的专项收入，专项性将逐步被淡化。

（三）发展规划和预算制定将更加科学化

中期财政规划是指为增强财政政策的前瞻性和财政可持续性，根据国家中长期发展规划和宏观调控的需要，在确定中期财政政策基础上编制的多年度财政规划。实行中期财政规划管理，对规划期内一些重点领域政策及所需动用的政府财力作出统筹安排，每年根据情况变化作相应调整更新，强化其对年度预算的约束，提高预算的统筹能力。中期财政规划管理内容涵盖了预算收支的科学预测、中长期重大事项科学论证机制、部门滚动支出规划，约束和指导年度预算，最终逐步建立中期预算框架。实行中期财政规划管理后，交通运输部门要对未来三年交通重大财政资金收支及政策目标进行分析预测，结合交通运输发展规划，研究编制公路、水路等交通建设和养护的三年滚动预算，并建立与三年滚动预算相适应的项目库管理制度。交通运输行业发展规划和年度预算受中期财政规划的约束将增强，在制定过程中也将更加科学化和精细化，同时也有利于保证重点项目需求，有助于硬化预算约束，改善预算项目执行效率，提高交通预算编制质量。

二、税制改革相关政策及影响

（一）税制结构调整将影响交通专项资金的稳定性

从国家深化财税体制改革的精神看，车购税资金专款专用性的取消是改革的重要内容，2014 年以来，尽管在交通运输部和财政部之间的不断博弈下，现阶段车购税作为交通专项资金的性质没有改变，但将来依然存在取消专款专用的可能性。此外，受经济下行、新能源汽车免征车购税、1.6 升及以下排量乘用车减半征收车购税等因素影响，车购税税基被侵蚀，税收规模下降，2016 年累计征收 2 674 亿元，在汽车销量持续高速增长的情况下，继续下滑趋势，同比下降 4.2%[①]。同时，港建费作为政府性基金，面临降低收费标准，2020 年到期后能否存续存在较大不确定性。成品油税费改革增量收入专款专用性也存在被取消的可能性。

（二）“营改增”和清理规范税收优惠政策影响交通融资能力

党的十八大以来，税制改革从具体税种的改革和税收征管体制改革两个方向共同推进。2012 年 1 月 1 日，以交通运输业和部分现代服务业营业税改征增值税试点为开端的“营改增”，不仅引领着我国间接税制改革乃至整个税制改革，而且成为此轮深化财税体制改革的起点，具有深刻的历史性意义。2016 年 5 月 1 日，“营改增”试点全面推开，将建筑业、房地产业、金融业、生活服务业纳入试点范围。“营改增”后，政府还贷公路继续执行增值税免征政策，税负不会受到影响；存量经营性公路可选择简易计税方法缴税，税负会略有下降；新建经营性公路需按 11% 的税率缴纳增值税，税负可能会出现较大

① 交通运输部科学研究院. 深化交通运输领域投融资机制研究改革 鼓励社会投资政策研究[R]. 2019.

的增加，造成企业利润降低甚至可能出现亏损的情况，影响企业开展市场化融资的难度，降低社会资本投资公路基础设施建设的积极性，不利于公路交通建设事业发展。

三、财政事权和支出责任划分改革影响

（一）各级政府权责清晰

长期以来，我国交通运输领域财政事权不清，财政事权和支出责任不匹配问题较为突出。一方面，国道建设养护以地方为主筹集资金，车购税仅补助少量资本金；另一方面，中央给予地方事权的农村公路大量补助。“十三五”期中央车购税用于普通国道建设的投资标准仅为项目造价的35%，但车购税对中西部地区农村公路建设的投资补助标准超过了50%。中央与地方财政事权不清、投资责任倒挂，联动带来的地方省、市、县交通事权也存在划分不清的情况，越是下级政府越多承担支出责任，而受限于资金来源有限，未建立起匹配事权的支出责任机制，造成“财权上移”“事权下沉”，影响交通运输事业健康可持续发展。

目前，交通运输领域中央与地方财政事权和支出责任划分改革方案已经出台，按照财政事权与支出责任的改革要求，2020年将完成省以下相关领域财政事权和支出责任划分改革，将形成中央领导、合理授权、依法规范、运转高效的交通运输领域财政事权和支出责任划分模式。“谁的财政事权谁承担支出责任”，实现权、责、利相统一。

（二）以财政事权定支出

目前交通运输领域中央支出由车购税、港建费、船舶吨税等专项税费以及部分中央预算内资金、国债资金保障，地方支出由燃油税资金、部分省级一般预算资金、地方政府债券资金保障。总体上是由交通专项资金收入规模定支出，中央和地方财政资金支出规模增长与交通专项资金收入增长直接相关。财政事权和支出责任划分改革后，将是以财政事权定支出，不再与交通专项资金收入直接挂钩。未来交通运输行业各级政府支出盘子的大小直接取决于各级政

府应当承担的财政事权的大小。

（三）财力更加协调

财政事权和支出责任划分改革将促使中央与地方形成合理的财力格局，为各级政府履行财政事权和支出责任提供有力保障。结合财政事权和支出责任划分、税收制度改革和税收政策调整，考虑税种属性，在保持中央和地方财力格局总体稳定的前提下，将科学确定共享税中央和地方分享方式及比例，适当增加地方税种，形成以共享税为主、专享税为辅，共享税分享合理、专享税划分科学的具有中国特色的中央和地方收入划分体系。

（四）区域更加均衡

财政事权和支出责任划分改革将着力增强财政困难地区兜底能力，稳步提升区域间交通运输基本公共服务均等化水平；将从人民群众最关心、最直接、最现实的主要交通运输基本公共服务事项入手，兼顾需要和可能，合理制定交通运输基本公共服务保障基础标准，并适时调整完善；坚持人民交通为人民，把满足人民日益增长的美好生活需要作为出发点和落脚点，提高交通运输基本公共服务供给效率。中央将通过一般或专项转移支付方式，增强财力薄弱地区尤其是老少边穷地区的财力，确保相关地方政府有能力将其承担的交通运输财政事权履行到位，促进不同区域交通运输平衡发展，促进交通运输基本公共服务均等化。省级政府也将通过调整收入划分、加大转移支付力度，增强省以下政府交通运输基本公共服务保障能力。

第三节　地方政府债务管理改革及影响分析

2014 年以来，为贯彻落实国发〔2014〕43 号文件有关加快建立规范的地方政府举债融资机制的精神，中共中央、国务院以及财政部先后发布一系列加强地方政府债务风险管理的政策文件，要求严格加强地方政府债务管理，并提出政府债务管理要求和处置思路。

一、地方政府违法违规举债行为监管

自从新版《预算法》和国发〔2014〕43号实施以来，地方各级政府加快建立规范的举债融资机制，不断加强地方政府债务管理，取得了明显成效（见表3-1）。但与此同时，个别市县政府仍存在违法违规举债担保行为，一些金融机构仍违法违规向地方政府提供融资或要求地方政府出具担保承诺，与防范财政金融风险、牢牢守住不发生区域性系统性风险底线的精神不符，局部风险不容忽视。国家审计署对2015年度中央预算执行和其他财政收支的审计报告中反映，截至2015年底有的地区仍违规或变相举债，要求强化问责和公开，健全审计查出问题整改长效机制，继续强化地方政府债务管理，通过问责促进消化债务存量、严控增量。

表3-1　地方政府性债务管理工作中法律法规明令禁止的违规问题清单

类型	违规问题
举债	2015年1月1日起非国务院批准的限额内发行地方政府债券方式举借政府债务、非财政部批准的项目后续融资的新增举债
	地方政府及其所属部门以承诺函、担保函、安慰函、举债财政承受能力函、文件、会议纪要、领导批示等任何形式，要求或决定企业为政府举债或变相为政府举债
	除外国政府和国际金融组织贷款转贷外，地方政府及其所属部门为其他单位和个人的债务提供担保
	承诺为其他任何单位和个人的融资承担偿债责任
融资平台管理	地方政府将公益性资产、储备土地注入融资平台
	承诺将储备土地预期出让收入作为融资平台公司的偿债资金来源
PPP	地方政府利用PPP方式违法违规变相举债
	以任何方式承诺回购社会资本方的投资本金
	以任何方式承担社会资本方的投资本金损失
	以任何方式向社会资本方承诺最低收益
	对有限合伙制基金等任何股权投资方式额外附加条款变相举债

续表

类型	违规问题
政府购买服务	以政府购买服务名义购置原材料、燃料、设备、产品等货物
	以政府购买服务名义用于建筑物和构筑物的新建、改建、扩建及其相关的装修、拆除、修缮等建设工程
	以政府购买服务名义用于铁路、公路、机场、通信、水电煤气以及教育、科技、医疗卫生文化、体育等领域基础设施建设，储备土地前期开发，农田水利等建设工建设工程
	建设工程与服务打包
	将金融机构、融资租赁公司等非金融机构提供的融资行为纳入政府购买服务范围
	党中央、国务院统一部署的棚户区改造，易地扶贫搬迁工作的政府购买服务事项，未纳入年度预算或中长期财政规划
	政府购买服务资金未纳入年度预算或中长期财政规划
	以政府购买服务形式开展的2016年新开工的棚户区改造项目，未与项目承接主体签订政府购买服务合同，而是通过融资平台公司等企业举借政府债务
专项建设基金	地方政府以借贷资金出资设立各类投资基金
	地方政府利用政府出资的各类投资基金等方式违法违规变相举债
	未按照国务院决策部署和市场化运作的要求投放
	地方政府及其所属部门为专项建设基金项目提供本金回购、保底收益承诺等任何形式的担保
新增债券	新增债券资金未按照规定的用途使用
	新增债券资金未用于公益性资本支出
	收到新增债券资金后，未编制预算调整方案报同级人大常委会审议，未完成预算调整工作
	新增债券未纳入预算管理（一般债券未纳入一般公共预算管理，专项债券未纳入政府性基金管理），未严格对应科目

资料来源：根据《国务院关于加强地方政府性债务管理的意见》（国发〔2014〕43号）、《关于进一步规范地方政府举债融资行为的通知》（财预〔2017〕50号）、《关于坚决制止地方以政府购买服务名义违法违规融资的通知》（财预〔2017〕87号）等政策文件整理。

2016年以来，财政部根据审计署审计整改意见组织相关地区专员办对违法违规举债担保问题进行了专项核查，依法问责部分县市违法违规举债、担保的行为，依法处理个别企业和金融机构违法违规行为，并对处罚处理结果进行了通报，给地方政府敲响了警钟。2017年中央有关防范风险方面的政策密集发布，监管力度不断加大。4月，财政部等六部委联合发布《关于进一步规范地方政府举债融资行为的通知》（财预〔2017〕50号），再次重申43号文相关内容，要求摸底排查地方政府融资行为，全面清理整改。5月，财政部发布《关于坚决制止地方以政府购买服务名义违法违规融资的通知》（财预〔2017〕87号），从规范政府购买服务方面堵住违规举债的漏洞，严禁将公路、机场等领域的基础设施建设作为政府购买服务项目。一些地方采取政府购买服务方式支持普通公路建设的发展模式将难以为继。7月中旬，第五次全国金融工作会议提出，纠正当前金融乱象，对监管层落实严格问责，有风险没有及时发现就是失职，发现风险没有及时提示和处置就是渎职。严控地方政府债务增量，终身问责，倒查责任。党的十九大报告更是将防范化解重大风险放在三大攻坚战首位，国家在防控风险重点领域频频出拳，监管政策步步收紧。公路水路交通基础设施投融资创新空间越来越窄，市场化融资难度进一步加大。

二、政府债务的处置

将政府存量债务分类纳入预算管理。其中，一般债务纳入一般公共预算管理，专项债务纳入基金预算管理。滚动编制政府存量债务处置计划，明确偿债资金来源，合理确定分年度的债务偿还化解目标，并纳入考核范围。

对甄别后纳入预算管理的政府存量债务，可申请发行地方政府债券置换。置换债券的还本付息纳入被置换债务的债务单位预算。《财政部关于对地方政府债务实行限额管理的实施意见》（财预〔2015〕225号）已明确，将在三年左右的过渡期内，发行地方政府债券置换存量政府债务中非政府债券形式的债务。自这项工作启动以来，截至2018年底，全国地方累计发行置换债券12.2万亿元，基本完成既定的存量政府债务置换目标。[①] 截至2018年末，全国地方政府债务余额183 862亿元，控制在全国人大批准的限额之内。其中，一般债务109 939亿元，专项债务73 923亿元；政府债券180 711亿元，非政府债券形式存量政府债务3 151亿元。[②]

---

① 澎湃新闻．审计署：近三年来各地累计置换存量政府债务12.2万亿元［EB/OL］．（2018-12-24）［2018-12-24］．https：//m.thepaper.cn/newsDetail_forward_2769202.

② 财政部．2019年1月地方政府债券发行和债务余额情况［EB/OL］．（2019-02-22）［2019-02-22］．http：//nmg.mof.gov.cn/lanmudaohang/zhengcefagui/201902/t20190226_3178445.htm.

三、政府或有债务的处置

对甄别后作为政府或有债务的存量债务，最终债务人无法偿还时，转贷债务由转贷机构按照转贷协议履行偿债义务，担保债务由担保人承担相应责任。转贷机构和担保人代为偿还债务后，保留向最终债务人追偿的权利。或有债务依法转化成政府债务的，转化部分纳入政府债务限额管理。

四、非政府债务的处置

对存量债务清理甄别后不纳入政府债务的部分，地方政府要督促债务单位积极筹资偿还。对项目收益（包括自身收益和附加价值）能够按时还本付息的债务，应继续通过项目收益偿还。对项目收益能够还本付息，但贷款期限与项目进程不匹配、项目尚未完工或产生收益的债务，可由债务人与债权人共同协商修订贷款合同，合理确定贷款期限。对项目长期收益能够还本付息，而当期收益不能还本但能付息的债务，经债务人申请，并经债权人审核确无当期偿债资金来源后，在原贷款余额内，债权人可在一定期限内继续发放贷款。对项目收益不足以还本付息，但能够吸引社会投资的债务，可由债务人提出申请，经相关主管部门审核批准后，采取资产处置、项目转让、股权出售等市场化方式筹集资金偿还。积极推广政府与社会资本合作（PPP）方式处置存量债务。对融资成本过高、期限结构不合理的未到期债务，鼓励债务单位与债权人协商按合理回报水平和期限重新签订协议。

五、地方政府隐性债务管理影响

一是普通公路等没有收益项目资金筹集渠道收窄。对于普通公路、内河航道等无收益项目的债务融资只能使用一般债券，对于政府收费（还贷）公路等有收益项目的债务融资，只能采取发行专项债券的方式，不得继续由政府部门及其机构采用银行贷款、企业债券等其他市场融资形式，也不得采用委托代建、带资承包的方式由融资平台公司或建设施工企业代为举债。

二是交通运输领域利用社会资本的门槛更高、难度更大。在设立各类交通政府投资基金、推广应用 PPP 时，按照“共同出资，共担风险”原则，不得以“名股实债”“保底收益”等方式吸引社会资本参与，不得通过政府付费类 PPP 模式等形成政府中长期支出事项债务，也不得通过政府购买服务向金融机构融资。

三是交通融资平台公司的融资行为受到限制。不得新设立各类交通融资平台公司，对只承担政府融资任务且主要依靠财政资金偿还债务的“空壳类”交通融资平台公司，将一律按法定程序撤销。现有的交通融资平台公司将剥离政府融资功能，按照市场规则规范运行，不得使用指令性方式直接赋予交通融资平台公司投资建设和融资任务，不得新增政府隐性债务，不得对存量政府还贷公路采取直接划转变性为经营性公路，不得依托同一收费公路项目采取重复担保或质押方式融资，不得将非收费桥梁、储备土地等注入平台公司，不得替政府收费（还贷）公路融资。对于严重资不抵债或失去清偿能力的交通融资平台公司将实施破产清算。

四是交通建设项目审查将更加严格。对于交通项目，可行性研究阶段将充分论证资金筹措方案，充分开展财政承受能力评估论证，涉及使用收费公路专项债的项目将严格评估项目收益情况，否则一律不得审批，一律不得开工建设。银行贷款、各类债券（含政府一般债券和专项债券）等债务资金将不得作为交通项目的资本金。

五是部分隐性债务化解渠道不畅。2014 年财政部在组织地方政府性债务甄别过程中，政府还贷公路的债务大部分被甄别为担保和救助类债务，由于部分地方政府特别是西部地区债务限额不够，这些债务难以通过政府债券进行置换。2015 年初以来，部分地区通过交通融资平台公司举借的隐性债务，尚无合法合规化解的渠道，结合近几年地方将政府还贷路无偿划转的实践，预期地方在处置这一部分债务时，又会启动新一轮的划转。但是按照中央文件的要求，通过无偿划转将非经营性资产变为经营性资产是不规范的做法。

六是交通运输行业争取金融机构支持的难度增加。中央文件要求金融机构审慎合规经营，严格把关，打破财政兜底幻想，按市场化原则评估借款人财务能力和还款来源，不得随意提供中长期、低利率融资，避免简单将偿债风险后移。

第四章　公路水路交通基础设施投融资理论分析

第一节　公路水路交通基础设施属性分析

一、交通基础设施的生命周期特性

作为一个生物学概念，生命周期指具有生命现象的有机体从出生、成长到成熟、衰老，直至死亡的完整过程。交通基础设施也存在类似的生命周期，并由于自身特性，与现代工业产品有着显著差异（见图 4－1）。

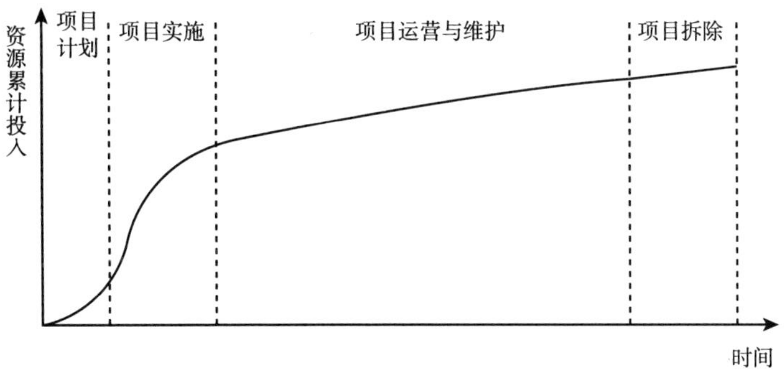

图 4－1　交通基础设施的生命周期

资料来源：交通运输部科学研究院：《“十二五”期公路水路交通发展投融资政策研究》。

一是公路水路交通基础设施具有耐久性。交通基础设施是使用寿命最长的建筑构建物之一，耐久性是其显著特性。虽然在经济可行性研究中，一般认为交通基础设施如高速公路等经济寿命为 20～30 年，但事实上，只要对其进行及时正常的养护，在交通流量不超过其饱和标准而按需要改建，并且没有特大自然灾害（如地震、地质灾害等）破坏的情况下，高速公路几乎可以永久使用。在意大利境内，有一段罗马帝国时期的道路，虽然经过千余年的历史变迁，由于得到了及时保养维修，直到现在还在使用。当然，交通基础设施的耐久性是有条件的，主要就是正常的养护和适时的改扩建。如果失养失修或者放弃不用，会很快由于自然力的侵蚀而遭到破坏。

二是公路水路基础设施具有阶段性。交通基础设施与社会经济乃至交通运输本身的发展之间的关系并不是线性的，而是具有明显的阶段性特征，呈现“适应—不适应—再适应”螺旋式上升的态势。

在经济发展的一定时期，客观上要求集中力量建设交通基础设施以期为当时乃至今后的经济发展服务。交通运输依靠基础设施、运载工具和运营管理系统三部分联动才能发挥作用。基础设施是交通运输发展的基础，丧失了基础设施的支撑，载运工具和运营管理系统水平再先进，其优势效能也无法充分发挥，而基础设施的耐久性决定了不能等到有了先进载运工具和运营管理系统再回过头来搞建设，这就是所谓的“适度超前”。各国发展历程也充分证明了这一点，20 世纪二三十年代美国就有了高速公路，但那个时代汽车的发展依然处于初级阶段。

1930 年后，美国经济处于经济危机的低谷，罗斯福总统执行新政，联邦财政加大了对公路建设的投入力度，1930—1939 年公路建设投入超过 130 亿美元，新建了 66.4 万英里公路，此前公路里程仅 38.7 万英里。[①] 第二次世界大战结束后，美国经济强劲增长，城市化进程发展十分迅速，这与美国当时相对完善的公路网络不无关系。20 世纪 50 年代末期随着美国经济持续快速发展，车辆迅速增加、车速提高导致公路设施跟不上时代要求，开始大量出现拥挤、安全方面的问题。在此时期美国提出了建造贯通大陆的州际公路计划，通过实施公路信托计划为其筹集资金，在自 1956 年开始的 30 年间，美国公路投资始终保持在较高水平，20 世纪 80 年代初期美国州际公路网络基本形成，成为美国经济发展的重要引擎之一。

① 交通运输部科学研究院．“十二五”期公路水路交通发展投融资政策研究［R］．2011．

二、公路交通基础设施的经济属性

（一）公路的公共产品属性

1. 公路是社会生产的基础性条件

公路是社会生产的基础性条件，这包括三个方面的含义：一是公路提供的产品和服务是其他生产部门赖以进行生产的基础性条件；二是公路所提供的产品和服务是其他生产部门生产和再生产时所必需的投入品；三是就价格构成而言，公路提供的产品和服务的价格构成了其他部门产品或服务的成本。因此，公路提供的产品或服务的性能和价格的变化，必然会对其他部门产生连锁效应。

2. 公路的资源稀缺性

公路具有一定的自然垄断的特性。自然垄断性是指由于存在资源稀缺性和规模经济特性而使得提供单一产品或服务的企业形成独家垄断或者寡头垄断的概率很高的特性。由于公路建设必须占用一定的经济走廊，必须按照政府统一规划进行建设，因而具有资源稀缺性特征，所以具有自然垄断性。这也是公路实行特许经营的重要原因。

3. 投资边际成本递减特性

交通基础设施领域属于典型的资本密集型产业，由于其建设具有整体性、网络性，形成网络的公路的单位经营成本往往低于单个公路项目，而产生的直接或间接经济、社会效益，往往要远大于构成网络的单项工程产生的效益之和，所以建设项目大都具有经营成本随着经营规模扩大而递减的规律，规模经济相当显著，在投资建设过程中最显著的现象表现为巨额资金的流入和聚集，公路投资具有的规模经济效应特性决定其具有投资规模大、强度高的特点。

4. 公路具有建设与回收周期长的特性

大型经济基础设施一般具有建设周期长的特性。与直接生产部门相比，公路项目建设周期一般较长，形成生产能力的时间也相对较长。一般的大型运输基础设施网络从规划到建成，往往需要几年或一二十年，甚至更长的时间。公路的这一特性，造成其投资回收期长，投资难以在短时期内回收。

5. 公路投资具有较强的凝固性

进入市场而在退出市场后不能回收的固定费用被称为沉淀成本。公路不像加工产业那样可以根据市场变化较快实现转产，其技术特性决定投资形成的资产可移动性差、专一性强，客观上难以实现物质资本的转产和流动，因此公路项目投资具有较强的凝固性，沉淀成本很高。

6. 公路具有外部效益大的特性

外部性在现代经济社会中是比较常见的现象，无论什么时候，只要某个生产者或某个消费者的行为对其他生产者和消费者产生了影响，而受影响者没有因损害而得到补偿或因受益而付出代价，那么就存在外部性或者外部效应。根据这种影响对他人的有利和不利将可划分为正的外部效应（即外部效益）和负的外部效应（即外部成本）。

公路具有范围很广的外部效益，“要想富、先修路”就反映了社会对公路外部效益的认同。公路不仅可以有效改善投资环境和市场条件，降低生产成本，扩大经济、文化、人员交往，吸引外部资金，改善地区经济结构，提高经济效益，而且还能带来土地升值，增加就业，促进城镇化发展，缩小地区差距，改善人民生活，以及提高国边防和抢险救灾通行能力等，这些外部效益都难以计算，更难以向受益者收取回报。公路的外部效益特性决定其具有很强的社会公益性，也是政府必须介入的主要原因。

专栏阅读 4－1

公共产品的概念和特征

公共产品是私人产品的对称，是指具有消费或使用上的非竞争性和受益上的非排他性的产品。

一是非竞争性。一部分人对某一产品的消费不会影响另一些人对该产品的消费，一些人从这一产品中受益不会影响其他人从这一产品中受益，受益对象之间不存在利益冲突。例如，国防保护了所有公民，其费用以及每一公民从中获得的好处不会因为多生一个小孩或出国一个人而发生变化。

二是非排他性。该特性是指产品在消费过程中所产生的利益不能为某个人或某些人所专有，要将一些人排斥在消费过程之外，不让他们享受这一产品的利益是不可能的。例如，消除空气中的污染是一项能为人们带来好处的服务，它使所有人能够生活在新鲜的空气中，要让某些人不能享受到新鲜空气的好处是不可能的。

公共产品的非排他性和非竞争性，要求公共产品生产必须有公共支出予以保证，其经营管理必须由非营利组织承担。

资料来源：刘君：《财政分权、空间溢出与我国公共物品供给研究》。

（二）公路的私人产品属性

1. 公路的商品属性

商品是用来交换的劳动产品，具有使用价值和价值。公路能使货畅其流、人便于行，实现客、货位移效用和时间效用，这是它的使用价值。公路作为劳动资料，需要经过由货币资本到生产资本的转化，消耗物化劳动和活劳动，所以，公路也同其他商品一样凝结着无差别的人类劳动，这是公路的价值。因此，公路是具有商品属性的劳动产品。但是，具有使用价值和价值的劳动产品如果不是用来交换就不是商品，因此公路是不是商品还要看它有没有被交换。

收费公路是采用“使用者付费”方式投资建设而成的。在这个过程中，政府通过财政资金投入和贷款修建公路，具体由公路经营者进行运营管理，社会成员为了获得公路提供的位移服务需要缴纳车辆通行费，从而实现了公路这一商品的交换过程，即公路作为劳动产品能够实现交换。因此说，公路具有商品属性，从而才存在转让经营权。

2. 经营性公路具有一定的竞争性和较强的排他性

经营性公路到了一定拥挤程度的情况下，路上每个消费者对行车服务的消费会影响到他人的利益，因而具有一定的竞争性。同时，经营性公路具有较强的排他性，即对经营性公路的消费和使用，不像消费其他纯公共产品那样可以不受任何限制，不付任何代价。也就是说，使用经营性公路是有条件的，车辆只有在支付了一定的通行费之后，才能够在公路上行驶，否则将被排除在使用者之外。

3. 高等级收费公路具有显著的级差效益

收费公路具有非常明显的级差效益，使得公路使用者情愿放弃免费使用低等级公路，而选择支付通行费使用高等级公路，从而使得高等级公路可以在所有者与使用者之间进行“直接买卖交易”，即使用者通过支付通行费的方式换取高等级公路提供的这种效益，这种级差效益是私人投资愿意投入公路建设的前提条件和诱因。

4. 经营性公路配置资源合理流动的高效性

人们评价政府能力的一个重要标准就是判断基础设施的供给是否有效率，即是否用最小的成本来换取最大的效益。福利经济学家往往把政府制度作为一种外生变量，即不存在交易成本问题。而实际上政府作为一种制度安排，如同市场制度一样，同样是内生变量，其自身的运行以及向公众提供公共服务和公共产品同样存在交易成本问题。由于政府系统缺乏明确的绩效评估制度，其成本和效率较私人部门难以测量。因此，政府提供公共产品在某种程度上是一个政治过程，其交易成本可能比市场制度高，在这种情况下，吸引社会资金进行公路基础设施建设，有利于提高运营的效率。同时由于多层制管理结构的机械性，以及政府体制中监督成本的加大，对政府提供垄断性基础设施的效率产生障碍，电力、民航、铁路等纷纷向非公有资本开放就是实证。由于市场的竞争机制和价格机制会自动配置资源的合理流动，因此，基础设施建设的经营性行为是消除传统方式的低效率，切实提高基础设施建设、运营效率的一种有效手段。

三、港口基础设施的属性分析

（一）港口基础设施的特性分析

第一，港口作为国家公共基础设施，为全社会提供产品和劳务，具有基础性产业的特征。投资规模大、建设周期长、自然垄断性强、建成后对其他产业的产品需求量相对较小，其产品或劳务数量和价格变化对国民经济其他产业影响相对较大。第二，港口具有间接的社会贡献，产生的经济效益不仅仅体现在行业自身的利税上，其所涉及的运输对象的经济效益与基础设施建设也有密切关系。第三，港口基础设施从投入产出的时效性衡量，具有一定的滞后性。大规模的资金投入，产生经济效益往往要比其他投入要来得慢，这一特性由港口经济活动派生于社会经济所决定。第四，港口对于空间、地域和时间具有极强的依附性，即不可挪用性，巨额资本一旦投入很难挪作他用，具有资本沉淀性特征。第五，港口具有公共和企业性复合性特性，这一特征引起了大众对于港口基础设施投资主体的探讨。

（二）港口基础设施的不同类别

根据《港口设施维护管理规定（试行）》要求，港口设施主要包括：码头、防波堤、引堤和护岸、港池、进出港航道、锚地、港区道路与堆场、仓库、港区铁路与装卸机械轨道、防护设施等及其他生产与生产辅助设施。按照服务范围和特性不同，可划分为公共基础设施和经营性基础设施。公共基础设施是指为一个港口内多个经营企业使用的基础设施，经营性设施则指为某一港口经营人所使用的设施。

对于港口中的进港航道、防波堤、港池、锚地、浮筒、航标、道路等设施，其功能在于为港口创造了必不可少的条件，投融资活动具有完全的社会公益性特征，即其投资是获得社会效益而不是以直接经济效益为目的，投资额巨大但不能获得直接的投资回报。从投资主体来看，由于其投资效益为整个社会所共享，所提供的公共产品，一般企业和个人是没有能力也不会愿意来承担其投融资活动的，其投资主体必然是政府部门，属于公共基础设施。

对于与港口企业经营有关的装卸机械、设备、仓库、堆场等设施，其投融资活动主要体现在直接的经济效益、投资回报较高等特点。从投资主体看，由于其主要是为投资的直接经济效益所驱使，民间资本可以进入的领域，投资主体一般是企业或个人，属于经营性设施。但政府要为企业和个人投资确定导向政策，因为这类项目不同于一般产业，从对整个社会经济的影响、对国防的影响、对国家国际收支平衡的影响出发，国家应给予相应的低息的政策性贷款等支持政策。

对于码头等为港口提供了经营基础的设施，其投资活动部分体现了社会效益，部分体现为经济效益，投资规模相对巨大，具有一定的垄断性质，能够取得一定的投资回报。从投资主体看，由于其投资兼有营利性和公益性双重特性，其融资活动既不能由政府全部包揽，也不能由民间资本独立承担，需要实行投资主体多元化。另外，码头等设施的经济属性在沿海港口和内河港口之间表现出很大的差异。

（三）港口基础设施的属性界定

港口通过对货物收取装卸费、堆存费等获得经济收益，因此港口是典型的准公共产品。但对于港口的不同组成部分，产品属性又不尽相同。港口的支持系统、公用航道、锚地、防波堤、疏港道路等设施排他性弱，为公共产品；港口装卸设备、库场等经营性设施排他性较强，为私人产品；港口的码头泊位等则为准公共产品。港口作为准公共产品，由于货物无法逃避收费，且港口可以通过调整收费标准保证成本的回收，因此港口的商品属性相对较高。特别是一些经营效益较好的码头，如集装箱码头和可自由定价的外资码头，港口的商品属性得到了充分的体现。

四、航道基础设施的属性分析

（一）航道的特性分析

一是与公路、港口等基础设施类似，航道建设需要巨额的资金投入，具有显著的资本密集特征。同时，航道建成以后很难挪作他用，因而具有较强的资产专用性和成本沉没性。航道建设还必须进行一次性大规模投资，零星的投资往往无效或者不经济，具有投资的不可分性。

二是航道具有正外部性，而且很难向这些非航道使用者索取回报以阻止其效果外溢。因此，如果不从社会的角度来考虑对水运基础设施投入的回报，就会影响投资收益和投资积极性。

三是航道具有公共产品特性，在目前的情况下，航道比较完全地具有非竞争性和非排他性。航道对所有船舶所有人开放，无论船舶所有人是否支付费用都能使用这种服务。排他性收费即使在技术上是可行的，也会因为成本过高而失去意义。同时，在一定的限度内，航道提供服务的边际成本极小或者为零，即在一条不拥挤的航道上多增加一艘船行驶，不会给其他船舶运行造成困难，也无须对航道加宽。

（二）航道的属性界定

航道的收费排他成本太高，而且会牺牲太高的社会效益和丧失竞争力，不能像高速公路那样较自由地设卡收费，使它的商品属性（私人产品特征）无法转换为经济效益，体现的是公共产品属性和完全的社会效益，因此航道是典型的公共产品。但由于航道上的航运枢纽具有发电收益，船闸可以向船舶收取过闸费，因此航运枢纽和船闸等通航设施则属于准公共产品。

第二节　公共财政基本理论分析

1998 年底，全国财政工作会议正式提出“建立公共财政基本框架”。党的十五届五中全会明确提出“逐步建立社会主义市场经济要求的公共财政框架”。党的十七大进一步明确了完善公共财政体系的基本目标，党的十八大对完善公共财政体系提出了明确要求。作为以公益性为基本属性的交通基础设施，如何适应并利用好我国的公共财政体系，对今后发展至关重要。

一、公共财政基本特征

公共财政是以满足社会公共需要为主要支出内容的财政分配模式。它是市场经济的客观要求和必然产物。作为一种与市场经济相适应的财政运行机制模式，公共财政的基本特征可归结为如下几个方面：

（一）着眼于满足社会公共需要

所谓社会公共需要是相对于私人个别需要而言的，指的是以整个社会为单位而提出的需要。其突出的特征在于：一是它的整体性，也就是它是由所有社会成员作为一个整体共同提出，并不是由哪一个或哪些社会成员单独或分别提出。二是它的集中性，也就是它要由整个社会集中执行和组织。三是它的强制性，也就是它只能依托政治权力、动用强制性的手段，而不能依托个人意愿，通过市场交换的行为加以实现。可以看出，社会公共需要的实质就是不能通过市场得以满足或者通过市场解决不能令人满意的需要。据此界定的具有代表性的财政职能事项是：第一，提供公共产品或服务。公共产品或服务是典型的用于满足社会公共需要的产品或服务。因为它具有效用的非分割性、消费的非竞争性、受益的非排他性。社会治安、环境保护、公路修建等便是这类产品或服务的突出代表。第二，调节收入分配。由于人们所拥有或继承的生产要素的差别，人与人之间的收入分配状况往往高低悬殊，客观上需要社会有一种有助于实现公平目标的再分配机制。在市场机制的框架内，不存在这样的再分配机制。所以，只有借助于非市场方式——政府以财政手段去调节，才能实现收入公平合理分配的社会目标。第三，促进经济稳定增长。自发的市场机制并不能自行趋向于经济的稳定增长，相反，由总需求和总供给之间的不协调而导致的经济波动是经常发生的。为此，需要政府作为市场上的一种经济力，运用宏观上的经济政策手段有意识地影响、调节经济，保证宏观经济得以稳定、均衡地向前发展。

（二）立足于非营利性

相对于计划经济体制中直接介入竞争领域的“生产建设财政”而言，在市场经济条件下，政府和企业所扮演的角色截然不同。企业作为经济行为主体，其行为动机是利润最大化。政府作为社会管理者，其行为动机不是也不能是取得相应的报偿或营利，而只能以追求公共利益为己任，其职责只能通过满足社会公共需要的活动为市场的有序运转提供必要的制度保证和物质基础。表现在财政收支上，那就是，财政收入的取得，要建立在为满足社会公共需要而筹措资金的基础上；财政支出的安排，要始终以满足社会公共需要为宗旨。

政府的财政收支行为，不应也不能带有营利的色彩。这是因为：首先，作为社会管理者的政府，拥有相应的政治权力，如果直接进入市场参与竞争，将很自然地动用政治权力去实现追逐利润的愿望。其结果，会因权钱交易的出现而干扰或破坏市场的正常运行。其次，一旦政府出于营利的目的而作为竞争者进入市场，市场与政府分工的基本规则将会被打乱。政府活动会偏离其追求公共利益的公共性轨道，财政性资金也会因用于牟取利润项目而使社会公共需要的领域出现“缺位”。最后，只要政府活动超出满足社会公共需要的界限而延伸至竞争性领域，包括财政收支在内的整个政府行为就免不了对各个经济行为主体的差别待遇，违背市场正常和正当竞争的公正性，甚至会给市场经济的有序发展造成障碍。

（三）收支行为规范化

公共财政是以满足社会公共需要为基本着眼点的，与全体社会成员的切身利益直接挂上了钩，不仅财政收入来自社会成员的缴纳，财政支出要用于向社会成员提供公共产品或服务的事项，财政收支出现差额而带来的成本和效益最终仍要落到社会成员的身上。所以，社会成员对于公共财政的运作便有着强烈的监督意识，从而要求和决定着政府财政收支行为的规范化：一是要以法制为基础。也就是说，财政收入的方式和数量或财政支出的去向和规模必须建立在法制的基础上。二是全部政府收支进预算。预算的实质是透明度和公开化，由此推演，政府的收与支必须全部置于各级立法机关和全体社会成员的监督之下，不允许有不受监督、游离于预算之外的政府收支。三是财税部门总揽政府收支。也就是，所有的政府收支完全归口于财政部门管理，而不让各个政府职能部门分别向自己的服务或管理的对象直接收钱、花钱。

二、公共财政的职能

公共财政职能是国家职能的重要组成部分。从理论上讲，在市场经济条件下，政府职能范围应主要限于“市场失灵”领域，在市场不能做到，或者做得不尽如人意的地方，政府这只“看得见的手”就可利用其拥有的财政等经济杠杆发挥积极作用，对市场进行干预。“市场失灵”主要表现在：资源配置领域的市场失灵、经济稳定领域的市场失灵、收入分配领域的市场失灵。在社会主义市场经济体制下，公共财政具有资源配置职能、收入分配职能、稳定经济职能及国有资本金管理职能。

（一）资源配置职能

简单地说，财政的资源配置职能是指政府为满足社会需要而提供特定的产品和服务，并为这些支出融资而征税。在经济体系中，市场提供的商品和服务数量有时是过度的，有时又是不足的，整个社会的资源配置缺乏效率。财政的资源配置职能表现在宏观和微观两个方面。宏观层次上的财政职能是指改变公共部门与私人部门之间的资源配置状态；微观层次上的财政配置职能是指对市场提供过度的商品和服务数量进行调整，而对市场提供不足的产品和服务进行补充，以实现社会资源的有效配置。

（二）收入分配职能

财政的收入分配职能或者财政的再分配职能是指政府对市场活动产生的收入分配进行调整，通过收入转移或减税增加某些人的收入。所以，一般来说，财政收入分配职能的目的是实现规模收入分配的公平，实现国内各收入阶层之间个人收入的适当分配状态。

（三）稳定经济职能

财政的稳定经济职能是指政府在失业和经济萧条时期实行赤字财政，在充分就业和通货膨胀压力很大时期实行盈余财政，熨平经济波动。具体来说，财政的经济稳定职能包括两方面：一是使社会不存在非自愿失业现象；二是使社会不发生物价的持续上涨现象。当然，价格稳定是指平衡价格水平的基本稳定，并不意味着个别日用品的价格不随各自的供求变动而自由波动；充分就业也不表示每个人在任何时候都就业，而是指只要在愿意接受现行工资率的情况下可以很快找到工作，就可以说是充分就业。

（四）国有资本金管理职能

财政的国有资本金管理职能，是由我国实行社会主义市场经济体制和公有制为主体，多种所有制经济共同发展的基本经济制度决定的，如果说前述资源配置、收入分配、稳定经济是公共财政共有的三大职能，那么国有资本金管理则是我国社会主义公共财政特有的职能。其目的是实现现有资本金保值增值。

三、公共财政政策管理

公共财政这只有形之手通过财政收支发挥作用。财政收入包括税收、非税收入、债务收入、国有资产收益收入等形式。各国由于政治经济制度、经济结构、财政制度等诸多方面存在差异，财政收入形式也不尽相同，但其主要财政收入形式都是税收，而非税收入因国而异。财政支出是政府满足公共需要的一般性支出，包括购买性支出和转移性支出。购买性支出是政府日常政务活动和国家投资所需的商品和服务的支出；转移性支出是对经济主体单方面的货币或实物授予，是政府的非市场性再分配活动，包括社会保障支出、财政补贴支出、公债利息支出、国际组织捐赠支出和对外援助支出等。

多样化的财政收支形式决定了公共产品的多种投融资渠道。世界各国公共产品的财政融资渠道主要有税收、非税收入、各种基金、国债和地方公债、中央对地方的转移支付以及政府贷款融资等。公共产品提供和生产最终以财政支出形式出现，财政支出分为项目支出和经常性支出。

公共财政管理体制规范的是各级政府之间、国家与市场之间以及同级政府各财政职能机构之间的职责分工和财政分配关系，其核心内容是划分财政收支范围和管理职权，实质是关于财权、财力、事权的集中与分散的制度安排。

四、政府与市场的关系

所谓政府和市场的关系，其要义就是在资源配置中市场起决定性作用，还是政府起决定性作用的问题。政府和市场关系是市场经济体制中的重要关系，无论是在资本主义市场经济中还是在社会主义市场经济中都是如此，习近平称之为一道“经济学上的世界性难题”，在我国如何处理好二者的关系也始终是我们经济体制改革的核心问题。实践表明，政府和市场之间始终是相伴而生的，只不过在不同的历史时期、不同的经济形势下，政府和市场关系的具体表现形式不同而已。

党的十四大提出建立社会主义市场经济体制的改革目标后，对政府和市场的关系，一直在根据实践拓展和认识深化寻找新的科学定位；党的十五大提出“使市场在国家宏观调控下对资源配置起基础性作用”；党的十六大提出“在更大程度上发挥市场在资源配置中的基础性作用”；党的十七大提出“从制度上更好发挥市场在资源配置中的基础性作用”；党的十八大提出“更大程度更广范围发挥市场在资源配置中的基础性作用”；党的十八届三中全会把市场在资源配置中的“基础性作用”修改为“决定性作用”，这是党对中国特色社会主义建设规律认识的一个新突破，标志着社会主义市场经济发展进入了一个新阶段。这个重要判断有利于在全党全社会树立关于政府和市场关系的正确观念，有利于转变经济发展方式，有利于转变政府职能，有利于抑制消极腐败现象。

要切实发挥市场在资源配置中的决定性作用。市场决定资源配置是市场经济的一般规律，市场经济本质上就是市场决定资源配置的经济。理论和实践都证明，市场配置资源是最有效率的形式。必须不失时机地加大改革力度，坚持社会主义市场经济改革方向，在思想上更加尊重市场决定资源配置这一市场经济的一般规律，在行动上大幅度减少政府对资源的直接配置，推动资源配置依据市场规则、市场价格、市场竞争实现效益最大化和效率最优化，让企业和个人有更多活力和更大空间去发展经济、创造财富。健全现代市场体系，加快财税体制改革，加快金融体制改革，为优化资源配置、维护市场统一、促进社会公平提供制度保障。适应经济全球化新形势，加快培育参与和引领国际经济合作竞争新优势，加快实施自由贸易区战略，以开放促改革，构建开放型经济新体制。

要更好地发挥政府作用。市场在资源配置中起决定性作用，并不是起全部作用，不是说政府就无所作为，而是必须坚持有所为、有所不为，着力提高宏观调控和科学管理的水平。习近平总书记指出：“更好发挥政府作用，不是要更多发挥政府作用，而是要在保证市场发挥决定性作用的前提下，管好那些市场管不了或管不好的事情。”① 我国实行的是社会主义市场经济体制，仍然要坚持发挥社会主义制度的优越性、发挥党和政府的积极作用。科学的宏观调控、有效的政府治理，是发挥社会主义市场经济体制优势的内在要求。政府的职责和作用主要是保持宏观经济稳定，加强和优化公共服务，保障公平竞争，加强市场监管，维护市场秩序，推动可持续发展，促进共同富裕，弥补市场失灵。

① 中国共产党新闻网. 使市场在资源配置中起决定性作用和更好发挥政府作用［R/OL］.（2017-06-19）［2020-12-11］. http://theory.people.com.cn/n1/2017/0619/c148980-29347273.html.

五、公共财政分权理论

一是公共产品受益范围不同。依据受益范围，公共产品可以划分为全国性公共产品和地区性公共产品，反映在它们不同的外部效益上。前者是中央政府供给的，具有全局性的公共产品，如国防、外交等；后者一般而言是指一定区域内的公共产品，包括城市基础建设、地方治安等。

二是公共财政有层级差异。根据受益范围的不同，在公共财政框架下，对中央政府职能及供给公共产品的范围和地方政府职能及供给公共产品的范围，应遵循分职治事原则。也就是说，对于全国性公共产品，由中央政府及其财政供给是最优选择。第一，中央财政具有规模经济优势，对于全国性公共产品如国家高速公路网络、大型交通枢纽等，可以做到统筹兼顾、统一规划，发挥“集中力量办大事”的优势；第二，中央政府可以协调跨地方公共产品供给，如跨省的河流、公路的建设、管理，由中央财政提供具有优势；第三，在分权的地方政府之间财政、信息沟通渠道不完善，转移支付渠道尚不通畅之际，中央财政可以通过直接投入少部分关系国计民生的地方性公共产品，带动地方政府投入，起到“四两拨千斤”的作用。

对于地区性公共产品，由地方政府及其财政供给是最优选择。第一，中央政府对地方利益知之甚少，由其提供地方公共产品，不仅存在很大的交易成本，而且由于无法兼顾地方偏好可能导致无法满足各地不同需求；第二，中央政府提供地方公共产品，各地方政府必然会争取中央政府在当地公共产品的投入，由此催生“放饵钓鱼”现象。

第三节　公共财政框架下公路水路基础设施供给原则

一、政府主导，市场参与

公共财政框架下政府与市场的关系决定了交通基础设施的供给，应当在充分调动市场积极性的基础上，坚持政府主导的原则，财政投入应当作为保证交通基础设施有效供给的前提。

（一）市场是交通基础设施资源配置的重要力量

市场作为社会主义市场经济条件下配置资源的主要方式。一方面，对于交通基础设施中具有较强经营性的准公共产品，如高速公路、沿海港口、客货运枢纽等，可以通过特许经营、BOT等方式由市场提供；另一方面，对于交通基础设施中的纯公共产品，如农村公路、国边防公路、内河航道等，应主要由财政投入，当然财政投入也并不意味着完全由政府进行建设、运营，可以通过财政补贴、交叉补贴等方式，使得部分项目具备可经营性，从而吸引市场手段，提高供给效率。

（二）政府在交通基础设施供给中应发挥引导作用

首先，交通基础设施的规划、收费、运营政策等必须由政府制定，交通基础设施的运营必须由政府监管。由于交通基础设施存在着较强的自然垄断性，如果任由市场力量自由发挥作用，采取市场化定价，必然会导致社会总体福利受损，因此必须在价格、服务水平等方面通过司法、行政以及经济等手段进行合理监管，以此保障交通基础设施的公益性。

其次，随着我国经济实力的不断提高，以及公共财政体系的逐步建立、健全与完善，将财政投入的重点转向公共产品是必然趋势，在此过程中各级政府应当不断加大财政资金对交通基础设施的投资力度，发挥其前向波与后向波效益，促进经济长期稳定增长，实现财政收入的良性循环。

最后，对于交通基础设施的收费标准，政府应当合理考量收费对象因交通基础设施而产生的直接收益、承受能力等，而不能以交通基础设施的投资回收作为目标，两者之间的差异，是由于交通基础设施公共产品属性所决定的，这一部分正是政府需要投入的。

二、分职治事，分级投入

根据交通基础设施的受益范围的不同，应当逐步建立分职治事、分级投入的交通基础设施供给体系。

全国性交通基础设施应以中央财政投入为主。国家高速公路网、国道、国边防公路、长江主航道等交通基础设施的受益范围是全国性的，因而属于全国性交通基础设施，应当由国家提供主要资金进行建设与维护。

地方性交通基础设施应以地方财政投入为主。省道、市道、农村公路、地方内河航道等，受益范围主要是局域性的，属于地方性交通基础设施，因此应当由地方各级政府分工负责，由地方财政投入。

第五章　国外公路水路交通基础设施投融资经验及启示

第一节　国外公路建设投融资经验及启示

一、美国公路投融资经验做法[①]

公路信托基金是美国联邦政府专门用于公路建设的信托基金，1956 年根据《公路税收法案》设立，为确保州际和国家公路系统建设、养护等提供资金保障，对于美国公路发展，尤其是州际公路的建设和发展起到了至关重要的作用。

（一）公路信托基金设立过程

1. 基金设立的起因

公路信托基金设立前，联邦政府对公路项目的投入，主要由财政一般预算资金提供。第二次世界大战后，美国经济强劲增长、城市化进程迅速，而公路由于车辆的迅速增加、车速的提高、人口膨胀及道路设计跟不上时代要求，开始大量出现拥堵、安全方面的问题。同时，由财政提供一般预算资金投资公路的弊端也暴露出来：不仅无法保证资金额度，更为重要的是其不具有长期性、稳定性，与公路事业发展的长期性相矛盾。在此时期，美国提出建设贯通大陆的州际公路计划，由于财政预算支持能力有限，加之公路项目建设成本上升，建设资金不足，到 1953 年底仅完成计划的 1%。1956 年《州际和国防公路计

① 交通运输部科学研究院．“十二五”期公路水路交通发展投融资政策研究［R］．2011；杨建平，杨新征．国外交通投融资管理制度研究［M］．北京：人民交通出版社，2016．

划法案》获得通过，州际和国防公路建设资金筹集问题愈加凸显。

2. 被否决的三种方案

面对州际和国防公路建设的筹资困境，在采用信托基金之前，美国国会曾考虑和否决了以下三种方案。

一是普通税收。轮胎制造商、汽车联合会和石油行业坚持公路系统建设所需资金应由普通税收收入提供。理由是公路通过经济增长和改善交通使整个社会受益。但当时这些行业没有足够的力量通过一个庞大的公路计划而不增加特别的税收。

二是通行税。20 世纪 50 年代，通行税成为美国许多州公路系统建设的主要资金来源，因此通行税筹资成为一个重要的备选方案。但反对者称通行税影响经济效率，并且当时美国的法律规定公路免征通行税。此外联邦公路管理局认为利用通行税为横穿大陆的公路系统筹资的方式在管理上是不可行的，同时通行税还遭到了汽车协会和许多西部州和地方官员的反对。

三是债券融资。1955 年，总统特别委员会建议组建一个新的联邦公路公司，通过发行 30 年期债券为州际公路建设筹资。债券由联邦燃油税和轮胎税的收入偿还。债券筹资方案具有以下优点：一是不需要增加税收；二是政府债务的最高限额不会因此而增加，因为公路债券将记在一个独立的公司名下。但国会最终否决了这一建议，原因是建立一个独立的联邦公路公司会削弱他们对项目的控制权，另外立法界认为债券融资的建议对联邦预算制度构成了威胁。

3. 信托基金解决方案

法律制定者追求这样一种财政设计：一是能够锁定公路支出；二是避免负债筹资；三是保持国会对项目的正常控制，只有信托基金满足所有这些条件。信托基金充分体现了使用者付费的公平原则，既可保障公路建设的专款专用，也可以使资金安排在国会的控制之下。

1956 年国会通过了《联邦资助公路法案》（*Federal Aid Highway Act*）和《公路税收法案》（*Highway Revenue Act*），设立了联邦公路信托基金（highway trust fund）。由此改变了过去由一般财政资金投资公路项目的做法，并提出规划州际和国防公路系统和制定设计标准，明确按 9∶1 的比例由联邦和州共同承担州际公路的建设费用，计划建设连接有 5 万人口以上城市、服务全国约

6.8 万公里的公路网。同时车辆相关税收从总税收中独立出来，其中约 70% 的车辆相关税收收入用于公路建设。

1957 年州际和国防公路系统正式投资建设。此后美国进入了公路尤其是高速公路建设和大发展时代。公路信托基金成立后，对公路的投入力度加强了。在州际公路投资中，联邦投资份额由 50% 提高到 90%，联邦每年在公路项目的投资由基金设立前年均 25 亿美元增长到 1956 年的 120 亿美元，实际增长 380%。

（二）信托基金制度遇到的挑战

1956 年公路信托基金设立伊始，就受到了政治家、利益集团的关注和“垂涎”。同时，信托基金似乎建立了一个公路“自治”的财政系统。因此，公路信托基金一直受到各方的挑战。这种挑战试图从两方面削弱公路信托基金的“专用”和融资上的“自治”：一是把信托基金的收入转移到非公路的用途；二是降低信托基金自主支出的程度。最终，虽然挑战者赢得了几个暂时的胜利，但信托基金的基本结构却得以保留，甚至在州际公路建设完成后仍然得以保留下来。

1. 利益集团和观念的挑战

一是航空委员会。美国退伍军人航空委员会是第一个试图分享公路信托基金“一杯羹”的集团。航空委员会提出，从公路信托基金中提取部分资金用于小型机场建设，这样可以通过延伸航空的范围促进国家经济发展。最终航空委员会的提议没有被采纳。1970 年经尼克松总统提议，国会批准设立了航空信托基金。

二是联邦劳动部。根据 1956 年的公路授权法案，联邦劳动部负责州际公路建设中的工资制定和管理工作。劳动部提出，由于州际公路建设给他们的管理增加了工作量，要求从公路信托基金中每年提取 36.5 万美元作为人员工资和办公经费。最终经过国会的反对与妥协，要求提取的经费由 36.5 万美元降到了 20 万美元。联邦劳动部成功地分享了公路信托基金的“一杯羹”。

三是环境保护运动。20 世纪 60 年代，美国兴起的环境保护运动把州际公路建设与破坏自然环境、空气污染联系在一起。城市居民抗议公路建设使房屋所有者不得不搬迁，还干扰了商务活动和当地社区。“环境保护运动”使包括芝加哥、旧金山和西雅图在内美国大城市的公路建设停了下来。

四是公共交通。到20世纪70年代早期，公路信托基金的未来似乎越来越不确定。在一场将信托基金开放到其他交通用途的运动中，公共交通的支持者与环境保护主义者、市民组织联合起来。公共交通的支持者宣称：公共交通的支出将缓解交通拥堵，使公路使用者受益。尼克松总统支持立法给予各州使用部分信托基金建设城市公共交通的权利。总之，公路信托基金制度在20世纪70年代初在新观念和众多问题的压力下破碎了。

经过激烈的争论，国会于1973年勉强批准了一项措施，允许城市将10%的公路信托基金用于城市公共汽车和轨道交通。1982年，国会批准并且由里根总统签署了一项法案，在增加的每5美分燃油税中拿出1美分创建一个公共交通专用账户（在公路信托基金账户内），另外4美分留给公路系统。这次燃油税的提高能使公路支出在1983—1985年增加44%。总之，公路信托基金在利益集团和观念的挑战下，通过制度重新设计，不仅渡过了难关，而且更加兴旺发达了。

2. 政府的挑战

1956年以来，公路信托基金制度方面一个连续不断的主题是：总统内阁要求收回被信托基金结构所否定的灵活性。艾森豪威尔总统（公路信托基金之父）也发现公路信托基金的僵化刻板是一件令人讨厌的事。当他的内阁试图用燃油税的一小部分支付为公路项目计算联邦规定的工资成本时，公路使用者组织激烈地抱怨，国会只好终止了这种做法。肯尼迪和约翰逊的内阁提出把信托基金用于公共土地公路和用燃油税进行公路美化两项类似的企图也被国会否决了。

当这些温和的财政控制的行政手段失败后，总统们转向了更强硬的政策：扣留。1966年，约翰逊内阁为控制越南战争造成的通货膨胀冲击而拒绝支付先前承诺的11亿美元的公路基金。内阁司法部长声称：公路信托基金与普通拨款没什么两样，总统有权利扣留。但国会不这样认为，当时的参议院商务委员会主席说：“这些基金存放在财政部是为了保持信用，从某种意义上说它们不是政府的基金，而是人民的基金。”

尼克松执政时期，关于扣留的论战进一步升级。1972 年，作为向国会争取财政权力活动的一部分，尼克松撤销了 25 亿美元的公路基金。由于被尼克松的行为所激怒，一些民主党参议员起草法律文件挑战总统扣留公路基金的权威。美国第八地区巡回法院 1973 年作出裁决，内阁的确违反了法律，国会取得了重大胜利。1974 年颁布的《国会预算和扣留控制法案》使得扣留的时代终结。

在 1974 年《国会预算和扣留控制法案》立法过程中，没有任何迹象表明国会要削弱公路信托基金的自治性。事实上，国会还有意使公路信托基金不受法案的限制。但新法案的实施无意中提供了一种程序，使拨款委员会能够对信托基金的支出水平进行控制。结果是新法案限制了每年公路建设的投资总额。

3. 燃油税转为一般预算的行为

由于在越南战争中耗费了大量资源，美国联邦政府预算自 20 世纪 70 年代开始逐步陷入赤字泥潭，1974 年以后情况更加恶化，1974 年美国联邦财政赤字为 61.35 亿美元，占当年 GDP 的 0.4%，1984 年就达到 1 853.67 亿美元，占当年 GDP 的 4.8%。为了控制巨额财政赤字，国会在 1985 年制定了《平衡预算和赤字控制法》，仍然未能有效控制联邦赤字的增加。

为了应对不断增长的联邦赤字，1990 年 11 月布什总统签署了《预算综合调整法》（*The Omnibus Budget Reconciliation Act of 1990*），首次改变了专项税收原则，将增加的 5 美分燃油税中的一半纳入了财政一般预算，用于消减财政赤字。1993 年克林顿就任总统，更为彻底地打破了过去的惯例，把 4.3 美分的燃油税增加收入全部纳入了财政一般预算，用于消减财政赤字。4 年后经济好转，1997 年立法将这 4.3 美分划回给公路信托基金。

此外，1990 年的《预算执行法案》（*Budget Enforcement Act*）对公路信托基金的完整性产生了更大的破坏。该法案把联邦预算分成了两部分：自主支出（由年度支出上限控制）和法定支出和收入（由分期付款规则控制）。公路信托基金的支出属于自主支出，因此受到支出上限的限制，而其收入则由分期付款规则控制。

4. 国会的关键保护作用

美国国会保护公路信托基金以避免行政挪用的能力与其他国家专用的道路基金的经历形成了鲜明的对比：法国 1952 年也建立了一个专用的公路基

金——道路投资准用基金，接受一部分汽油税，但强大的财政部很快就将它的收入用于其他项目。英国 1909 年建立了道路基金接收“被抵押的”燃油和机动车辆税。但此后的财政部长们不断挪用该项基金，财政大臣温斯顿·丘吉尔（Winston Churchill）抨击这种把公路使用者和政府绑在一起的主张，认为这显然是“荒谬的”。汽车使用者组织和议会成员激烈反对这些举措，但财政部对财政力量的垄断使他们无法采取有力行动。英国道路基金最终被废除。

总之，行政部门总是试图挪用专用的公路基金而立法机关力求阻止他们，这是再寻常不过的事了。对美国公路信托基金而言，不同之处在于立法机关有能力保护基金的基本结构。

（三）公路信托基金制度的调整和完善

1. 冰茶法案 ISTEA

20 世纪 90 年代初，州际公路建设基本完成。在公路信托基金的存废上曾引发激烈的争议。后来，由于庞大的公路养护与公路安全需要进一步改善，1991 年国会批准了《陆路多式联运效率法案》（ISTEA），将公路信托基金继续保留下来，并赋予其新的用途与使命：由原先的主要投向于公路建设，逐步转变为公路建设与养护、安全条件改善、支持陆路运输发展等领域。

2. 续茶法案 TEA－21

1995 年国会批准《国家公路系统设计法案》，规划了包括州际公路在内的 25.9 万公里公路作为“国家公路系统”，并由联邦资助。1998 年美国高速公路里程已达 88 727 公里，约占全国公路总里程的 1.4%。1998 年 6 月国会批准的《21 世纪运输衡平法案》（TEA－21）提出：不仅要在公路、桥梁方面进行投资，还将在公共运输系统、联合运输和智能运输系统等先进技术领域投资。以上两部法案使得公路信托基金得以延续，法案内容也从投资公路建设，转向重视资金使用绩效，强化更加安全、减少拥堵、提高交通可靠性等更加丰富的发展内涵。

3. 露茶法案 SAFETEA－LU

2005 年布什总统签署《安全、可靠、灵活、高效的运输衡平法案：留给使用者的财产》（SAFETEA－LU）。与之前相比，公路信托基金在运作目标上有了新的变化：提供充足的公路养护管理资金，确保公路系统保持良好的服务水平；充分重视对公路交通安全的改善。

4. MAP－21

2012 年奥巴马总统签署了《在 21 世纪中前进法案》（MAP－21）。MAP－21 不仅提出了交通发展所需资金，更重要的是为联邦投资公路建立了国家绩效目标：改善安全、基础设施条件，减少拥挤，增强系统可靠性、货物运输与经济活力、环境可持续性，减少项目交付的延误等。

（四）公路信托基金收支情况

1. 主要税源及收入

公路信托基金设立之初，收入来源被定位在公路使用者税领域，主要包括：燃油税、轮胎税、内胎税、胎面胶税、卡车拖车税、重车使用税等。此后，相关税种、税率作了一些局部调整。当前计入公路信托基金的税收，主要包括：燃油税、轮胎税、卡车拖车税以及重车使用税。公路信托基金成立后，其筹资能力在不断扩大。2018 财年，公路信托基金总收入达 434.5 亿美元，是 1957 年设立初的 28.6 倍，其中燃油税收入占比超过 80%，为公路信托资金的主要资金来源。从账户构成看，公路信托基金由公路账户和公共交通账户两个账户构成，其中公路账户收入 379.3 亿美元，公共交通账户收入 55.2 亿美元，分别占比 87.3% 和 12.7%（见表 5－1）。

表 5－1　　2018 财年公路信托基金账户资金情况

账户名称	金额（美元）	相比上一财年变化（%）
一、公路账户		
（一）期初余额	41 443 048 874	－19.40
（二）收入	37 928 359 793	5.00
1. 税收收入	37 265 113 252	4.40
2. 利息收入	542 810 134	93.00
3. 其他收入	120 436 407	－6.00
（三）转移		
1. 转给公共交通账户	1 700 000 000	44.70

续表

账户名称	金额（美元）	相比上一财年变化（%）
2. 从公共交通账户转入	66 302 121	28.40
（四）费用支出	45 132 338 718	0.30
（五）期末余额	32 605 372 070	-21.30
二、公共交通账户		
（一）期初余额	14 850 439 399	-16.50
（二）收入	5 524 617 247	2.50
1. 税收收入	5 321 818 061	0.70
2. 利息收入	202 799 186	99.00
3. 其他收入	—	0.00
（三）转移		
1. 转给公路账户	66 302 121.00	28.40
2. 从公路账户转入	1 700 000 000.00	44.70
（四）费用支出	10 106 692 262.50	7.00
（五）期末余额	11 902 062 262.24	-19.90

注：2018 财年为 2017 年 10 月—2018 年 9 月。
资料来源：根据美国联邦公路管理局公路信托基金账户信息翻译整理。

2. 支出用途

公路信托基金主要投资州际公路和国家公路系统，并通过国会批准的联邦投资计划来实现。公路信托基金的支出由公路预算授权决定，大多采取“合约授权”的方式。信托基金的年度支出很大程度上取决于年度对“合约授权”的支出限额，支出限额通常在拨款法案中确定。公路信托基金公路账户资金投资公路和多式联运项目，具体包括公路项目、公路安全项目和运输安全项目三大类，并且主要投资公路项目。2018 财年，公路信托基金共计支出 552.4 亿美元，其中公路账户支出 451.3 亿美元，公共交通账户支出 101.1 亿美元，占比分别为 81.7% 和 18.3%。

（五）联邦资助公路项目特点

公路信托基金资助项目的范围和联邦出资情况，随着时代变迁和公路发展的不同阶段，均在不断变化。1916 年美国国会批准的《联邦资助公路法案》，主要资助农村邮政公路建设。1921—1956 年，联邦主要资助州际、县际和城市公路建设。1956 年以后，联邦主要资助的对象转移到州际公路建设上。到 20 世纪 90 年代后，随着州际公路建设的基本完成，联邦资助又转向了州际公路、国家公路系统以及多式联运项目的建设、改善和提升等领域。

此外，联邦出资比例也在不断发生变化。1952 年批准的《联邦资助公路法案》规定，联邦出资 50%。1954 年的《联邦资助公路法案》规定，联邦出资 60%。1956 年的《联邦资助公路法案》规定，联邦对州际公路建设的出资为 90%。目前，联邦的出资比例通常为 80%，其中州际公路为 90%。

可以看出，联邦资助公路项目中的绝大部分，其所有权和行政管理权归属于州和地方，联邦只是承担财政事权（支出责任）。经过百年的发展和实践，联邦资助公路项目逐步形成了三个主要特征：一是联邦负责出资，州和地方负责执行；二是联邦并不全部出资，需要州和地方配套资金；三是联邦资金全部用于建设支出，州和地方负责管理机构运行支出和项目日常维护支出。

二、日本公路投融资经验做法[①]

（一）日本公路管理体制

日本公路实行中央、都道府县和市町村三级管理体制。其中，中央政府负责高速公路和国道中的直辖道路，都道府县政府负责辅助国道（不包括直辖国道）、都道府县道路及主要地方道路，市町村政府负责市町村区域内的道路。

日本政府为道路建设提供了稳定的收入来源，包括中央资金、地方资金和财投资金三部分（见图 5－1）。中央资金和地方资金基本上由特定财源和一般财源组成，形成以道路特定财源为主体，以一般预算收入和财投资金等为补充的财源结构体系。其中，道路特定财源大致分为燃油税和车辆税，前者包括挥发油税、石油气税和清油引取税，后者则包括自动车取得税和自动车重量税，另外还有地方道路税（地方全额享有）。道路特定财源的征收对象为汽车使用者，其用途旨在建设和维护道路设施，实质上是一种融资方式。一般财源为国

① 吴新华．建立高速公路与普通公路统筹发展新机制——日本公路投融资体制对我国的借鉴［J］．交通财会，2009（9）；贺竹磬．日本道路公团改革对我国高速公路管理模式的启示［C］．中国高速公路管理学术论文集（2009 卷），2009．

家的一般税收收入中用于公路建设的资金。财投资金全名为“财政投资贷款”，是有偿使用的资金，需还本付息，它是以国家信用为基础的，是日本政府创立的一种特殊投资体制。

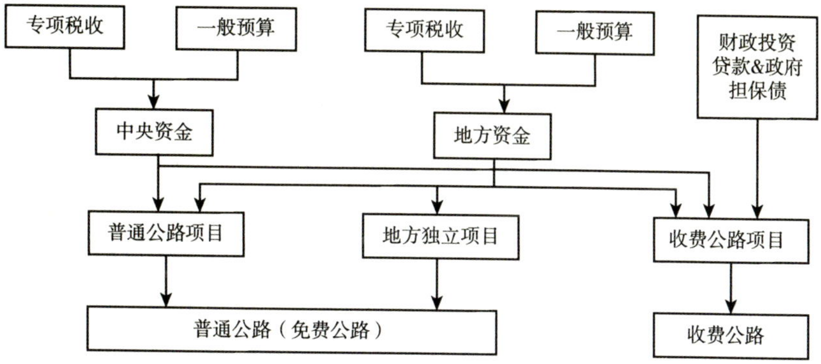

图 5－1　日本公路建设资金来源

资料来源：吴新华：《建立高速公路与普通公路统筹发展机制——日本公路投融资体制对我国的借鉴》，《交通财会》，2009 年第 9 期。

（二）设立道路特定财源用于普通公路建设

日本设立专项税收用于公路建设，主要基于以下三个原则：一是受益原则，由受益者支付费用（税收），受益程度越高，支付的税收就越多；二是资金专属原则，与汽车有关的税收全部用于公路建设与维护，不得挪作他用；三是稳健原则，该部分专项税收应保持相对稳定，不受国家整体财政状况影响。

1953 年，日本政府颁布《关于道路整备费财源等的临时措施法》，决定对汽车使用者征税，作为公路建设与维护的专项资金。1954 年，随着第一个公路发展五年规划实施，开征挥发油税，1955 年开征地方道路税，1956 年开征轻油引取税，1966 年开征石油气税。以上税种按照受益原则征收，税收收入与汽车行驶距离成正比。随后，1968 年开征自动车取得税，1971 年开征汽车重量税。所有这些关于汽车的税种，涉及购买、保有和使用环节，全部被转移至一个专用账户，作为公路建设和维护的专项税收，税率可以根据公路工程的造价进行适当调整（见表 5－2）。

表 5-2　　　　日本道路特定财源税收构成

征税阶段	税种	国税/地方税	对象	用途
购买阶段	自动车取得税	都道府县税	以购买价为基准课税（50 万日元以下免税）	道路特定财源（地方）
保有阶段	自动车重量税	国税	车检时根据车重征税	道路特定财源（中央）
使用阶段	挥发油税	国税	对汽油课税	道路特定财源（中央）
	地方道路税			道路特定财源（地方）
	轻油引取税	都道府县税	对柴油课税	道路特定财源（地方）
	石油气税	国税	对 LP 天然气课税	道路特定财源（中央 1/2、地方 1/2）

资料来源：交通运输部科学研究院：《“十二五”期公路水路交通发展投融资政策研究》。

日本特定财源自 1954 年设立以来，税收收入规模随着汽车销量和保有量的增加而不断增长，截至 2009 年累计实现收入 345.6 万亿日元，为日本公路建设发展提供了巨大的资金支持（见表 5-3）。2009 年，日本政府颁布《关于道路整备事业相关国家财政上的特别措施的法律等一部分修正的法律案》，决定从当年开始道路特定财源全部一般财源化，自此日本存续 50 多年的特定财源被取消，普通公路发展开始主要依靠一般财源。

表 5-3　　　　日本道路特定财源规模情况

公路发展五年规划等	道路特定财源资金规模（亿日元）	公路发展五年规划等	道路特定财源资金规模（亿日元）
第 1 次（1954—1958 年）	2 600	第 8 次（1980—1984 年）	285 000
第 2 次（1958—1962 年）	10 000	第 9 次（1985—1989 年）	382 000
第 3 次（1961—1965 年）	21 000	第 10 次（1990—1992 年）	530 000
第 4 次（1964—1968 年）	41 000	第 11 次（1993—1997 年）	760 000
第 5 次（1967—1973 年）	66 000	第 12 次（1998—2002 年）	780 000
第 6 次（1972—1976 年）	103 500	2003—2007 年	380 000
第 7 次（1975—1979 年）	185 000	合计	3 456 100

资料来源：根据日本国土交通省道路特定财源信息翻译整理。

（三）实行收费公路政策支持高等级公路发展

在日本，仅靠专项税收无法满足公路建设发展需要，特别在公路建设快速发展期。1952 年日本颁布了《高等级公路建设特别法案》，对国家高速公路和部分地方公路建立收费制度。收费收入主要用于弥补建设资金缺口、运营成本和偿还债务。

1. 道路公团建设管理收费公路

在收费公路发展初期，日本政府直接承担收费公路的建设任务。1956 年 4 月，日本道路公团成立，全面负责收费公路发展计划的实施，原来由中央和各地政府管理的收费公路项目也同时移交给其管理。随着城市化进程的加快和交通需求的迅速增长，日本又成立了一些公团来承担城市快速路的建设。1959 年设立了首都高速道路公团，1962 年设立了阪神高速道路公团，1970 年设立本州四国联络桥公团。1970 年后，为建设和管理地方收费公路，地方道路公团也纷纷成立，从而形成了从国家到重要城市和地方的收费公路建设管理体系。

各公团分工明确，成立之初由政府 100% 出资。日本道路公团主要负责建设和管理国家高速公路，首都高速道路公团和阪神高速道路公团主要负责位于东京和大阪大都会以及周边地区的城市高速公路，本州四国联络桥公团主要负责四国岛与本州之间的跨海通道，地方道路公团专门负责地方收费公路的建设和经营管理。

根据《日本道路公团法》，日本道路公团是以建设和管理收费公路为主要业务的特殊法人机构。虽然它与私人法人一样具有自身的决策权，但其业务活动的基本原则包括经营目标、经营范围等，都要由国家立法确定，其发展计划、预算、资金计划、收费标准等须由国家批准和监督执行。同时，国家赋予其免征法人税和政府担保债券等特权。公团的管理人员和职员都是公务员性质。

2. 道路公团暴露出来的问题

进入 20 世纪 80 年代之后，官僚组织的僵化、行政效率低下和贪污腐败等现象受到广泛诟病，在这种背景下，日本开始出现要求对特殊法人进行改革的呼声。在此影响下，日本先后实施了国有铁道、电信电话公社、烟草专卖公社的民营化，以及大量特殊法人的合并重组。到 20 世纪 90 年代初，日本的泡沫经济破灭之后，道路公团的财务状况随之恶化，长期公路建设积累的债务负担居高不下，利用通行费收入难以按计划偿还高额债务。除此之外，道路公团的一些弊端遭到社会的强烈不满。

首先，经营决策受利益集团左右，无法保证经济上的合理性。由于公团建设高速公路的资金主要来源于中央政府的财政投资和贷款，无须地方政府和当地居民负担。长期以来，各地方政府和地方选举出的国会议员都把为本地争取到高速公路项目作为重要的取悦选民的资本。在这种政治压力下，高速公路建设规划一再扩大，许多新建路线因利用率低而无法实现收支平衡。而公团通过采用交叉补贴方式来实现高速公路网的扩张，即不考虑单独路段的造价和交通量的大小，而是在整个路网实行统一的收费标准，用收益较好路段的收入补贴收益较差的路段。其结果是随着亏损路线的增多，整个高速公路网的收费水平相应提高，使日本的高速公路通行费率居于全球最高水平。根据公团 2004 年公布的高速公路收支状况，运营中的 43 条线路中，收不抵支的有 23 条。

其次，子公司及关联企业垄断高速公路相关业务，形成特殊的内部分肥机制。虽然公团受到有关法规的限制，不能随意设立子公司，名义上的子公司只有 4 家，但是公团利用其二级法人“道路厚生会”（员工的互助保险机构）设立了财团法人“道路设施协会”，再通过道路设施协会出资控制着 70 余家子公司。这些子公司及关联企业的领导层绝大多数都由公团干部空降担任，子公司之间又相互持股，形成一个围绕公团的紧密利益共同体，垄断了高速公路的几乎全部相关业务，包括收取通行费、交通管理、维修、巡检、服务区的设施管理及商品销售等。有专家估计，如果把公团的外包业务在市场上公开招标，至少可以降低 30% 的成本。

最后，经营效率低下及暗箱操作。由于上述的原因，公团在经营上无视经济上的合理性，不断借入财政投融资资金建设新的线路。同时，公团财务管理没有遵循企业的财务管理原则，导致缺乏成本意识。对子公司等关联企业的业务外包等也没有做到公开透明。所有这些，自然导致经营效率的低下。“道路四公团民营化委员会”在对公团的财务状况进行详细调查之后认为，公团已经到了按照企业正常经营的标准难以存续下去的地步。

3. 道路公团的民营化改革

道路公团民营化改革的目标主要集中在三个方面：一是确保安全足额偿还

高速公路债务，包括承继以前道路公团的债务以及未来新建公路的债务。经测算，道路公团有息债务共计 40 万亿日元，以 2000 年为例，这一年日本道路公团收入 19 277 亿日元，其中收费 19 143 亿日元，总支出 9 445 亿日元，包括管理费 3 689 亿日元，利息支出 5 756 亿日元（当年的年度负债率为 65%），余下的 9 293 亿日元作为偿还基金和还债，从当时的通行费规模来看，30 年内无法偿还完债务。二是减轻国民负担，赋予高速公路公司一定自主经营权，按照市场化原则有效地推进公路建设，避免无谓的浪费。三是利用私人部门的专业管理经验，为公路使用者提供多样化和富有弹性的价格和服务。

2004 年 6 月 2 日，日本国会通过了《道路四公团民营化法》。根据该法规定，日本道路公团于 2005 年 10 月 1 日实现分割民营化，在原有道路公团拆分重组的基础上成立了 6 家负责道路建设和管理的公司以及 1 家道路保有及债务偿还的机构。根据该法，对原有 4 大道路公团进行民营化改革，拆分为东日本、中日本和西日本三个高速公路股份有限公司。另外，首都高速、阪神高速、本州四国联络桥 3 家公团分别改组为同名的股份有限公司。随后，政府相应削减了财政投资贷款和政府担保债券的额度，提高了道路公团自主筹集资金的比重，旨在建立激励约束机制，保证资金运用效率。

公团的原有资产和债务由与新公司同时设立的独立行政法人“日本高速公路保有及债务偿还机构”继承。“道路保有及债务偿还机构”承接了原有 4 个道路公团总计 40 万亿日元的债务，并计划在 45 年内用道路租赁费偿还道路建设资金，最终实现免费开放高速公路的目标。该机构还将在高速公路免费开放以后对高速公路实施管理。

收费道路以租赁形式交给高速公路公司经营，再建和新建的收费道路在建成后产权归机构所有，同时转交相关的债务。高速公路公司与机构之间除了道路租赁关系以外，还存在着资金交易和一定程度的监督关系。高速公路公司能够得到日本政府的无息贷款或政府担保债券，但有义务降低经营成本并接受机构的督促。上述情况表明，日本高速公路公司并非国内所理解的民营企业，而是接受政府资金，并在政府干预下运营的企业。

可以看出，日本道路公团民营化改革具体有如下主要特征：一是立法先行，即在正式实施改革之前用大量时间建立相对比较完善的法律体系；二是政府、机构和公司有明确的权利分工，政府的管制职能由国土交通大臣承担，与高速公路事业发展相关的具体事宜，包括资金注入、资产管理和对高速公路公司运营成本的监督则由独立行政法人承担，企业的经营权则在相关法律和协议中给予规定；三是债务关系明确清晰。

4. 道路公团民营化改革效果

一是公路公司的服务效率得到大幅度提高。虽然日本道路公团进行了民营化改革，聘请民间人士担任公司领导，并按照市场化的企业经营模式经营。由于各公司通行费收入大部分都用来偿还租赁费用和建设新的高速公路，公司的经营业绩主要体现在服务区和停车场，公司的效益也主要体现在高速公路服务业，因此，企业的战略目标就是提供高质量的服务，公司员工的激励主要是从高速公路服务业收入中体现。为此，公司的目标是为客户提供安全、高效、365 天不间断的高质量通行服务，通过优质服务，实现企业的经济效益。

二是公司的经营状况得到大幅提高。改革了过去道路公团事业管理模式，新的公司以企业的模式运营，成本节约的部分作为企业的收入，因此提高了企业管理者的积极性。改革前，道路公团资金流运转困难，无法按期还本付息，改革后，高速公路公司经营业绩大幅提升，在高速公路改革后的第一年，东日本高速公路公司就实现了营利 98 亿日元，其中单纯高速公路经营的毛利润率仅为 2%，而道路通行服务的毛利率为 51%，企业营利的主要着眼点在道路通行服务。

三是高速公路收费标准大幅下降。在道路公团改革后，日本高速公路收费标准进行了下调，降低 10% 的收费标准，并且采用 ETC 折扣的方式，降低出行费用。2009 年前后，日本 6 家高速公路公司与国土交通省决定大幅下调高速公路收费标准，国家对企业下调收费标准给予一定的补偿，企业实行弹性收费制度，通过不同时间段采取不同收费标准实现调节车流量的目标。整体而言，收费标准有了大幅度下降，如节假日乘用车不限路程，收费上限一律为 100 日元。一些时段，收费标准可以获得 3 折以上的折扣。

四是提高了道路交通安全。日本是当今世界拥有最先进综合交通系统的国家之一，道路交通死亡率也是全世界最低的国家之一，在道路公团改革后，高速公路公司的主要目标是提高通行服务水平，道路交通安全得到进一步的提高。

5. 改革后的高速公路投资管理体制

日本道路公团民营化改革后，由新成立的日本高速公路保有和债务偿还机构，代表日本政府（国土交通省）持有日本高速公路的所有资产，并通过租赁的方式租赁给东日本高速公路公司、中日本高速公路公司、西日本高速公路公司、首都高速公路公司、阪神高速公路公司、本州四国高速公路公司这6家高速公路公司。

同时，该机构承担日本全国高速公路的全部债务，包括存量债务、新建项目产生的债务，实行统贷统还。此外，为减轻国民负担和完善高速公路网，该机构对六家高速公路公司进行业务指导和扶持。改革后，日本高速公路建设资金由日本高速公路保有和债务偿还机构负责统一贷款，接收中央、地方政府和民间资金，对资金统一调配，并根据建设计划拨付六大高速公路公司。此外，日本近年来也在积极推进PPP模式。日本高速公路的养护由六大高速公路公司负责实施，养护资金主要来源于高速公路通行费。高速公路通行费除养护、管理支出外，其余部分由高速公路公司上缴该机构，用于偿还高速公路债务。

三、法国公路投融资经验做法①

法国拥有世界最密集、欧盟国家中最长的公路网，由国道、省道和市镇公路组成，总里程101万公里。其中，国道分为城内城际高速公路、准高速公路、主干道和其他国道。截至2014年底，法国有高速公路1.19万公里，准高速公路、主干道和其他国道2.79万公里，省级公路36.2万公里。

（一）公路建设管理体制

法国公路实行分类管理（见表5－4）。市镇公路由当地市政当局履行管理职责，具体的施工和维护工作由当地市政委员会负责。在某些情况下，市政委员会委托市镇社区等机构承担相应职责。省道由省级交通部门负责管理，具体由指定的委员会负责辖区内省道的建设和管理。非收费高速公路和其他国道由法国交通部负责管理，具体由11个地区公路管理机构负责管理、

① 杨建平，杨新征．国外交通投融资管理制度研究［M］．北京：人民交通出版社，2016；交通运输部科学研究院．“十二五”期公路水路交通发展投融资政策研究［R］．2011.

研究和实施国道新建项目。收费高速公路属于国家，由国家按固定期限承包给独立公司（特许经营公司）负责融资、建设、维护和运营，并由国家收取车辆通行费。

表 5－4　　法国公路分类及管理者

<table>
<tr><th colspan="3">公路类型</th><th>具体管理者</th></tr>
<tr><td rowspan="5">国道</td><td rowspan="2">高速公路</td><td>城际公路</td><td rowspan="2">国家
混合经济公司
民营公司</td></tr>
<tr><td>市内道路</td></tr>
<tr><td colspan="2">准高速公路</td><td rowspan="3">国家</td></tr>
<tr><td colspan="2">主要干线道</td></tr>
<tr><td colspan="2">其他道路</td></tr>
<tr><td colspan="3">省道</td><td>省</td></tr>
<tr><td colspan="3">市镇村道</td><td>市政村</td></tr>
</table>

资料来源：交通运输部科学研究院．“十二五”期公路水路交通发展投融资政策研究［R］．2011.

法国的高速公路，城内部分免费、城际部分收费，经济落后地区的高速公路免费。在高速公路收费问题上，法国按照“谁使用，谁缴费”的原则，实施分段计价收费。截至 2014 年底，法国境内的高速公路中 90% 为实施特许经营的收费公路。

（二）公路建设养护资金来源

税收和特许经营收入是法国非特许经营公路的建设和维护资金的主要来源。根据最近法国 10 多家特许经营公司公布的数据显示，通行费总收入的 40% 以税费形式上缴给了政府。在公路运营维护支出中，中央政府税收占 2%，特许经营收入占 40%，地方政府税收占 30%。

2004 年，法国政府创建一个交通基础设施资金筹集机构，用于筹集新的交通特定财源。2007 年筹集的特定财源中，高速公路公司民营化股息占 60%，向高速公路公司征收的国土改良税占 7%，高速公路公司的国有土地使用费占 22%，罚款收入占 9%。该机构代表国家向国内重大交通基础设施项目提供资金支持。平均来看，自 2008 年以来，机构筹集资金主要用于铁路、公路和 TCU 建设，分别占比 41%、40% 和 13%。同时，机构还大力支持地方交通基础设施建设和 PPP 项目建设。

（三）特许经营的产生与演变

1. 起步阶段

为满足高速公路建设需要，法国于 1955 年颁布了旨在建立收费公路体制的《高速公路法》。该法规定，可将高速公路特许经营权授予一些“半公半私”的混合型经济公司，由这些公司通过长期借贷方式筹资建设高速公路，国家采用有偿预付款、保证金和合作经营等方式给予支持，特许经营公司收取通行费用以偿还贷款和预付款。该法规定，在特许经营公司建立之初，政府机构必须持有公司多数股份。因此，国营是这一时期高速公路特许经营制度的主要特征。

1955—1963 年，政府向 5 家公司授予了高速公路特许经营权。这些公司均为混合型经济公司，资本不多，并归地方政府所有，主要由高速公路项目所在地区的合作经营企业、当地公共机构和储蓄与委托银行集团组成。公司的作用只限于收取通行费和财务管理，公路建设和养护实际仍由国家负责。1955—1970 年，法国共修建了约 1 000 公里的高速公路，使高速公路总里程达到 1 125 公里。

2. 发展阶段

1969 年底，法国对 1955 年的《高速公路法》进行了修订。规定政府可向任何被授予高速公路特许经营权的公司提供担保。法律修订的目的是为吸引更多的私人资本，加快高速公路建设。这次法律修订的主要变化是：在建设和管理高速公路方面给予特许经营公司以真正的权力，各公司都建立了自己的经营管理机构，有了自己的施工队伍。国家专门负责高速公路建设的规划，项目确定后由特许经营公司负责执行前期工作、工程施工、运营管理和养护。在这种政策环境下，4 家私人资本的高速公路公司成立，具体包括科菲集团、罗纳－阿尔卑斯高速公路公司、巴黎东洛林高速公路公司和巴斯克海岸高速公路公司。

3. 成熟阶段

特许经营制度在很大程度上改变了法国高速公路发展落后的面貌，但特许经营公司也背负了巨额债务。同时，众多分散的特许经营公司，因受建设成本成倍增长、运营管理费用不断攀升、交通量增速下降和收费标准实际下降等因素影响，其财务状况不断恶化，而且越是新建项目的特许经营公司，其财务状况的恶化越严重。

为此，法国于1982年决定改革特许经营制度。改革措施包括：一是收购亏损的私营特许经营公司的股权，将其转为半国有公司，即利用国家担保解除其财务危机。原来的私营公司中，只有科菲集团由于财务状况较好仍得以保全私营性质。二是建立一个公共组织——法国高速公路管理机构，由它统一持有各个半国有性质的特许经营公司的国有股权，以实现资金在公司间调配。三是逐步推行全国统一的收费标准。这次改革，转变了法国政府的高速公路管理理念，即从重视单一高速公路项目的营利能力，转变到重视一家特许经营公司所有项目的财务平衡，并最终转变到重视整体高速公路特许经营事业的综合平衡。

目前，法国的高速公路特许经营公司，分为半国有性质的混合型公司和私有性质的公司两类，它们在特许经营制度框架下筹集资金，建设养护和经营高速公路网。

（四）特许经营项目投资管理

在法国中央政府中，法国公共工程、运输和旅游部，经济、财政和预算部，规划和区域发展部三个部门负责管理特许经营高速公路，作为授予特许经营权的机构履行以下职责：制订建设计划；执行前期工程和制订整体技术框架；依照特许经营法律，对特许经营公司进行全面监督，特别是前期工作、批准收费费率和服务水平的监督。

在特许经营制度下，国家对高速公路项目拥有管理和调控职能。法国公共工程、运输和旅游部下设的公路与公路交通局为执行机构，其主要职责包括：一是代表政府与特许经营公司签订高速公路特许经营合同。二是制定相关法规、制度、标准和规范。三是制订高速公路规划。四是审批初步设计。五是监督工程质量和运营服务水平。六是制定收费政策和标准，监督审计经营情况。七是任命特许经营公司董事长。八是协调建设贷款、给予贷款担保和补助建设资金，资金来源主要有四种方式：（1）发行长期建设债券；（2）借贷集资；

(3）政府补助资金，但比例不大；(4）私人资本。

在特许经营制度下，高速公路建设资金依然纳入国家计划管理。法国经济、财政和预算部下设的经济与社会发展基金委员会，对高速公路项目的财务收支状况进行研究和分析预测，旨在确定项目贷款规模。

四、国外公路建设投融资经验总结与启示

（一）资金来源总结

总结世界各国公路建设、养护、管理的资金来源，主要通过国家财政拨款、公路使用者税收、公路收费、社会集资、金融机构借贷款等渠道筹集。

1. 国家财政拨款

在一些不实行公路税收制的国家中，公路资金的主要来源是国家财政拨款（包括中央财政拨款、地方财政拨款和建勤方式）。苏联干线公路的建设资金列入国家基建计划，由国家预算拨款，公路建成后交所在的加盟共和国（或州）管养，管养费列入加盟共和国（或州）的预算。意大利与汽车相关的税收不作为公路建设的专门资金来源，而是收进国家财政，然后每年再由法律决定公路管理局拥有的国家财政中公路资金预算额，这也是国家对公路建设与养护实行财政拨款的普遍形式。

2. 公路使用者税收

大多数的欧美发达国家把公路使用者税收作为公路建设资金的主要来源。而公路使用者税收大致可以分为：汽油、柴油及汽车轮胎、配件材料及易耗品的消费税；汽车购置税；车辆使用税，包括与车辆登记、牌照、汽车质量（单轴及整车质量）、汽车驾驶员执照等相关的税。其中燃油税是筹措公路建设资金的一种主要方式，在所有这些税收中所占的比重最大，一般占60%～80%。在发达国家的公路资金构成中，公路使用者税平均占公路资金总量的70%，燃油税平均占公路使用者税的70%。

3. 道路通行费收入

许多国家收费公路的建成，主要是依赖于社会资金和金融机构贷款，所以在使用期间都向公路使用者收取公路通行费，用来偿还贷款本息和一部分股息

或者红利。一般在建设费用的本息还清后，该设施停止收费，成为免费设施。也有些国家在合同收费期满后，政府通过合法程序规定延长收费期，其收入并入公路资金用于滚动再建新的高速公路。

4. 其他来源

其他方式的资金来源主要有发行公路收益债券、公路经营权有偿转让和公路沿线服务设施特许开发收入等。公路经营权有偿转让，是对已建成的公路通过转让，使政府提前收回公路建设成本，由承让公路经营公司（或联合体）在合同期限内收费经营，合同期满后，政府收回经营权。公路沿线服务设施特许开发收入，是指政府通过一定程序给开发经营者特许权，让其在公路沿线规定范围内开发经营公路服务设施，如停车场、加油站、餐饮住宿服务业等，通过一定形式收取费用（如英国为营利收入的30%）作为公路资金来源。

（二）经验与启示

公路作为重要的基础设施，大量的资金投入是世界各国都需面对的问题。各国公路建设的投融资政策、资金来源与运用各有特点，其中一些成功的经验值得我们在公路建设和管理中借鉴。

1. 政府在公路发展中发挥主导作用

各国政府在公路基础设施的建设和管理中都担负着制订总体规划、实施宏观调控和监督保障等重要职责，主导着公路建设和发展，这是由公路的公共基础设施属性所决定的。

各国政府将对高速道路和一般收费道路的建设、经营和维护，以特许经营方式授权给公路经营企业，尽管政府不直接参与企业的经营活动，但各国的相关法律法规都明确规定政府对收费公路具有行业宏观管理职责，各国都在政府部门中设立了专门的监督和管理机构。

2. 以公路使用者税费提供资金保证

各国交通发展的实践证明，在交通基础设施大建设、大发展的特定历史时期内，充足、稳定的资金来源是十分关键的。

公路使用者税是大多数发达国家公路资金的主要来源，一般占国家公路资金支出的70%，而在这其中燃油税又是首要税种，辅之以重车使用税、车辆牌照税、驾驶员执照税、车辆购置税、轮胎税等。其余不足部分（30%左右）主要由一般财政预算或收费公路所吸引的资金获得。当前，发达国家的交通使用者税费主要包括：一是燃油税。燃油税是体现交通使用者“多使用，多缴税”最为直接的方式，由于其征收成本低、效率高，成为世界各主要发达国家筹集交通基础设施建设、维护资金的主要渠道。二是交通工具购置税（登记费）和使用税。汽车、船舶等交通工具的购置税（登记费）以及使用税也是各主要发达国家交通基础设施资金的重要来源。三是其他交通工具相关税收。轮胎、润滑油、汽车配件等曾经或正作为部分发达国家课税对象，通过这些税种拓宽了税源、增加了公平性。燃油税的征收基于“公路使用者多用路必然多用油，因此多交税”，但这一税种无法区分重车对路面造成的更大的影响，而这可以通过对重车征收轮胎税得以弥补。

3. 直接融资成为市场化融资主渠道

与我国主要依靠贷款作为融资工具不同，由于资本市场较为发达，直接融资成为发达国家公路融资的主要渠道，其中债券尤其是长期债券占有很大比重。

在发达国家，交通基础设施建设在政府资金投入不足的情况下，基本上是以国家信用为基础，以低成本的债券融资为主。美国地方政府1994年发行公路债券筹资32.2亿美元，占全国地方政府同期公路总资金投入的9.1%；美国州政府1995年发行公路债券46.7亿美元，占全国州政府同期公路总资金投入的6.8%。西班牙全国收费高速公路网1万亿比塞塔投资中，债券的资金就占到了41.2%。韩国公路债券已占到投资计划的40%左右，仅1996年道路公社就发行债券达1.6万亿韩元（约合人民币120亿元）。①

4. 依托级差效益适当发展收费公路

在西方国家公路建设发展史上，收费制发挥着重要的作用。目前，采用通行费筹集公路建设、养护资金的不只是发展中国家，很多发达国家也将通行费作为高等级公路建设、养护的资金来源。意大利是世界上修建收费高速公路最早的国家，收费高速公路占高速公路总里程的85%。法国收费高速公路占绝

① 交通运输部科学研究院．“十二五”期公路水路交通发展投融资政策研究［R］．2011．

大部分，只有10%～20%的城市高速公路、城市间高速公路、联结主要港口及战略目的地的干线高速公路是由政府投资修建而不收费。日本的高速公路全线实行收取通行费的原则。美国部分高速公路也实行收费制度，欧洲的挪威、西班牙、瑞士、德国等也大多采取高速公路收费制度。公路通行费已经成为公路建设、维护的重要资金来源。①

5. 以法律制度保障公路可持续发展

完善的法律制度是各国公路建设稳定资金来源的保障。多数发达国家都有严格的管理制度，以充分利用有限的资源发挥最大的效益，公路的规划、投融资、建设、运营、收益和监督管理方面都有一套完整和成熟的法律法规作保障。例如，美国在公路建设的资金筹措方面有《公路税收法》《联邦资助法》等；日本在筹资方面也有《道路建设特别措施法》《道路建设财源临时措施法》和《汽油税法》等。

第二节　国外航道建设投融资经验及启示

一、国外主流模式

由于和其他运输方式相比，内河运输对环境的大气污染和噪声污染较小、运力大、耗能低，内河网络具有战略意义，很多发达国家都把“发展内河航运，建设现代化航道网”作为政府的国策。内河航道建设与维护资金，均来源于国家拨款。管理与养护体制方面，美国与德国是两种典型模式。

（一）美国模式②

美国内河航道主要由密西西比河水系、莫比河水系、哥伦比亚河水系、大西洋沿海水道和墨西哥湾沿海水道五部分组成。内河航道通航里程4.1万公

① 交通运输部科学研究院.“十二五”期公路水路交通发展投融资政策研究［R］. 2011.

② 交通运输部科学研究院. 安徽省港口航道建设投融资政策研究［R］. 2010.

里，其中通航能力在1 000吨级以上航道有2.5万公里，占比61%；500吨级以上航道有3.1万公里，占比75%。

1. 美国航道建管养主体

美国把河流、港口等设施作为国家重要的战略资源来对待，政府认为，由于航道的天然状况以及航道作为全国运输网之一的重要性，联邦政府应该承担整治航道、改善航道、调节航运的责任。联邦政府改善航运，历年来都是以国会决议为依据，保证航道、锚地掉头区、闸坝、港区、掩护性的栈桥和防坡堤等设施具有合适的尺度，使船舶得以在各港口之间高效率而且安全地航行。而港地、码头、转运设备、泊位区和当地进港航道等设施，则属地方利益，应当由地方负责解决。

由于历史原因，在管理体制方面，美国的航道管理分别隶属于两个不同的部门。美国航道的建设和维护由陆军工程兵负责统一管理；内河航运水上安全工作，包括航标、灯塔等助航设施的建设和维护，是由海岸警卫队负责统一管理。

国会委派美国陆军工程兵团承担联邦主要水资源的开发利用，包括全面负责内河航道的开发规划、组织建设和维护管理。这种军管体制不同于其他国家，是历经多年的立法和行政活动所形成的结果。工程兵团的主要职能包括：制定有关在水域内活动的规章制度、防洪、旅游航运、局部灌溉、供水、河岸河滩的冲蚀防护、台风防护、水质监控、环境保护、渔业和野生动物的保护、废水管理、滩地的开发、利用大坝进行水力发电等。大量土木工程计划一旦交给工程兵团首长，就会下放给现场军官及其参谋人员实施，但要接受兵团首长办公机构的监督。

陆军工程兵总部设在华盛顿，在全国各地设有8个区局、41个分局。地区分部是进行项目设计和实施的行动单位。陆军工程兵团在下辖各地区分部驻有监管办公室。

2. 陆军工程兵团的管理养护体系

国会委派陆军工程兵团作为航道建设和维护的主要参与者。在重要的航道，陆军工程兵团是唯一的参与者。在次要的航道，通过招标等方式，在保证质量的前提下，陆军工程兵团如果能够寻找到比自己施工更能节省经费的承包单位，那么就外包给施工单位，但陆军工程兵团要进行质量上的把关和验收；如果外包花费更高，将仍然由陆军工程兵团自己施工。值得一提的是，在美国具有重要战略地位的内河航道几乎不会被外包，只有支流航道或者部分区域的航道在经陆军部长和陆军总工程师批准和监督下才会被外包出去。航道的日常维护，由陆军工程兵团负责。

3. 美国航道建管养资金保障

美国内河航道建设和维护有可靠的资金来源，完全由政府进行投资，无须偿还，这是美国自独立以来一直奉行的政策，建设投资的准则是“确保公共利益，以促进商业航运为主要目的”。20 世纪 80 年代前，联邦政府投资为财政直接拨款。从 20 世纪 80 年代始，政府为刺激经济发展，减少福利补贴，财政支出减少，对航运企业征收燃油税作为内河航道信托基金。但由于内河航道信托基金数额有限，只占联邦政府航运建设总支出的 5%，因此政府每年还需对其进行财政拨款，主要来自普通税。除联邦政府外，州和地方政府也对航道进行投资，投资来源主要是水运收费。

据不完全统计，1824—1974 年的 150 年间，美国各级政府用于航道的投资达 85 亿美元。1980—1998 年，美国联邦政府用于陆军工程兵团工程建设的总投资为 630 亿美元，其中 40% 用于航道建设维护，35% 用于防洪，15% 用作其他用途。2005 年美国陆军工程兵民事工程预算中工程建设费用 14.2 亿美元、运行和维护费用 19.3 亿美元。2010 年以来，每年用于航道疏浚工程的费用为 8 亿美元左右。

（二）德国模式[①]

德国非常重视水运建设，中央政府给予较大的扶持，经严格规划和长期建设，德国已形成以莱茵河为主干，干支直达、河海联运的水运网。根据德国联邦统计局公布的数据，德国境内航道里程 7 300 多公里，其中天然河流 5 500 公里，约占航道总里程的 75%；人工运河长达 1 800 余公里，约占航道总里程的 25%；可通航千吨级以上船舶的航道近 4 000 公里。其中国际水路莱茵河承担着德国内河运输总量的 83.5%。

① 交通运输部科学研究院．安徽省港口航道建设投融资政策研究［R］．2010．

1. 相关法律和体制设置

德国有《水法》《交通法》和《规划与建设法》三法并列，有效地约束了航道的使用与管理。航道部门管理职能由法律确定，航道航运由中央负责，防洪由各州负责。航道两岸100米内属红外线控制区，只能绿化。河岸上的居民拥有该河段的使用权和管理义务。

德国《基本法》规定，由交通部主管航道的规划、建设、养护和管理，各州制定的地方法不得违背《基本法》。交通部内设航道航运管理局，在全国下设7个区域局和46个分局，代表政府依法行使航道管理权限的单位。基层分局具有水工建筑、航标检测、水资源保护3大职能。每条主要河流和运河都有固定的管理机构、人员编制和经费来源，由国家财政拨款，专门负责内河航道的建设、养护和管理工作，这是促进德国内河航运发展的组织保证。

2. 德国航道建设概况

德国自20世纪60年代初期就进行了航道长期规划，并大规模进行内河航道和人工运河的整治工程，现在仍在续建。德国法律规定，航道、船闸、港口等基础设施属于国家资产，其建设、养护、管理经费列入国家财政开支预算，每年投入20亿欧元，其中新建工程10亿欧元，养护工程和管理事业费各5亿欧元。重点工程由中央政府和州政府联合建设。值得一提的是，德国的人工运河占航道总长的1/4，它将南北流向的天然河流联结成网，把全国重要城镇、工业区、海港、内河港紧密联结起来，达到航道标准化（航宽42米、水深4米）、船型标准化（都为千吨以上自航驳和顶推驳），海船航道800余公里，真正实现了“江海直达”的要求，货运量占整个综合交通运输量的20%，对振兴德国经济、促进与欧盟以及与各国的贸易往来发挥了重要的作用。

3. 德国航道建管养资金保障

德国内河航道和公用码头基础设施建设由国家负责投资，航道投资一般占73%，港口占12%，船舶占15%。地方也须出一部分资金，政府规定，对于一些大型航运工程，有关州和地方政府要根据其受益程度，为工程提供一定比例的投资，一般不超过工程总投资的30%。政府在20世纪60年代航道建设投资水平为平均每年3亿~4亿马克，70年代增加至7亿~8亿马克。1976—1985年航道建设投资共70亿马克。60—80年代初建设的易北支运河、中德运河、美因—多瑙运河、萨尔运河、莱茵河五项航道建设工程投资108.5亿马克，其中国家投资77.2亿马克，占总投资的71.2%。

德国政府在全国统一开征航道使用费，并统一上缴联邦政府，纳入财政渠道。由于航道费是收支两条线，而且收支之比是1∶10，所以航道养护和建设资金基本上是国家财政负担。目前，德国每年用于航道航务方面的开支是16亿马克，其中10亿马克用于航道建设养护，6亿马克用于日常开支及人员工资。20世纪90年代中期德国经济不景气，国家财政预算有所缩减，但政府仍积极投资航道建设。1997年，政府用于莱茵河—美因河—多瑙河运河改造、扩建东德运河和治理易北运河三项工程的投资高达11亿马克，另外航道维护费约11亿马克。由此可见德国政府对航道建设的投资之大。

二、重要启示

一是航道作为公益性基础设施，政府应提供资金保障。从国外内河航道建管养情况看，美国将航道定位为重要的战略资源，德国以法律形式将航道建设、养护和管理确定为中央政府的职责，由专门机构负责内河航道的建管养，并由国家财政拨款予以保证，有效促进了内河航运事业的发展。但目前我国除长江干线航道建管养经费由中央财政预算资金保障、国家干线航道网建设项目可获得中央财政补贴外，其他航道建设基本是由省市地方政府根据自身实际情况进行筹集，一些财政经济实力较弱的地区水运事业发展面临较大压力，在一定程度上影响当地经济社会的发展，不利于形成水运事业发展和经济社会发展的良性循环。

二是航道建设发展政府资金来源应以法律的形式加以固定。为构筑水路交通建设稳定的政府资金来源，国外发达国家一般都以法律形式对其作出规定。如美国的内河航道信托基金是根据1978年的《内河航道收入法案》设立的，后在1986年的《水资源开发法案》中得到了修订，用于内河航道的建设。而我国内河航运建设基金是以中央政府部门文件形式设立的，缺乏法律约束力，随时存在被取消的可能性，资金来源稳定性较差。

三是干线航道建管养应为中央事权由中央财政资金保障。航道要发挥对经济社会发展的促进作用，必须连接成航道网，实现人和物在不同省份和地区之间顺畅流动。从这个角度讲，一些跨省、跨地区的航道应纳入中央事权，在中央层面设立具有法律权威的全国性河流开发治理管理机构，负责对全国内河航道开发治理总体规划，综合开发日常管理工作，通过中央财政预算资金予以保障，不仅能够促进地区产业结构调整和经济社会发展，而且能够提高航道资源综合开发利用的经济效益。

第六章　公路水路交通基础设施投资政策研究

第一节　稳定车购税专项资金政策研究

一、必要性分析

（一）从我国历史经验看车购税专项资金政策作用巨大

1. 车购税专项资金政策是保障公路交通发展的重要基石

交通运输是经济社会发展的基础性、先导性产业，公路作为交通运输体系的重要组成部分，是人们生产生活中不可或缺的支撑条件。改革开放之前，我国公路发展底子薄、欠账多，而税收政策以普通税为主，国家财政拨款是公路建设的主要资金来源，公路发展资金严重短缺。随着改革开放的深入推进，我国经济快速发展，运输需求急剧增加，公路交通供给能力不足、效率低下的问题凸显，“行路难”问题逐渐成为制约经济社会发展的一个主要因素。在这样的背景下，国务院在制定“七五”计划时明确提出“把交通运输的发展放到优先地位”，作出了加快推进公路建设的重大决策。1984 年 12 月，国务院常务会议决定在全国征收车辆购置附加费，作为中央预算外的专项资金用于公路交通发展。2001 年，国家将车辆购置附加费调整为车辆购置税，由国家税务部门征收，但征收范围、标准和作为交通建设专项资金的基本属性没有改变。

车购税专项资金政策的出台，有效拓展了公路建设资金来源，改变了公路建设资金来源不稳定、建设推进困难的局面，缓解了建设资金压力，开创了公路交通快速发展的良好局面，支撑了公路事业 30 多年的快速发展，取得了极大成功。截至 2019 年底，全国公路总里程 477.35 万公里，较 1978 年增加了

4.6倍，高速公路“从无到有”，并基本实现城镇人口20万以上人口城市及地级行政中心通高速公路，以14.96万公里（国家高速公路10.86万公里）通车里程稳居世界之首。[①]

2. 车购税专项资金政策是调节区域平衡发展的重要工具

车购税作为在汽车销售环节征收的一个税种，具有明显的东部多、中西部少的特点，经济越发达的省份，车辆购置的需求越旺盛，由此产生的车购税收入也越多。现阶段，车购税为中央税，可以作为中央政府为了实现不同经济水平地区间交通服务均等化的一项重要政策工具，即通过车购税投入向中西部倾斜、提高中西部的投资补助标准、优先排序中西部地区的公路建设项目等手段，加快老少边穷地区，特别是集中连片特困地区的公路建设，发挥扶贫中交通先行的基础和先导作用。2001年以来，先后组织实施了“县际油路”“通县油路”“通达工程”“千亿元工程”等农村公路专项工程，车购税累计投入农村公路建设的金额近9 000亿元，极大地提升了农村公路发展水平。截至2019年底，全国农村公路总里程420.05万公里，具备条件的乡镇和建制村100%通硬化路。[②]

“十二五”期，车购税对西部地区的投资规模占投资总额的62%[③]，有效提升了西部地区、贫困地区等欠发达地区的交通基本公共服务均等化水平，促进了区域交通协调发展。农村公路交通条件的改善，在繁荣农村经济，拓宽农民就业渠道，提高农村医疗、教育、文化等基本社会条件，缩小城乡差距等方面发挥了极其重要的作用。

3. 车购税专项资金政策是吸引社会资本投入的重要引导

1978—1983年，全国公路建设年投资额不足7亿元。车辆购置费政策及“贷款修路，收费还贷”政策同步出台后，公路建设投资快速增长，1984年、1991年和1996年分别突破十亿元、百亿元和千亿元，2010年以来稳定在1万亿元以上，是改革开放之初的一千多倍。公路建设投资占全国GDP的比重由

① 交通运输部. 2019年交通运输行业发展统计公报［Z］. 2020-05-12.

② 郑育彬，刘丽梅. 稳定车购税政策 为交通运输可持续发展提供坚实保障［R］. 中国交通报，2013-10-09.

③ 交通运输部科学研究院. “十三五”期交通运输政府投资政策研究［R］. 2018.

1978 年的 0.16%、1984 年的 0.23% 增长到 1998 年以来的 2% ~3%。2001 年以来，全国共征收车购税约 3 万亿元，带动的行业总投资超过 20 万亿元，满足了交通建设的融资需要。车购税收入不断增长对社会资本形成了稳定预期，具有较强吸引力，对促进行业投资良性循环至关重要。①

公路建设的高位投入，也带动了水泥、钢材、沥青等上游行业的发展，对扩大内需、促进经济增长起了重要作用。尤其是 1998 年和 2008 年，公路交通行业两次通过车购税投入高速公路建设以拉动经济发展，为国家经济良好运行、平稳渡过金融危机作出了重要贡献。

（二）建立专项税或专项基金制度是发达国家路网大规模发展阶段的共同经验

公路基础设施建设工程量大、投资高、投资回收期长，且具有十分鲜明的公益属性，对经济社会发展具有十分突出的作用，是各国经济发展中重点关注的领域。回顾 20 世纪，美国、日本、韩国、德国等发达国家在汽车出行需求快速增长、公路网大规模建设的阶段，都采取了专项特定税制度，通过设立公路建设专项资金来缓解资金供需矛盾，许多国家的专项税制度延续至今。设立专项特定税制度筹集公路建设资金，在发达国家的公路网发展中发挥了至关重要的作用。如美国 1956 年建立了公路信托基金制度，为公路建设发展提供了稳定的资金来源；日本 1954 年对公路建设开始实行特定财源制度，此项制度一直延续到 2009 年，极大地促进了日本的路网完善；韩国 1993 年设立了交通能源环境，作为最主要的定向税税种，用于交通等基础设施建设。根据相关材料，2007 年韩国交通税规模达到了国家财政收入的 7%，使韩国公路取得了长足发展。②

（三）贯彻落实交通强国发展战略，促进交通运输行业可持续发展的需要

2019 年 9 月，中共中央、国务院印发了《交通强国建设纲要》。该纲要作为建设交通强国的顶层设计和系统谋划，掀开了新时代交通运输工作的新篇

①② 交通运输部科学研究院.“十二五”期公路水路交通发展投融资政策研究［R］. 2011.

章，明确从2021年到21世纪中叶，分两个阶段推进交通强国建设。第一，到2035年，我国基本建成交通强国，着力打造由发达的快速网、完善的干线网、广泛的基础网构成的“三张交通网”，基本形成“全国123出行交通圈”（都市区1小时通勤、城市群2小时通达、全国主要城市3小时覆盖）和“全球123快货物流圈”（国内1天送达、周边国家2天送达、全球主要城市3天送达）“两个交通圈”。第二，到21世纪中叶，全面建成人民满意、保障有力、世界前列的交通强国。确定九大重点任务，具体包括：一是基础设施布局完善、立体互联；二是交通装备先进适用、完备可控；三是运输服务便捷舒适、经济高效；四是科技创新富有活力、智慧引领；五是安全保障完善可靠、反应快速；六是绿色发展节约集约、低碳环保；七是开放合作面向全球、互利共赢；八是人才队伍精良专业、创新奉献；九是完善治理体系，提升治理能力。

未来，公路水路基础设施发展将以《交通强国建设纲要》为指引，着力打造“三张交通网”和“两个交通圈”，完善公路水路基础设施布局，实现立体互联，交通运输发展适度超前。公路建设资金需求量仍然巨大，迫切需要车购税专项资金提供保障。

二、完善政策建议

（一）确立车购税交通专项资金政策的法律地位

对比分析国外发达国家交通发展经验可以发现，我国交通事业发展长期存在资金困扰的根本原因在于缺乏为交通事业发展提供资金保障的法律法规体系。目前我国公路交通领域仅《公路法》中有关于资金筹措的条款，但内容较少且较为笼统，难以参照执行。现有的一些有关专项资金筹措和使用的管理办法等均属于政府政令或行政规定，如《车辆购置税收入补助地方资金管理暂行办法》（财建〔2014〕654号），易受环境和历史发展的影响，具有不稳定性。因此亟须一部专为交通事业发展资金筹措和管理使用而设立的法律，将交通事业发展的资金保障机制予以明确和细化。建议通过法律形式确立车购税作为中央交通发展专项资金政策的稳定地位，从根本上解决交通行业可持续发展的资金保障问题。

（二）使用好管理好车购税交通专项资金

车购税资金作为专项用于交通建设发展的中央财政性资金，是我国公路、内河航道交通建设的主要财政性资金来源。1993—2013 年，它推动公路建设投资规模增长了 28 倍，实现了跨越式发展，在我国交通运输发展中发挥了不可替代的关键性作用。但据审计署 2015 年公布的审计结果，截至 2014 年底，37 个省和计划单列市收到的车辆购置税补助公路、水路建设项目资金累计结转结余达 640 亿元，结转结余的资金主要是国省道和农村公路建设补助资金。大量的车购税结余结转资金的存在，一方面反映了地方政府对已争取到位的中央财政性资金使用重视不够，另一方面也反映出中央政府对转移支付给地方的车购税专项资金使用监管不到位，严重影响了车购税专项资金作用的发挥，也不利于交通建设发展任务的完成。

建议从“科学决策，强化监管，注重绩效”三个方面强化车购税资金的使用和管理。一是按照财政事权与支出责任相适应的原则，进一步调整和优化车购税专项资金投向和重点，保障交通运输中央财政事权的高效履行。二是进一步健全和完善车购税专项资金管理使用的决策机制，夯实和明晰专项资金使用安排以及投资补助标准确定的依据。三是健全完善车购税专项资金的绩效评价制度。进一步建立健全专项资金使用跟踪问效制度，组织开展专项资金使用绩效评价，运用一定的考核方法、量化指标及评价标准，对交通预算项目预期计划目标的实现程度及其经济性、效益性、效果性和可持续性进行综合性考核与评价，不断提高资金使用效益。

第二节　公路发展政府性基金设立研究

一、基金的概念和分类

（一）基本概念及特点

基金有广义和狭义之分，从广义上说，基金是指为了某种目的而设立的具有一定数量的资金，如产业投资基金、私募股权投资基金、保险基金、退休基金等。从会计角度分析，基金是一个狭义的概念，意指具有特定目的和用途的资金。

基金具有以下三大特点：第一，基金是一种专项支出，有特定的用途、使用范围或使用投向。第二，基金遵循受益原则，特别是政府性基金，其投资产生的效益对全社会的经济发展具有促进作用，反过来会促进财政性收入的增加。第三，基金具有集合投资的功能。基金可以广泛地吸收社会公众资金，汇成规模巨大的投资资金，从而提供长期、稳定的资金供给。另外，不同类型的基金具有自身的特点。

（二）基金的分类

基金的种类繁多，可按不同的方式进行分类。根据政府和市场在基金中的作用的不同，主要分为政府性基金、政府投资基金和产业投资基金三种。

1. 政府性基金

根据《政府性基金管理暂行办法》（财综〔2010〕80号），政府性基金是指各级人民政府及其所属部门根据法律、行政法规和中共中央、国务院文件规定，为支持特定公共基础设施建设和公共事业发展，向公民、法人和其他组织无偿征收的具有专项用途的财政资金，是国家财政收入的重要组成部分。政府性基金属于政府非税收入，全额纳入财政预算，实行“收支两条线”管理。《预算法》明确规定，政府性基金预算是对依照法律、行政法规的规定在一定期限内向特定对象征收、收取或者以其他方式筹集的资金，专项用于特定公共事业发展的收支预算。也就是说，我国政府性基金是政府凭借权力强制性无偿征收的、具有特定目的的收入，一般不直接与被征收主体发生管理或服务关系，与税收性质基本相同，是一种典型的“准税收”。我国政府性基金既具有一般财政资金的共性又具有专款专用的特点。弥补性、强制性、无偿性构成了我国政府性基金的三大特点。

国外也存在政府性基金，与我国的政府性基金相比，两者均属于具有用途特定的政府财政资金，但又有很大的不同，主要体现在：一是基金设立目的不同。我国设立政府性基金的目的是弥补财政收入不足。例如，国家重大水利工程建设基金，是为弥补国家重大水利工程建设资金不足。国外政府性基金是一种财政支出的制度安排。如美国联邦政府财政下设的“联邦财政援助项目”基金，援助项目涉及农业、艺术、商业、社区发展等共21种，1 000余项。二是基金资金来源性质不同。我国政府性基金是在税收和其他财政收入之外另行强制征收的，其资金来源性质主要为政府无偿收费。国外政府基金设立目的是为了安排财政支出项目，基金资金来源通常为财政税收收入。

2. 政府投资基金

从我国现实情况看，政府投资基金有两种存在形式和名称：一种是按《政府投资基金暂行管理办法》（财预〔2015〕210号）规定设立、由财政部门行使出资人职责并负责管理的“政府投资基金”；另一种是按照《政府出资产业投资基金管理暂行办法》（发改财金规〔2016〕2800号）设立、由发改部门负责实施管理的“政府出资产业投资基金”（见表6-1）。

表6-1　政府投资基金与政府出资产业投资基金的异同

	政府投资基金	政府出资产业投资基金
内涵	由各级政府通过预算安排，以单独出资或与社会资本共同出资设立，采用股权投资等市场化方式，引导社会各类资本投资经济社会发展的重点领域和薄弱环节，支持相关产业和领域发展的资金	由政府出资，主要投资于非公开交易企业股权的股权投资基金和创业投资基金
政府出资	一般公共预算、政府性基金预算、国有资本经营预算等安排的资金	财政预算内投资、中央和地方各类专项建设基金及其他财政性资金
投资方向	支持创新创业、支持中小企业发展、支持产业转型升级和发展、支持基础设施和公共服务领域	非基本公共服务领域、基础设施领域、住房保障领域、生态环境领域、区域发展领域、战略性新兴产业和先进制造业领域、创业创新领域
投资方式	股权投资等市场化方式	未上市企业股权，参与上市公司定向增发、并购重组和私有化等股权交易形成的股份，其他投资形式
管理部门	政府财政部门	政府发改部门

资料来源：《政府投资基金暂行管理办法》（财预〔2015〕210号）；《政府出资产业投资基金管理暂行办法》（发改财金规〔2016〕2800号）。

《政府投资基金暂行管理办法》规定，政府投资基金是指由各级政府通过预算安排，以单独出资或与社会资本共同出资设立，采用股权投资等市场化方式，引导社会各类资本投资经济社会发展的重点领域和薄弱环节，支持相关产业和领域发展的资金。其中，政府出资是指财政部门通过一般公共预算、政府性基金预算、国有资本经营预算等安排的资金；各级政府出资设立投资基金，应由同级财政部门根据章程约定的出资方案将当年政府出资额纳入政府出资产业投资基金管理暂行办法年度政府预算；上级政府可通过转移支付支持下级政府设立投资基金，也可与下级政府共同出资设立投资基金。设立投资基金的领域包括支持创新创业、支持中小企业发展、支持产业转型升级和发展（如国家集成电路产业投资基金）、支持基础设施和公共服务领域（如铁路发展基金）。同时，根据 2015 年 12 月财政部印发的《关于财政资金注资政府投资基金支持产业发展的指导意见》，政府投资基金针对产业重点领域和薄弱环节予以支持。投资领域包括支持创新创业、支持中小企业发展、支持产业转型升级和发展、支持基础设施和公共服务领域。

《政府出资产业投资基金管理暂行办法》规定，政府出资产业投资基金是指由政府出资，主要投资于非公开交易企业股权的股权投资基金和创业投资基金。政府出资资金来源包括财政预算内投资、中央和地方各类专项建设基金及其他财政性资金。投资领域主要包括非基本公共服务领域、基础设施领域、住房保障领域、生态环境领域、区域发展领域、战略性新兴产业和先进制造业领域和创业创新领域。

可以看出，财政部门负责管理的政府投资基金和发改部门负责管理的政府出资产业投资基金，虽然在投资方式、投资领域等方面存在一定差异，但是从政府出资资金性质看，政府出资产业投资基金本质上也属于政府投资基金，是政府和社会资本合作的一种有效方式。

3. 产业投资基金

产业投资基金在国外没有相对应的术语，但是外延与国外的私募股权基金、直接投资基金以及风险投资基金（又称创业投资基金）有很多一致的地方，都是市场主体投资设立的基金。

在国外，最初私募股权基金和创业投资基金的概念不同。其中私募股权基金包括投资于种子期和成长期项目的创业投资基金、投资于企业扩展期的直接投资基金、投资于过渡期企业的过桥或上市前的企业的基金等，即凡是在一家企业上市以前所获得的股权投资都属于私募股权，这一投资产业基金叫私募股权基金。而创业投资基金是私募股权基金的一种。美国创业投资协会在 1973 年最早给出了定义，创业投资基金即由专业机构提供的投资于极具增长潜力的创业企业并参与其管理的权益资本。这一定义后来被人们认定为狭义的创业投资基金。然而目前，很多地方已经将创业投资基金的内涵扩展到和私募股权一样。

在我国，产业投资基金是指一种对未上市企业进行股权投资和提供经营管理服务的利益共享、风险共担的集合投资制度，即通过向多数投资者发行基金份额设立基金公司，由基金公司担任基金管理人或另行委托基金管理人管理基金资产，委托基金托管人托管基金资产，从事创业投资、企业重组投资和基础设施投资等实业投资。从法律地位上看，产业投资基金是一种投资组织形式；从立法技术看，产业投资基金又是区别于证券投资基金的专门基金。

二、公路发展政府性基金设立的必要性

（一）公路基础设施发展特征

公路基础设施作为我国经济社会发展的基础性、先导性、服务性设施，在长期发展过程中，显现出三个重要的发展特征：

一是规模庞大、资金需求大。公路网是我国综合运输体系中规模最为庞大的交通基础设施，其建设发展资金需求大。在中央事权和支出责任划分明晰后，按照国家有关适当加大中央事权的精神指引，未来中央的支出责任将会适度加大，需要有长期、稳定的资金保障渠道。

二是发展具有长期性。规模庞大的公路网络，从建设、维护到根据发展需要进行升级改造、维护，是一个需要不断进行资金投入的长期性事业，而不是简单通过几十年的大建设就一劳永逸的阶段性事业。公路事业发展的长期性，客观需要一个长期、可靠、稳定的资金保障机制与之相适应。国际经验表明，由财政提供一般预算资金进行公路投入，不仅无法保证资金规模，更为重要的是其不具有可靠性和稳定性，与公路事业发展的长期性特点不相适应。

三是区域间发展不平衡。我国地域辽阔，区域间经济社会发展不平衡不充分，公路发展水平在不同地域间差异较大，特别是西部地区、老少边穷地区，公路网络发展相对滞后。为了实现区域间交通公共服务均等化，满足经济社会发展水平相对落后地区对公路基础设施的迫切需求，在较长一段时间内需要中央给予财政资金的大力支持。

（二）当前车购税专项资金政策面临的改革压力

1. 中央税改革为地方税的压力

2012 年起，我国开始推行营业税改征增值税，由于营业税是地方税第一大税种，是地方政府财力的主要来源，随着“营改增”的推进，地方主体税种缺失，如何重新配置地方税主体税种成为当前改革面临的重大问题。从深化财税体制改革形势看，车购税等由中央财政收入划为省级财政收入，以弥补营业税取消后地方财政收入缺口的方式存在较大可能性。

2. 专项税收改革为一般税收的压力

近年来，公路交通发展是否一定要由专项税收来保障，引发不少争议。其中，国家审计署建议由公共财政统一安排公路基本建设投入。国家发展和改革委员会认为，应逐步将车购税纳入公共财政收入规范管理和统筹使用，但当前还需要坚持专款专用。财政部赞同将车购税纳入公共财政收入规范管理和统筹使用。此外，从 2014 年设立的铁路发展基金资金来源看，中央将每年从车购税资金拿出 150 亿元给予支持，车购税资金的使用已经存在向一般税收转变的事实。

3. 车购税资金结存问题带来的压力

2015 年 10 月，审计署公布了《8 月稳增长促改革调结构惠民生防风险政策措施贯彻落实跟踪审计结果》，其中，截至 2014 年底，37 个省和计划单列市收到的车购税补助公路、水路建设项目资金累计结转结余达 640 亿元，占整体抽查资金量的将近 10%，主要是国省道和农村公路建设补助资金。财政部门认为，车辆购置税支出不及时是导致上述项目资金在 2014 年大量结转结余的主要原因，而根源就在于专款专用制度，认为“因为是专款专用，所以即便产生大量结转结余，也无法改变用途”。

（三）坚持车购税专款专用必须寻求基金模式

根据公路网发展显现出的重要特征，设立一个和履行中央财政事权与支出责任相匹配的、长期可靠而又稳定的资金保障机制不仅必要而且重要。政府性基金作为一种“专款专用”的资金保障机制，不仅体现了国际通行的“使用者付费”公平原则，也符合公路事业发展的特点。此外，车购税资金政策支撑公路事业30多年的快速发展，特别是保障了支持交通扶贫脱贫攻坚任务的顺利完成，充分证明“专款专用”资金保障机制的重要性和必要性。在目前改革的多重压力下，为保障车购税专款专用，必须寻求新的模式，而设立公路发展政府性基金是保障车购税专款专用的最佳方式。

三、公路发展政府性基金设立的可行性

（一）法律政策基础坚实

根据《政府性基金管理暂行办法》，新设立政府性基金或专项收入项目应有明确的政策依据、政策目标、资金需求、资金用途、主管部门和职责分工。从《公路法》及《公路管理条例》的规定和现实情况看，我国公路建设管理的责任主体一直是地方政府。在这种情况下，在中央层面设立公路发展政府性基金的政策法律依据尚显不足。与此同时，党的十八大以来，随着国家有关中央与地方财政事权和支出责任划分改革的加快推进，2019年《交通运输领域中央与地方财政事权和支出责任划分改革方案》（国办发〔2019〕33号）出台，明确了公路领域的中央与地方的财政事权和支出责任，为在中央层面设立公路发展政府性基金提供了坚实的政策法律基础。

（二）国家政策有空间

根据《政府性基金管理暂行办法》规定，只要有法律、行政法规和中共中央、国务院文件为依据，交通运输部即可申请设立公路发展政府性基金。财政部2002年出台的《关于公布保留的政府性基金项目的通知》规定，通过预算拨款安排设立的政府性基金，公民、法人和其他组织自愿捐赠、赞助设立的

基金，各类基金会接受社会自愿捐赠设立的基金，以及社会保障基金，仍按国家现行有关规定执行。也就是说，通过归集属于现有预算内资金设立公路发展政府性基金，不是国家严格控制的政府性基金类别。

（三）国内有先例

公路发展政府性基金拟由现有预算内资金归集而成，其设立模式与目前的水利建设基金筹集思路基本一致。其中，中央水利建设基金的资金来源包括从车辆购置税收入中定额提取，从铁路建设基金、港口建设费收入中提取3%，经国务院批准的其他的资金。地方水利基金的资金来源包括从车辆通行费、城市基础设施配套费、征地管理费等中提取3%，从中央对地方成品油价税费改革转移支付资金中安排的资金。另外，从横向比较来看，铁路、民航、水运等交通基础设施建设发展均有政府性基金作为资金保障制度支持。其中，铁路建设基金除了可以用于还本付息外，还注入了铁路发展基金，撬动更大的社会资本用于铁路基础设施建设。

（四）属于国际惯例

当前美国、日本、韩国、德国、澳大利亚等发达国家，对公路网的建设发展即使在大规模建设结束后，都采取了政府性基金或者专项税制度，即按照"使用者付费"的公平原则，通过政府性基金或专项税建立长期、稳定的资金保障机制，以保障公路网建设发展的资金需求。在发达国家中，英国、意大利采用了一般预算资金方式为公路建设提供资金保障的制度，但这一资金保障制度，也直接导致英国30多年来的公路发展缓慢，建设速度和建设规模均大大落后于同期德国、法国等国家。

（五）符合行业发展需要

在中央层面通过设立公路发展政府性基金，坚持专款专用的支出原则，能够更好地满足公路建设巨大的资金需求，并能有效引导社会资本投入公路建设领域，充分发挥政府资金的引导作用和放大效应。如"十二五"时期，车购税资金投入撬动了83%的地方配套资金和社会资金投入。同时，政府性基金或专项税由于坚持了专款专用的支出原则，对稳定社会资本预期将发挥重要作用，对促进公路建设可持续健康发展也至关重要。

四、公路发展政府性基金设立思路

（一）基本思路

积极适应国家财税体制改革，进一步深化交通运输投融资体制机制改革，为公路交通发展建立稳定的财政资金来源，通过借鉴国内外经验做法，在中央层面通过归集包括车购税等公路建设发展财政性资金，设立具有政府性基金性质的公路发展政府性基金，继续发挥车购税等中央交通专项资金在公路交通行业发展中的支撑作用。

（二）基金定位

遵循“用路者付费、受益者负担”原则，以公路交通专项资金为基础，在中央层面设立具有政府性基金性质的公路发展政府性基金。公路发展政府性基金作为支持公路交通发展设立的具有专项用途的财政基金，主要投向市场不能有效配置资源、没有收益的非经营性项目。对确需支持的经营性项目，主要采取资本金注入方式投入，也可适当采取投资补助、贷款贴息等方式进行引导。

（三）资金来源

方案一是通过归集各项公路建设发展财政性资金作为公路发展基金的资金来源，主要包括：一是中央预算内资金用于公路建设部分；二是车购税收入中应用于中央公路财政事权以及中央与地方共同财政事权中央应承担的部分（若未来能统筹为一般公共预算或下放为地方税）；三是燃油税增量收入中属于中央事权以及中央与地方共同事权中央应承担的部分（基金承担养护职责时需要）；四是财政事权改革理顺后，中央财政事权管辖范围内的收费公路通行费收入；五是车购税投资形成的国有资本经营收入，主要包括：（1）上市公司收费经营的收益中，中央资金投资形成的资产折成的股利以及上市公司股东权益中享有的相应收益；（2）转让全部收费权由外商独资经营的，其中央资金形成资产的转让收益；（3）转让部分收费权由中外合资、合作经营的，其中央资金投资形成的资产所占出资比例应得到的回报收益；（4）有限责任公司收费经营的收益中，中央资金投资形成的资产所占出资比例应得到的收益；（5）发起设立的股份有限公司收费经营中，中央资金投资形成的资产所占股份的收益等。

方案二是可确定由中央财政一般预算资金予以保障，采取“基数＋增量”的模式，以改革上一年中央事权支出责任对应的车购税收入资金规模为基数，并确定每年一定的增长比例或增量。

方案三是可确定由中央财政一般预算资金予以保障，并与全国中期财政规划相衔接，即与财政协商，明确三年到五年内中央财政承诺划入公路发展基金的资金总量，并通过滚动项目库安排到具体的公路建设项目。在实际确定每年度财政保障资金时，根据交通运输发展规划的要求与年度工作要点、投资重点、投资计划等，与财政部协商确定最终安排的金额。

（四）基金投向

根据《交通运输领域中央与地方财政事权和支出责任划分改革方案》，公路发展政府性基金主要用于中央财政事权、中央与地方共同财政事权范围内以及虽属地方财政事权但需要中央转移支付支持的事项的建设发展，如对国家高速公路网、国道、界河桥梁等履行中央政府的投资与建设职责。从长期看，公路发展基金除了建设以外，还将履行养护和管理等相关职责，以及承担公路发展相关债务的偿还。

第三节　交通建设长期债券研究

一、交通建设长期债券发行的必要性和可行性

（一）长期债券的基本内涵

债券是指政府、企业、银行等债务人依照法定程序发行，约定在一定期限还本付息的有价证券。政府债券是政府为筹集资金而向出资者出具并承诺在一定

时期支付利息和偿还本金的债务凭证，包括中央政府债券即国家债券、地方政府债券和政府担保债券等。在我国，中央政府债券所筹集资金由中央统筹用于平衡财政收支和经济建设等，按期限不同可划分为1年以内（含1年）的短期国债、1~10年中期国债、10年（含10年）以上长期国债，最长期限可达50年。

基于现行法规，考虑到交通运输基础设施受益期特点，以及资本市场的承受能力，同时参考银行贷款最长不超过30年的政策和目前收费公路收费期限最长不超过30年的政策，着重研究10年以上，20~30年为主的交通建设长期债券。从远期看，随着《收费公路管理条例》修订以及长期收费制度的建立，可以探索发行50~100年的超长期债券。

（二）发行交通建设长期债券的必要性

一是建设交通强国的需要。经济社会发展，交通运输先行。习近平总书记指出："交通运输基础设施具有很强的先导作用""'要想富，先修路'不过时""'十三五'是交通运输基础设施发展、服务水平提高和转型发展的黄金时期"。[①] 党的十九大提出了建设交通强国的战略目标，2019年中共中央发布《交通强国建设纲要》，提出要构建安全、便捷、高效、绿色、经济的现代化综合交通体系，打造一流设施、一流技术、一流管理、一流服务，建成人民满意、保障有力、世界前列的交通强国，为全面建成社会主义现代化强国、实现中华民族伟大复兴中国梦提供坚强支撑。交通强国建设需要有稳定的资金渠道予以保障，目前不论是中央交通专项资金还是地方财政资金，都不能满足交通强国建设的资金需求。发行交通建设长期债券，稳定资金保障渠道，加强资金保障，有利于奋力实现由交通大国向交通强国的迈进。

二是适应深化财税体制改革的需要。随着国家财税体制改革及财政事权和支出责任划分改革的不断深化，不同层级政府之间、政府与市场之间的关系逐步理顺，交通运输投融资环境发生了深刻变化。但在新老政策转换之间，交通运输面临资金筹集难、债务风险高企等问题，特别是2017年以来，中央不断强化金融风险和政府债务风险防范，过去传统融资模式逐步被叫停，PPP和产

---

① 交通运输部网站. 交通运输部：奋力从交通大国向交通强国迈进［R/OL］.（2017-10-18）［2020-12-11］. http：//www.gov.cn/xinwen/2017-10/18/content_5232641.htm.

业投资基金的资金筹集作用有限。研究发行长期债券特别是在中央层面发行长期债券，有利于通过在中央层面适度“加杠杆”的方式，弥补中央交通专项资金的不足，通过杠杆挪移帮助地方政府“去杠杆”，有利于在资金安排上侧重于向国家战略方向倾斜，向中西部地区倾斜，向集中连片特困地区倾斜，有利于发挥交通运输对国家发展战略的支撑引领作用，对促进交通运输持续健康发展具有至关重要的作用。

三是优化融资结构降低成本的需要。目前，我国公路经过几十年的建设已基本成网，在建和剩下待建高速公路项目除了部分复线项目以外，其他项目普遍收益率较低，无法有效吸引社会资本投资，也会加大当期财政投入的压力。党的十九大提出，要深化金融体制改革，增强金融服务实体经济能力，提高直接融资比重，促进多层次资本市场健康发展。债券的融资成本比同期商业银行贷款利率低，也比社会资本普遍要求的回报率低很多。长期债券的还债期限与公路基础设施的全生命周期更匹配。通过发行交通建设长期债券能够有效降低公路建设融资成本，减轻行业负担，也可以调整公路债务结构，缓解近期债务还本压力，避免资金链断裂，防范化解公路建设债务集中到期风险。

（三）发行交通建设长期债券的可行性

一是长期债券期限与交通基础设施寿命和受益期相匹配。交通基础设施具有使用寿命长、受益期长的特点，特别是我国发展高速公路等交通基础设施采用收费模式，具有稳定、长期的现金流入，较为适合利用长期债券的方式筹集建设资金。据统计，截至 2018 年底，全国收费公路里程 16. 81 万公里，年通行费收入 5 552. 4 亿元。[①] 随着经济社会的发展，在保持现行收费公路收费标准不变的情况下，收费公路通行费收入还将会实现一定幅度地增长。此外，在收费期限方面，现行《收费公路管理条例》规定政府还贷公路东部地区不超过 15 年、中西部地区不超过 20 年；经营性公路东部地区最长不超过 25 年、中西部地区不超过 30 年。根据《收费公路管理条例（修订草案征求意见稿）》，下一步将推动建立低费率、长期限的收费公路制度框架，明确收费公路实行长期收费，通过收取车辆通行费方式筹集养护和管理资金，回收建设投

① 交通运输部. 2018 年全国收费公路统计公报 [Z]. 2019 - 08 - 29.

资成本。将长期收费作为收费公路发展的基本政策，进一步增强收费公路创造现金流的能力，为发行长期债券提供更好的募集条件。

二是我国在长期债券发行与管理上有着较为丰富的经验。我国债券市场发展迅猛，债券品种逐步齐全，市场交易设施规范，初步建立了比较发达的债券市场。我国已有多年的国债、企业债、金融债发行经验，特别是 30 年、50 年长期限国债的发行实践，使我国在长期债券的发行方式、品种结构、期限结构、利率结构等方面都积累了丰富的经验。

首先，我国证券交易网络建设发展较快，包括上海和深圳两个交易所、银行间债券交易市场和商业银行柜台交易市场等，都为长期债券的交易和提高长期债券的流动性创造了基本的条件。债券市场上形成了长、中、短期债券相结合，可上市和不上市债券相结合，付息和贴现债券相结合，到期一次还本和分次还本债券相结合等，多种债券品种、要素并存的局面。其次，我国债券市场拥有一批精通债券发行和流通的中介机构和专业人员，这些都为长期债券的顺利发行提供了技术上的支持和保证。最后，改革开放 40 年来，我国经济保持了持续快速增长，资金供给丰富，特别是社保、保险等资金的逐步壮大，为长期债券发行提供了充足的财力保证。

三是采用长期债券支持交通发展在国外有成功经验。在美国，州和地方政府为发展交通基础设施，除安排预算资金外，还通过发行市政债券筹集资金，至今已有 200 多年历史。美国的市政债券可以滚动发行，用于置换存量债务和安排新建任务，在债券类别上分为一般责任债券、特种税收债券和收益债券。据统计，美国州和地方政府每年用于交通运输领域的债券规模占市政债券总额的 12% 左右，为 400 亿 ~600 亿美元，其中相当一部分是采用发行长期收益债券的形式，用于收费公路、机场、港口等方面的建设，典型的有 10 年、20 年和 30 年期限，与收费期限或基础设施全生命周期相匹配，且债务偿还结构安排合理，在前期以付息和少量还本为主。[①] 日本在中央层面设立独立行政法人承接道路公团的高速公路资产和债务，独立行政法人通过政府担保发债或自行发债的方式，以较低利率从市场筹集长期建设资金，有效化解了道路公团的债务危机。

---

① 邹光华，高爱颖，褚春超，徐婧，卞雪航．国外基础设施债券融资对我国交通建设发展启示与借鉴［J］．国外交通发展动态（交通运输部科学研究院内部刊物）．

（四）国内长期债券发行情况

目前政府层面发行的长期债券主要有国债，企业层面发行的长期债券主要有铁路建设债券和永续债。

1. 长期国债

我国自1981年恢复国债发行，至今已有近40年的历史，目前采取定期滚动发行制度。从偿还期限看，分为短期国债（1年以内）、中期国债（1～10年）和长期国债（10年以上），其中短期国债主要是为了调剂国库资金周转的临时性余缺，中期国债因其偿还时间较长主要用于投资或弥补赤字，长期国债主要用于筹集大型工程、市政设施及一些期限较长项目的建设资金。从实际发行情况看，长期债券发行规模占比最大，超过50%，中期债券以10年期为主。如2017年我国全年共发行国债39 990亿元，其中，短期国债6 671.3亿元，中期国债12 083.7亿元，长期国债21 235.9亿元，占比分别为16.7%、30.2%和53.1%（见表6－2）。

表6－2　　2017年我国国债整体发行情况

国债种类	短期国债	中期国债	长期国债
发行规模（亿元）	6 671.3	12 083.7	21 235.9
占全年规模比例（%）	16.7	30.2	53.1

资料来源：根据财政部国债发行通知信息整理。

从长期国债期限分布情况看，10年期国债发行规模2 876.2亿元，30年期国债发行规模1 448.3亿元，50年期国债发行规模585.2亿元，分别占比58.6%、29.5%和11.9%（见图6－1）。

从资金用途看，分为普通国债和特别国债。普通国债是指在国债期满时，除偿还本金外还要按规定的利率支付一定利息的国债，这是我国国债的通常形态。普通国债的利息支付方式有两种，一种是定期支付利息，待国债期满时再偿还本金；另一种是在国债期满偿还本金时一并支付利息。普通国债包括分为不可流通的储蓄国债和可以流通的记账式国债，其中储蓄国债一般为中期国债，包括电子式和凭证式两种；记账式国债期限种类较多，不仅有短期国债、中期国债，也有长期国债，包括记账式贴息国债和记账式贴现国债两种。

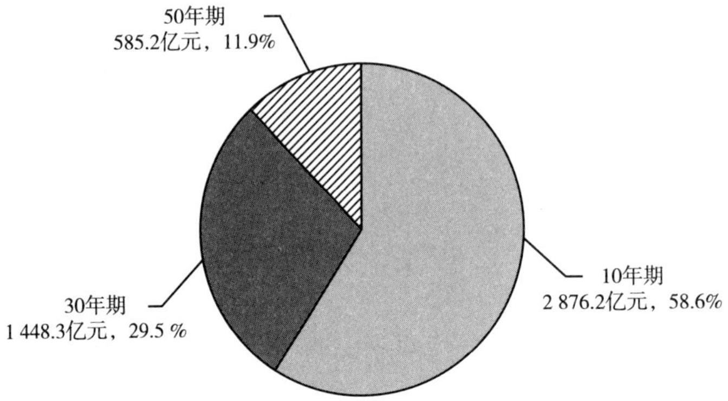

图 6-1 2017 年我国长期国债发行规模及期限结构

资料来源：根据财政部国债发行通知信息整理。

特别国债是指为了特定的政策目标而发行的国债，1997 年以来财政部发行了特别国债①：一是 1998 年发行 2 700 亿元，用于补充中国工商银行、中国农业银行、中国银行、中国建设银行四大国有独资商业银行的资本金；二是 2007 年发行 1.55 万亿元，用于购买约 2 000 亿美元外汇，作为国家外汇投资公司的资本金，用于组建中国投资公司的资本金；三是 2017 年发行三期，共计 6 964 亿元，其中一期和二期 6 000 亿元特别国债是针对 2007 年定向发行的特别国债到期续发。四是 2020 年为筹集财政资金，统筹推进疫情防控和经济社会发展，累计发行四期抗疫特别国债，共计 1 万亿元（见表 6-3）。

表 6-3 2020 年抗疫特别国债规模及期限情况

期数	期限（年）	发行规模（亿元）
一期	5	2 000
二期	7	1 000
三期	10	3 500
四期	10	3 500
小计		10 000

资料来源：根据 2020 年 6-7 月财政部 2020 年抗疫特别国债发行工作通知整理。

① 《关于发行 1998 年 2700 亿元特别国债的通知》（财债字〔1998〕6 号）．1998-08-13；根据中国债券信息网特别国债发行信息整理。

2. 铁路建设债券

中国铁路建设债券（以下简称“铁路债”）最初是由铁道部发行，由国家发展和改革委员会批准的企业债券。2013 年，铁道部政企分离后，铁路债由中国铁路总公司（中国国家铁路集团有限公司，以下简称“中国铁路集团”）延续发行，具有如下主要特点：

一是期限较长，与铁路项目的建设运营期较匹配。铁路债主要为 10 年期以上债券，最长可达 30 年，能够与铁路项目的建设和运营期较长的特点较好匹配。通过发行期限较长的铁路债，有利于调整铁路总公司的债务结构，缓解偿债压力。二是成本较低，能够有效降低中国铁路集团的融资成本。铁路债主体和债项评级均为 AAA，由铁路建设基金提供担保，是市场上最优质的债券品种之一，发行利率大幅低于中国铁路集团贷款融资成本。铁路债发行成本一般较银行贷款基准利率下浮 20% 左右，而贷款成本一般为银行贷款基准利率下浮 10%，考虑到中国铁路集团债务规模很大，通过发行铁路债能节省大量资金成本。三是政策支持力度较大，受到投资者高度认可。2011 年，经国务院批准，国家发展和改革委员会印发《国家发展改革委办公厅关于明确中国铁路建设债券政府支持性质的复函》（发改办财金〔2011〕2482 号），明确铁路债为政府支持债券，并在发行时可向投资人明确。此后，财政部、国家税务总局出文，明确铁路债利息收入企业所得税减半征收。上述政策受到投资者高度认可，提高了铁路债的流动性，降低了铁路债偿付风险，增加了铁路债的吸引力。

目前存续铁路债券共有 153 只，待偿额度 16 155 亿元（见表 6-4）。期限最长为 30 年，共 3 只，平均利率为 3.68%；期限 20 年的有 36 只，平均利率为 4.63%；期限 15 年的有 20 只，平均利率为 4.65%；期限 10 年的有 62 只，平均利率为 4.48%；剩下的为 3 年与 5 年期限，平均利率为 4.62%。铁路债采用普通的企业债利率区间确定方式，在上海银行间同业拆放利率（shibor）基准利率基础上加上利差，利差区间只有 10 个 BP（0.01%），设置的利率空间不大。全部铁路债品种未含权，皆为固定利率，一律按年付息，未设置提前还本条款，到期一次还本。由铁路建设基金来提供担保。风险权重与地方政府债券持平，皆为 20%，可以大大降低投资者对风险权重的分配。

表 6-4　　目前存续的铁路债发行利率及发行只数情况

期限	只数（只）	平均利率（%）
3 年、5 年	32	4.62
10 年	62	4.48
15 年	20	4.65
20 年	36	4.63
30 年	3	3.68
合计	153	

资料来源：交通运输部科学研究院. 财税体制改革背景下交通基础设施投融资创新研究［R］. 2019.

3. 永续债券

永续债券也叫可续期债券，是没有明确的到期日或期限非常长（一般超过 30 年）的债券，投资者不能在一个确定的时间点得到本金，但是可以定期获取利息。因此，永续债实质是一种介于债权和股权之间的融资工具，具有如下主要特点：

一是期限长、附加发行人赎回权，没有明确的到期期限。大部分永续债券带有赎回条款或者续期选择权，发行人拥有在条款约定的某一个时间段按照某种价格赎回债券的权利或者选择债券续期权，大多数发行人都设置 3 年、5 年、10 年的赎回期或续期选择权等。二是高票息率。伴随赎回条款，永续债一般会设置票面利率重置和跳升机制，若在一定时间内，发行人选择不赎回债券或者选择债券续期，其票面利率就会相应地上升以补偿投资者的潜在风险和损失。三是股债混合属性。永续债券也被视为“债券中的股票”，大部分永续债券可以计入发行主体的权益资本，而不用记为负债，与普通股相比既增加公司权益资本，又不会稀释老股东的权益，同时还不会提高发行人账面资产负债率，使其具备股债混合属性。2014 年 3 月财政部出台了《金融负债与权益工具的区分及相关会计处理规定》，明确了可续期债券会计处理，若发行人对于金融工具不存在支付本息的义务，那么金融工具可计入权益，否则计入负债。

截至 2017 年底，我国已发行上市永续债共 774 只，发行规模合计 11 834 亿元，目前均在存续期内，尚未有到期赎回，其中 2013—2017 年各年发行规模分别为 33 亿元、678 亿元、3 874 亿元、3 252 亿元和 3 996 亿元。随着交易所可续期公司债券业务指南出台，预计永续债券市场将保持增长趋势，目前阶段看主要呈现如下特点：

一是发行主体以国有大中型企业为主，民营企业及公众企业等积极参与。截至 2017 年底，国有企业共发行永续债 721 只，发行规模 11 108 亿元，占比 93.9%；其次为民营企业，共发行 37 只，规模 377 亿元，占比 3.2%；再者为公众企业，共发行 13 只，规模 295 亿元；中外合资企业等其他性质企业共发行 3 只，规模 54 亿元。

二是发行主体主要分布在市政建设、高速公路、铁路等交通运输、电力等公共事业、房地产开发等行业。一方面这些行业投资金额较大，对资金需求程度较高，且回收期相对较长，后期现金流较稳定，能够与永续债的长久期相匹配；另一方面这些行业资产负债率普遍相对较高，利用发行永续债可以达到改善财务状况的效果。

三是以中期票据和公司债券为主，永续次级债规模较小。截至 2017 年底，永续中票已发行 636 只、规模 9 195 亿元，规模占比达 77.7%；永续公司债发行 64 只，规模 1 215 亿元，规模占比 10.3%；永续企业债 29 只，规模 509 亿元；永续公司债 15 只，规模 472 亿元；证券公司发行的永续次级债、永续定向工具 30 只，规模 443 亿元。

二、交通建设政府长期债券设立思路

（一）基本思路

为加快推进交通强国建设进程，积极适应国家财税体制改革，有效解决公路交通基础设施建设资金来源不足问题，进一步创新交通运输投融资机制，遵循以时间换空间的基本理念，由中央政府适当增加赤字，充分发挥中央交通专项资金的放大作用，为公路建设发展提供稳定的资金来源保障。

（二）性质定位

交通建设长期债券作为中央政府债券，由财政部作为发行主体，以车购税和成品油消费税增量等中央交通专项资金作为偿债来源，结合国家公路发展规划、各地公路发展实际和完善路网的现实需求、中央财政资金投入、车购税专项资金投资政策等因素，报经国务院批准并经全国人大审议后，在中央政府债务余额限额内确定年度交通建设长期债券额度。

（三）发行期限和用途

考虑到现行收费公路的收费期限最长为30年，并且按照《基础设施和公用事业特许经营管理办法》规定，未来对于像公路这样的基础设施，特许经营期限可以由政府与特许经营者根据项目实际情况约定超过30年。因此建议交通建设政府长期债券期限应当以10～30年为主。资金主要用于中央财政事权和中央与地方共同事权中需中央承担的相应支出，以及地方财政事权中需要中央根据发展目标在特定时期内对有关事项给予补助。主要用于国家公路网规划内的新建续建项目，重点支持“一带一路”、京津冀协同发展、长江经济带、雄安新区等国家战略规划和扶贫攻坚的项目建设。

（四）债务偿还

利息采取“固定利率＋浮动利率”的组合，以一年期定存利率加基本利差的形式确定，阶梯浮动参考最近一年的通货膨胀率。每年付息一次，前10年不还本，后10～20年等额本金还本，最后一期利息随本金的兑付一起支付。本金和利息主要由未来的车购税和成品油消费税增量收入来偿还，债券本金还可以通过继续滚动发行交通建设长期债券来偿还，不足部分由中央财政一般预算资金偿还。

第四节　差异化普惠中央投资政策调整研究

一、关注投资重点

一是短期内交通脱贫攻坚仍需给予重点支持。“十三五”期是交通脱贫攻坚的关键时期，直接关系到2020年全面建成小康社会目标任务的完成，此阶段应当对照交通脱贫规划目标进行查漏补缺，通过项目梳理，精准分析影响交通脱贫攻坚任务完成的制约因素，聚焦资金筹集困难地区农村公路项目，阶段性提高补助标准，支持地方顺利完成交通脱贫攻坚任务。

二是公路水路基础设施互联互通短板需补齐。经过30多年的快速发展，总体来看，我国公路水路基础设施规模已经位居世界前列，但仍存在局部总量依然不足、结构不优、网路仍需完善等问题，未来应进一步着眼于综合交通运输体系建设，聚焦关键发展重点，提升核心竞争力。从公路水路交通基础设施建设看，首先，应加强国家高速公路待贯通路段、普通国道瓶颈路段、省界断头路等薄弱环节建设，加快全面推进“四好农村路”建设，全面补齐农村公路交通短板；其次，应当加强公路、水路与铁路、民航等运输方式布局的衔接，集约统筹利用通道资源；最后，加快推进一体化综合客、货运枢纽（物流园区）建设，加强公路水路与铁路场站、机场等交通枢纽的衔接。

三是适当兼顾非贫困地区公路水运发展。一段时间以来，为集中精力加快推进交通脱贫攻坚任务完成，为全面建成小康社会当好先行，中央不断加大对贫困地区公路建设的支持，在这一过程中，贫困地区公路水路交通基础设施得到较大改善，从交通扶贫规划目标看，到2020年，贫困地区全面建成“外通内联、通村畅乡、班车到村、安全便捷”的交通运输网路，总体实现“进得来、出得去、行得通、走得畅”。但是，对于处于非贫困地区的广大农村，由于没能享受特惠投资政策，交通运输部车购税切块资金安排非常少，近年来发展速度减缓，导致发展不平衡不协调，有的甚至落后于贫困地区，这种情况应当给予高度重视。

四是加大对普通国省干线建设项目支持。根据交通运输领域财政事权划分方案，普通国道部分的建设、管理和养护属于中央财政事权，普通省道属于地方财政事权。2008年成品油消费税改革以来，融资难一直困扰着普通国省干线公路发展，特别是国发〔2014〕43号文出台后，政府融资平台政府融资职能被剥离，部分融资创新模式被禁止，融资渠道进一步收窄，资金来源仅限财政预算、地方政府一般债券两种渠道，以及在一定条件下开展政府付费PPP模式应用，但当前及今后一段时间，由于受制于地方政府债务限额管理、政府付费PPP模式运用条件苛刻等因素，地方政府一般债券和PPP模式所能发挥作用也比较有限，近年来投资规模明显下降，如果这样继续下去，势必影响交通强国建设目标的实现。“十三五”后及之后一段时期，应当加大车购税资金对普通国道的投资力度，切实履行中央相应的财政事权，适度给予普通省道建设一定补助，发挥中央投资资金的宏观调控作用，这也符合国务院有关财政事权改革的精神。

五是关注科技和产业变革对交通转型发展需求。随着新一轮科技革命和产业变革不断深入，交通组织模式不断创新，将对交通载运工具等带来颠覆性变化，要求交通基础设施建设预留变革空间。应当关注新科技、新业态、新模式的发展态势，加快交通运输转型升级。加强路网管理智能化建设，基于高速公路电子不停车收费系统（ETC）广泛应用，积极推进决策支持、安全应急指挥、政务服务三大应用系统建设，推动智慧交通发展。推进绿色公路、绿色航道、绿色港口、绿色枢纽示范工程建设，加快绿色交通体系建设，推动绿色交通发展。

六是适时将投资重点由建设向建养并重转变。从我国交通运输发展阶段特点分析，“十四五”期及以后一个时期，我国公路水路基础设施大规模建设趋缓，进入建设与运营维护并重的新阶段，按照当前的发展速度，我国公路水路基础设施在2030年以后全面进入运营维护为主阶段。中央交通专项资金应当紧密结合公路水路基础设施建设阶段性特点，及时调整投资方向和重点，从“十四五”期开始逐步将公路养护事项纳入议事日程，将投资重点由建设向建设养护并重转变，确保把改革开放40多年以来的公路水路基础设施建设成果管理好养护好。在用于养护的中央投资资金分配上，建议采取因素法，主要考虑各省车道里程、行使量和税收收入贡献率等因素。

二、完善投资机制

一是构建交通运输发展规划与资金保障协同机制。首先，建立公路水路交通发展规划资金保障能力评估制度，结合本地区经济发展、财政收入、债务存量等因素，科学测算融资规模，坚持量力而行、尽力而为，努力做到规划与财力相适应，防止脱离经济发展水平设定过高的建设规模和标准，避免寅吃卯粮、透支未来。其次，将公路水路交通发展建立在资金、资源、生态等生产要素可持续保障的基础上，定期评估发展规划实施情况，及时进行规划目标调整。最后，应合理安排公路水路交通基础设施建设规模和投资时序，建立资金保障与公路水路交通基础设施建设计划的协同机制，防止过度举债。

二是构建公路水路建设项目财政保障能力评价机制。首先，在可行性研究报告阶段，应结合财政事权和支出责任划分实际，充分论证建设项目资金筹措方案，明确资金来源及规模，对涉及财政资金安排的项目开展财政承受能力评估论证，确保项目所在地政府财力可承受。其次，在可行性研究报告审查审批阶段，中央应根据车购税收入规模预测情况、应当承担的财政事权和公路水路交通发展规划，明确可支持中央投资资金规模或出具中央投资资金安排意见。最后，在初步设计审批阶段，地方应当根据项目概算及中央投资资金安排，调整论证项目概算资金筹措方案，修正论证地方财政承受能力，确保依法合规落实各项资金来源和偿债责任。

三是构建公路水路建设项目财政资金预算承诺机制。地方在编制年度投资建议计划时，对涉及使用地方财政资金或地方政府债券资金安排的项目，由项目所在地政府或财政部门出具年度投资建议计划审核意见，明确地方财政资金或地方政府债券资金安排规模的具体意见，并与中期财政规划做好衔接。中央根据地方编制的年度投资建议计划，结合车购税资金预算安排规模，出具中央投资资金安排意见，确保中央与地方财政资金能够匹配保障到位。

三、优化投资管理

一是强化中央财政事权项目审查审批。近年来，随着放管服改革的逐步推进，公路水路基础设施建设项目审批权逐步下放地方，在此背景下，强化中央财政事权审查审批应当从以下几个方面入手：首先，在可行性研究报告审批阶段，对中央有审批权的建设项目，中央根据专家评审意见，审核项目建设的必要性、技术标准、建设方案、资金筹措方案、财政承受能力论证等，结合地方提出的中央投资资金安排申请，办理可行性研究报告批复。对地方有审批权的建设项目，先由中央根据投资资金管理规定，通过审查和委托咨询评估，出具中央投资资金安排意见，再由地方交通运输主管部门根据中央提供的咨询评估意见向地方审批部门出具行业审查意见。对没有明确资金来源和制定融资平衡方案的项目，一律不得审批、不得开工建设。其次，在初步设计审批阶段，地方负责符合性审核，重点关注项目概算及概算调整资金平衡方案。中央会同地方组织对其上报经符合性审核的初步设计文件进行技术审查，由技术咨询机构提出审查咨询报告。中央结合地方意见，办理初步设计文件批复。未来，随着中央与地方财政事权改革方案的实施，中央财政事权项目审批权特别是立项审批应当由中央行使，若委托地方进行审批，可能面临较大的风险，需要付出巨大的监管成本。

二是强化中央财政事权事项监督评价。监督评价是中央财政事权的重要构成内容，是保障中央财政事权核心事项（如国道的部分建设和养护）有效履行的内部监督机制。做好监督评价，有利于促进中央投资资金规范使用和经济效益的有效发挥，当前阶段迫切需要建立中央财政事权事项的监督评价制度机制，根据中央财政事权特点，研究确定监督评价重点和监督评价方式。可以采取政府购买服务方式委托第三方机构负责具体实施，全面承担对中央投资资金使用、中央财政事权项目实施情况进行监督评价工作，形成监督评价结论，在此基础上进一步完善中央投资政策，结合正向激励的投资管理新模式的实施，确保中央财政事权有效履行。

三是探索实施正向激励的投资管理新模式。这里所说的正向激励是指，对于纳入综合交通运输发展规划及其他专项规划、属于中央投资资金投资范围的公路水路建设项目，在中央投资资金投资计划尚未安排给予资金支持之前，地方已经建成或已经开始投资建设，对于这种“干得好，干得早”情况，中央投资资金不能因为地方已经干完了，不需要再花钱了，就不再安排投资资金支持，而应当探索采取“先建后补”“以奖代补”等方式，在后续年份中按照中央投资政策标准继续给予相应支持，改变目前这种“干得好，干得早”但获得中央投资资金或支持规模较小且不利于调动地方积极性的现状，应当结合新形势新情况及时进行调整，发挥好正向激励的积极作用，促进公路水路建设规划目标加快完成。

第五节　差异化特惠中央投资政策研究

根据中央提出的创新机制、精准扶贫的要求，针对集中连片特困地区、实施特殊扶持政策的地区以及国家贫困县地区，通过建立评价指标，运用贫困深度因素法选择出更加贴近现实帮扶需要的地区，制定和实施差异化的贫困地区中央交通投资政策，实现精准扶贫，提升中央宏观调控的精准性。

一、评价指标选取

（一）基础评价指标

根据国家统计局及国家扶贫办的相关统计数据，选取人均 GDP、人均一般公共预算收入、农民人均纯收入和贫困发生率作为基础评价指标。其中，GDP 与财政收入存在着相互依存、相互作用的关系：一是 GDP 与财政收入有一定的正相关关系，GDP 的增长必然带动财政收入的增长；二是 GDP 与财政收入的增长不是完全同步，两者之间受非经济因素和经济因素的共同影响产生一定的差异。造成差异的主要因素在不同的阶段各不相同，从现阶段看，非经济因素中财税政策是主要因素，在经济因素中产业结构是主要因素。农村居民人均纯收入与人均 GDP 和人均财政一般预算收入存在显著的线性正相关关系，贫困发生率与前三个指标存在线性负相关关系。

（二）贫困深度指标

由于人均 GDP 、人均财政一般预算收入和农村居民人均纯收入三个指标间存在线性正相关性，取值 $X_1 =$ （人均 GDP ＋人均一般财政预算收入＋农村居民人均纯收入）/3；由于贫困发生率与上述三个指标存在线性负相关性，取值 $X_2 =$ （100 存贫困发生率）。

贫困深度指标 $Y = X_1$ 指标，Y 数值越小表示贫困程度越深。

二、贫困地区分类

截至 2014 年底，属于集中连片特殊困难地区县共有 680 个，其中 440 个属于国贫县，592 个属于国家扶贫开发工作重点县，剔除其中的重合部分，共有 832 个贫困县需要在制定中央投资标准时给予特惠政策。其中西藏和南疆四地州作为享受特殊政策的区域，按特殊标准执行，下面通过贫困深度因素法对剩余 734 个贫困县的贫困状况进一步分析，分类方案有两种。

方案一。西藏和南疆四地州属于享受特殊政策的区域，经对西藏和南疆四地州贫困深度指标 Y 的测算，其均值为 5 700，但考虑到西藏和南疆四地州，有的县经济发展情况较好，如林芝县人均 GDP 达到 67 929 元，拉萨市堆龙德庆县人均公共财政达 7 504 元，米林县人均农民居民纯收入达 10 232 元，若剔除发展相对较好地区（Y 值大于 10 000）的这些县，则测算出西藏和南疆四地州县的贫困深度指标 Y 的均值约为 5 000。以西藏和南疆四地州贫困深度指标 Y =5 000 为标杆，进行贫困深度分析。经测算，选取 Y 指标 5 000 作为分界线，划分为两档：一是贫困深度指标 Y 低于 5 000 的贫困县共有 255 个，占比 36%；二是贫困深度指标 Y 高于 5 000 的贫困县共有 446 个，占比 64%。西藏、南疆四地州县的贫困深度指标分布情况如图 6 -2 所示。

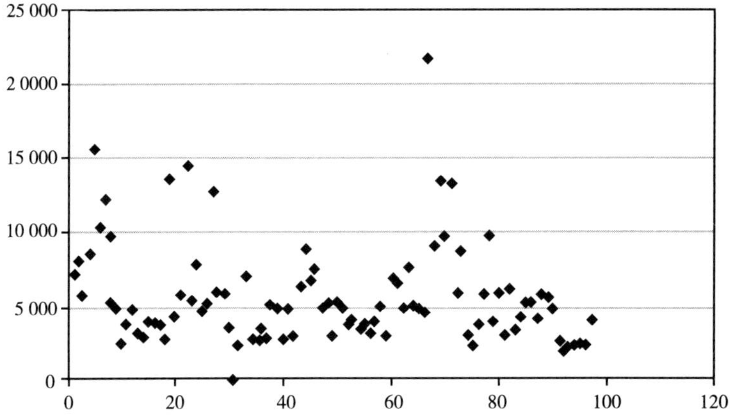

图 6 -2　西藏、南疆四地州县的贫困深度指标分布

资料来源：交通运输部科学研究院：《"十三五"期交通运输政府投资政策研究》。

方案二。734 个贫困县深度指标分布情况如图 6 -3 所示。从图中可以看出，大部分县贫困程度居于 3 000 ~8 000 之间。根据图上的密集分布情况，选取 3 000 和 8 000 作为对 734 个县（注：部分县数据不完整，实际分析 701 个县）贫困程度进一步划分的分界线，划分为三档。经统计，其中贫困深度指标 Y 低于 3 000 的贫困县共有 55 个，占比 8%，属于深度贫困县；贫困深度指标 Y 介于 3 000 ~8 000 的贫困县共有 503 个，占比 72%；贫困深度指标 Y 高于 8 000 的贫困县共有 143 个，占比 20%。

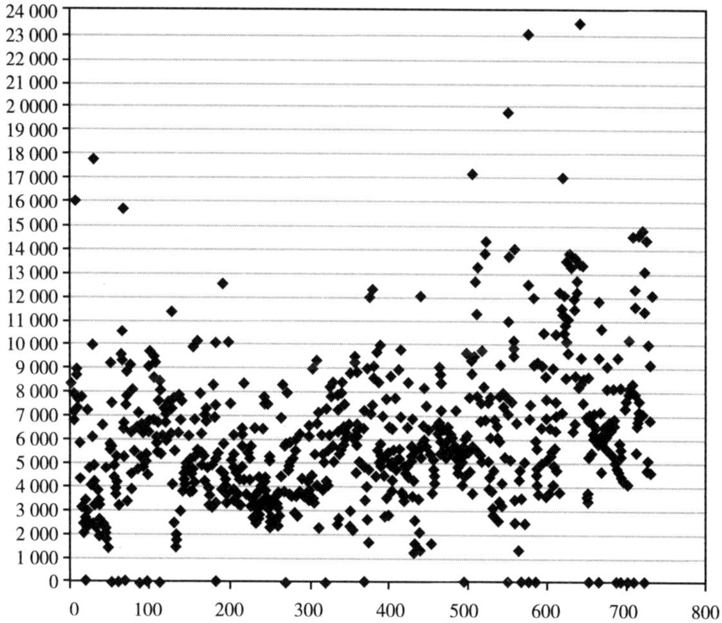

图 6－3　734 个贫困县的贫困深度指标分布

资料来源：交通运输部科学研究院：《“十三五”期交通运输政府投资政策研究》。

三、特惠政策标准

交通扶贫工作是国家扶贫工作的重要组成，是中央为促进公平、推进基本公共服务均等化而实施的重要举措，对加快全面建成小康社会具有重要意义。贫困地区的农村公路建设，按性质属于地方政府事权，但按照地方财力确实原则，中央财政有责任给予支持。

财政部认为集中连片特困地区财力薄弱，无法独立实现中央既定的小康社会发展目标，为保证中央规划目标的顺利实现，需要依靠中央专项转移支付给予支持。建议将集中连片特困地区交通扶贫工作纳入中央和地方共同事权范畴。

通过对贫困地区的进一步分类，对集中连片特困地区、实施特殊扶持政策的地区以及国家贫困县地区，提出“十三五”期农村公路投资特惠政策具体建议如下（见表 6－5）：

表 6-5　　“十三五”期农村公路投资特惠政策具体建议

	数量（个）	占比（%）	补助标准
方案一：			
1. 贫困深度指标 Y 低于 5 000 的贫困县	255	36	执行初步拟定的“十三五”西藏、南疆四地州补助标准
2. 贫困深度指标 Y 高于 5 000 的贫困县	446	64	维持初步拟定的“十三五”补助标准
方案二：			
1. 贫困深度指标 Y 低于 3 000 的贫困县	55	8	在初步拟定“十三五”补助标准上提高 20%； 或执行西藏、南疆四地州补助标准
2. 贫困深度指标 Y 介于 3 000 ~ 8 000 的贫困县	503	72	在“初步拟定“十三五”补助标准上提高 10% ~ 15%
3. 贫困深度指标 Y 高于 80 00 的贫困县	143	20	维持初步拟定的“十三五”补助标准

资料来源：交通运输部科学研究院：《“十三五”期交通运输政府投资政策研究》。

一是对于贫困深度指标 Y 低于 5 000 的贫困县，执行初步拟定的“十三五”西藏、南疆四地州补助标准；贫困深度指标 Y 高于 5 000 的贫困县，维持初步拟定的“十三五”补助标准。

二是贫困深度指标 Y 低于 3 000 的贫困县，在初步拟定“十三五”补助标准上提高 20%，或执行西藏、南疆四地州补助标准；贫困深度指标 Y 介于 3 000 ~ 8 000 的贫困县，在初步拟定“十三五”补助标准上提高 10% ~ 15%；贫困深度指标 Y 高于 8 000 的贫困县，维持初步拟定的“十三五”补助标准。

第七章 公路水路交通基础设施融资政策研究

第一节 发行收费公路专项债券研究

随着新的《预算法》的颁布实施和国发〔2014〕43号文的下发，发行政府债券成为地方发展公路水路实施债务融资的唯一渠道。从2015—2016年的情况来看，2015年地方新增一般债券5 000亿元、专项债券1 000亿元；2016年地方新增一般债券7 800亿元、专项债券4 000亿元。[①] 从公路水路交通行业实际使用政府债券来看，受地方政府债务规模、公路水路存量债务甄别、一般债券和专项债券统发统支等因素影响，公路水路交通行业实际使用政府债券规模偏低。据统计，2016年20个省份交通运输部门共使用新增政府债券约440亿元，其中一般债券400亿元、专项债券40亿元，分别占当年全国一般债券和专项债券规模的5.2%和0.9%。[②] 在此背景下，研究发行收费公路政府专项债券是实施积极财政政策、促进收费公路发展、为稳增长做贡献的有效手段。

一、发行收费公路政府专项债券的必要性

一是适应深化财税体制改革的内在要求。为加强地方政府性债务风险的防控，建立规范化的政府举债机制，国务院于2014年下发了《国务院关于加强地方政府性债务管理的意见》（国发〔2014〕43号），政府债务只能由政府及

---

① 中央政府门户网站. 关于2014年中央和地方预算执行情况与2015年中央和地方预算草案的审查结果报告. 2015-03-13；关于2015年中央和地方预算执行情况与2016年中央和地方预算草案的审查结果报告. 2016-03-05。

② 交通运输部科学研究院. 财税体制改革背景下交通基础设施投融资创新研究［R］. 2019.

其部门通过债券方式举借，融资平台公司不得新增政府债务，政府债券实行限额管理，借、用、还全部纳入预算管理。这要求取消传统的交通融资平台政府融资功能，改变过去由交通部门及其事业单位向金融机构举债搞建设的模式，收费公路“统贷统还”相应地要调整为“统借统还”。以往支持政府收费公路发展的信贷融资模式必须进行相应的调整，主要依靠政府发行专项债券来融资。

二是防范交通政府性债务风险的有效手段。新的《预算法》实施以来，各地按照国务院和财政部的要求，逐步清理甄别收费公路存量债务规模，剥离交通行政事业单位、融资平台公司的政府融资职能，积极拓展新的融资模式，比如采用特许经营等PPP模式、设立交通投资基金等方式，多方获取资金，增加对收费公路领域的投入。但在实际调研中发现，由于政府专项债券采取统发统支的管理模式，不针对具体行业，收费公路使用政府债券的额度非常有限。各地为了完成稳增长目标，加大对交通基础设施的投资，在探索新的融资模式中还存在不少风险点。比如，一些省份的交通投资基金采取明股实债、政府兜底担保等方式吸引投资人；一些省份为了完成年度投资任务，采取继续授予原有（或新设）平台公司政府融资职能的方式，通过PPP模式变相替政府融资。这些都存在变相扩大政府性债务的隐患。通过设立收费公路专项债券，将有助于“修明渠、堵暗道”，有效防范交通政府性债务风险。

三是促进收费公路持续发展的现实需要。根据《国家公路网规划（2013—2030年)》，至2030年，国家高速公路网需要新建续建2万多公里，资金需求规模约数万亿元；地方高速公路尚处于加快建设期，各地方已纳入规划但尚未开工建设的省级高速公路约超过5万公里，资金需求规模约接近10万亿元，融资需求巨大。我国高速公路发展主要通过政府还贷和经营性方式融资建成，根据深化财税体制改革的要求，未来高速公路发展将通过政府收费、政府还债模式和特许经营模式来建设。政府债券具有融资期限长、筹资数额大、可以滚动式连续发债等优势，能够给高速公路项目提供稳定、可靠的政府资金，是解决未来政府收费公路发展的重要资金保障渠道。

四是优化融资结构降低成本的有效方式。目前，我国高速公路通过30多年的建设已基本成网，干线通道和交通流量大的高速公路已得到优先建设，基本上都已建成，在建和剩下待建高速公路项目除了部分复线项目以外，主要是一些非干线通道项目、路网连接线项目、加密线项目，普遍收益率较低，对社会资本难以构成有效吸引，也增大了当期财政投入的压力。政府债券的融资成本比同期商业银行贷款利率低，也比社会资本普遍要求的回报率低很多。通过发行收费公路政府专项债券能够有效降低政府融资成本、减轻政府负担，并为地方腾出资金用于重点公路项目建设创造了条件。

五是国外成功经验的有益借鉴。在美国，州和地方政府为发展公路等基础设施，除安排预算资金外，还通过发行市政债券筹集资金，至今已有200多年历史，截至2014年底存量债券规模为3.63万亿美元。美国的收益债券对应具体项目发行，以项目收益作为还本付息的基础。我国近年来建立的地方政府债券制度，一定程度上学习借鉴了美国的做法。在收费公路领域，可以充分借鉴美国运用项目收益债券融资的形式，建立起我国收费公路地方政府专项债券制度。

二、发行收费公路政府专项债券的可行性

一是收费公路符合政府专项债券发行的要求。收费公路作为有一定收益的公益性事业，有稳定的收益来源，通行费收支按照政府性基金进行管理，符合国发〔2014〕43号文明确支持的范围，也符合《预算法》《地方政府专项债券发行管理暂行办法》（财库〔2015〕83号）以及《地方政府专项债务预算管理办法》（财预〔2016〕155号）等文件的要求。特别是《地方政府专项债务管理办法》（财预〔2016〕155号）提出，专项债务收支应当按照对应的政府性基金收入、专项收入实现项目收支平衡，不同政府性基金科目之间不得调剂。这意味着，可以以通行费收入为基础，单独发行收费公路政府专项债券，改变过去地方政府专项债券统发统支的做法。

二是收费公路通行费收入稳定、收费期限较长，适合利用专项债券融资。收费公路有稳定、长期的现金流入，较为适合利用专项债券的方式进行融资。据统计，“十二五”末，全国收费公路里程16.44万公里，其中政府还贷公路里程10.21万公里，年通行费收入1 748.6亿元，分别占全国收费公路的62.1%和42.7%。随着经济社会的发展，在保持现行收费公路收费标准不变的情况，收费公路通行费收入还将会实现一定幅度地增长；如果进一步提高收费标准，通行费收入会有较大幅度地增长。此外，在收费期限方面，现行

《收费公路管理条例》规定：政府还贷公路东部地区不超过 15 年、中西部地区不超过 20 年。在《收费公路管理条例（修订征求意见稿）》中提出：“政府收费公路的偿债期限，应当按照用收费偿还债务的原则确定；高速公路由省级人民政府按照统借统还核定。”这就意味着，随着下一步《收费公路管理条例》的修订出台，政府收费高速公路的收费期限将进一步延长，创造现金流的能力也会进一步增强，这将为通过发行政府专项债券创造更好地募集条件。

三是收费公路实行“统借统还”制度，为及时偿付专项债券创造了有利条件。目前，我国共有 25 个省份对收费公路实施了“统借统还”制度，其中 24 个省份对政府还贷高速公路实行了“统借统还”，也就是，通行费收入实行“一个笼子进，一个口子出”，克服单条收费公路核算带来的弊端，“以旧路带新路、以好路补差路”，增强偿债能力、降低政府债务风险，实现收费公路整体良性发展。《收费公路管理条例（修订征求意见稿）》进一步提出了新增政府收费公路中的高速公路，由省、自治区、直辖市人民政府实行“统一举债、统一收费、统一还款”。这将有利于进一步发挥省级人民政府在收费公路政府债券融资中的统筹调控职能，为确保收费公路政府专项债券及时得到偿付奠定了良好的制度基础。

三、收费公路政府专项债券发行思路

（一）发行主体

根据《预算法》、国发〔2014〕43 号以及财预〔2016〕155 号等文件的规定，收费公路政府专项债券的发行主体是各省、自治区、直辖市政府，具体发行工作由省级财政部门商交通运输部门负责。市县以下政府确需发行专项债券的，由省级人民政府代为发行。经省政府批准，计划单列市政府也可以自办发行。

（二）发行规模

省级交通运输部门会同省级财政部门，根据收费公路发展规划、三年滚动投资计划和下一年度政府还贷收费公路续建新建项目融资需求，现有收费公路存量政府性债务规模和置换情况，以及未来 5 ~ 10 年通行费收支预测情况，综合确定下一年度收费公路政府专项债券发行需求规模，报请省级人民政府批准后，按程序上报。财政部在报经国务院批准并经全国人大审议后明确各省的政府专项债券规模。省级财政部门根据财政部下达的政府专项债券额度，确定本省当年收费公路政府专项债券规模，并组织发行。

（三）资金用途

收费公路政府专项债券主要用于新建续建政府还贷高速公路，包括国家高速公路和地方高速公路、一级收费公路的资本金投入和债务融资。按照财政部的有关规定，收费公路政府专项债券筹集的资金不得用于偿还专项债务的利息，也不能用于非收费公路的建设。为体现国家发展目标，收费公路政府专项债券募集的资金应当优先用于国家高速公路网项目，以及“一带一路”、京津冀协同发展、长江经济带“三大战略”等规划的收费公路项目。

（四）偿还方式

省域范围内收费公路政府专项债券的本金和利息可以由本省收费公路通行费收入、广告和服务区经营收入以及收费公路权益转让收入等来偿还，债券本金还可以通过继续滚动发行收费公路政府专项债券来偿还。

四、收费公路政府专项债券发行使用实践

（一）试点发行情况

1. 总体发行规模

2017—2019 年，全国共有 25 个省（区、市）政府发行使用了收费公路专项债券，金额共计 2 676.5045 亿元，占三年全国收费公路专项债券额度总规模的 70.9%（见图 7－1）。其中，浙江省发行规模最大，金额为 384 亿元，占比为 14.3%；陕西、甘肃两个省的发行规模均不少于 200 亿元，占比分别为 8.4%、7.5%；湖南、江西、内蒙古等 7 个省（区）发行规模均不少于 100 亿元，占比为 4.2%～7.1%；云南、湖北、河北等 15 个省（区、市）发行规模不超过 100 亿元，占比最高不超过 3.7%。

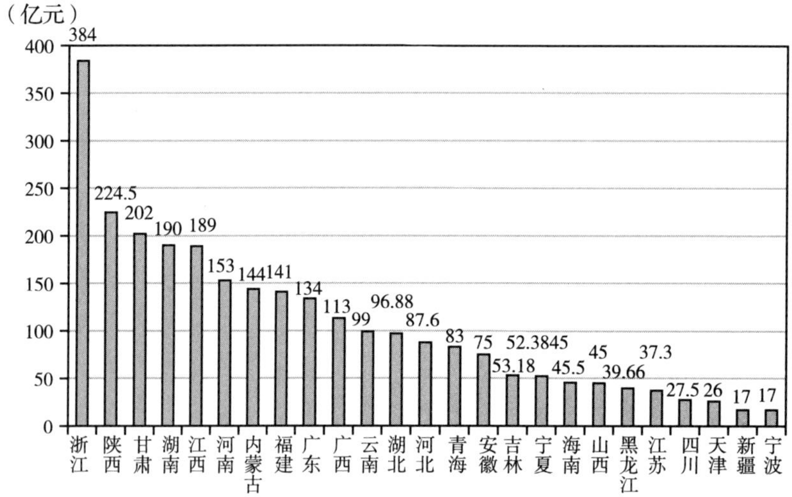

图 7－1　2017—2019 年地方政府收费公路专项债券发行规模

资料来源：根据中国债券信息网地方政府债券信息整理。

2. 年度规模分布

自 2017 年收费公路专项债券试点发行以来，发行规模呈现出逐年快速增长趋势，年均增长 83.8%（见表 7－1）。其中，2017 年试点当年，共有 12 个省（区、市）政府发行使用了收费公路专项债券，金额共计 440.04 亿元，占当年财政部下达全国收费公路专项债券总额度的 60.3%。2018 年，共有 25 个省区市政府发行使用了收费公路专项债券，金额共计 749.6 亿元，占当年全国收费公路专项债券总额度的 80.7%，相比 2017 年增长 70.3%。2019 年，共有 22 个省（区、市）政府发行使用了收费公路专项债券，金额共计 1 486.8645 亿元，占当年全国收费公路专项债券总额度的 70.2%，相比 2018 年增长近 1 倍。

表 7－1　地方政府收费公路专项债券年度发行规模

年度	发行主体数量（个）	发行规模（亿元）	发行额度（亿元）	规模占比（%）
2017	12	440.04	730	60.30
2018	25	749.60	927	80.70
2019	22	1 486.8645	2 118	70.20
合计	25	2 676.5045	3 775	70.90

资料来源：根据中国债券信息网地方政府债券发行信息整理。

3. 区域规模分布

从东、中、西部地区看，总体呈现出收费公路专项债券发行使用规模与财政能力、经济发展水平成负相关性的特点，即经济越欠发达的地区，需要通过发行收费公路专项债券筹集资金的规模越大（见表 7－2）。3 年时间里，西部地区共有 9 个省（区、市）发行使用政府收费公路专项债券，金额共计 962.3845 亿元，占全国发行总规模的 36.0%；中部地区共有 8 个省发行使用政府收费公路专项债券，金额共计 841.72 亿元，占全国发行总规模的 31.4%；东部地区共有 8 个省（市）发行使用政府收费公路专项债券，金额共计 872.4 亿元，占全国发行总规模的 32.6%。

表 7－2　　地方政府收费公路专项债券区域发行规模

区域	东部地区	中部地区	西部地区
地方政府数（个）	8	8	9
发行规模（亿元）	872.40	841.72	962.3845
规模占比（%）	32.60	31.40	36.00

资料来源：根据中国债券信息网地方政府债券发行信息整理。

4. 发行期限分布

2017 年试点发行以来，收费公路专项债券发行期限逐年丰富和加长，期限最短为 3 年，最长为 30 年。其中，2017 年发行期限仅有 3 年、5 年和 7 年 3 种，2018 年相比 2017 年增加一种 15 年期的，2019 年又增加了 3 年、20 年和 30 年 3 种期限。从不同期限的发行规模和发行只数看，期限为 7 年、10 年和 15 年的收费公路站专项债券占比最大，为发行重点。

3 年时间里，25 个省（区、市）政府共发行 104 只收费公路专项债券，其中 10 年以下、10 年、15 年、20 年和 30 年期品种分别为 42 只、39 只、17 只、3 只和 3 只，占比分别为 40.4%、37.5%、16.3%、2.9% 和 2.9%；发行规模分别为 746.03 亿元、1 065.525 亿元、604.75 亿元、175 亿元和 85.2 亿元，占比分别为 27.9%、39.8%、22.6%、6.5% 和 3.2%（见表 7－3）。

5. 发行利率分布

2017 年试点发行以来，全国收费公路专项债券平均发行利率水平为 3.83%，较地方政府一般债券和普通专项债券高，且发达地区平均发行利率水

表 7－3　　地方政府收费公路专项债券期限

期限	3 年	5 年	7 年	10 年	15 年	20 年	30 年
发行规模（亿元）	8	300.77	437.26	1 065.525	604.75	175	85.20
规模占比（%）	0.40	11.20	16.30	39.80	22.60	6.50	3.20
发行只数（只）	1	16	25	39	17	3	3
只数占比（%）	1.00	15.40	24.00	37.50	16.30	2.90	2.90

资料来源：根据中国债券信息网地方政府债券发行信息整理。

平低于欠发达地区，但总体上看呈现出逐年下降的趋势。其中，2017 年平均利率水平为 4.1%，2018 年为 4.02%，2019 年为 3.57%，年均降幅 7.2%。2019 年，3 年期收费公路专项债券平均发行利率为 3.22%，5 年期平均发行利率为 3.26%，7 年期平均发行利率为 3.46%，10 年期的平均发行利率为 3.47%，15 年期的平均发行利率为 3.76%，20 年期的平均发行利率为 3.78%，30 年期的平均发行利率为 3.99%。

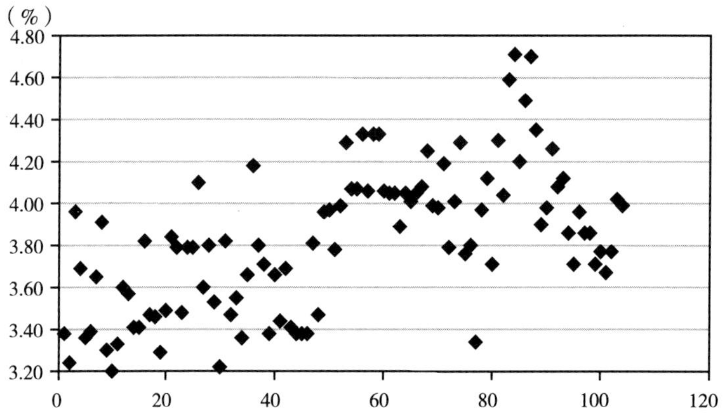

图 7－2　2017—2019 年地方政府收费公路专项债券发行利率分布

资料来源：根据中国债券信息网地方政府债券信息整理。

（二）具体使用情况

1. 支持的收费公路项目

根据中国债券信息网发布的数据，2019—2020 年 10 月底政府收费公路专项债券发行规模合计 2 743.738 亿元；累计支持项目 400 多个，项目投资总额接近 3 万亿元，收费公路专项债券资金规模约占项目投资总额的比例超过 10%，如剔除项目重复统计情况，占比将超过 10%。

2. 作为重大项目资本金

2019 年 6 月，中共中央办公厅、国务院办公厅印发《关于做好地方政府专项债券发行及项目配套融资工作的通知》，鼓励依法依规通过市场化融资解决项目资金来源，允许将专项债券作为符合条件的重大项目资本金，此类重大项目包括国家重点支持的铁路、国家高速公路和支持推进国家重大战略实施的地方高速公路、供电、供气项目。在此背景下，一些地方政府做了一些积极的探索和尝试。2020 年 1—10 月，全国共有 24 个省（区、市）累计发行收费公路专项债券约 1 300 亿元，其中约有 130 亿元被安排用于重大项目资本金，占比 10%，在当前国家要求公路项目本金率最低可为 15% 的政策条件下，为地方政府筹集项目资本金发挥了重要作用[①]。

具体来看，全国共有 7 个省（区）通过发行收费公路专项债券，累计为 30 个收费公路项目筹集项目资本金发挥了积极作用。其中，浙江、广西使用专项债券资金用于项目资本金规模和支持项目数最多，分别为 78.36 亿元、7 个收费公路项目，29.5 亿元、14 个收费公路项目；其次是四川资金规模 9 亿元、2 个收费公路项目；其余依次是湖北资金规模 3 亿元、1 个收费公路项目，安徽 2.935 亿元、1 个收费公路项目，河北资金规模 2.6594 亿元、2 个收费公路项目，福建资金规模 1.44 亿元、3 个收费公路项目[②]。

3. 年度利息偿还资金需求

经测算，2017—2019 年发行的 104 只收费公路专项债券年度付息支出需求共计 101.74 亿元，其中上半年付息支出需求 38.19 亿元，下半年付息支出需求 63.55 亿元，分别占比 37.5%、62.5%（见表 7－4）。付息支出需求上半年低、下半年高的主要原因是：2017 年和 2018 年，由于收费公路专项债券额度下达时间晚，实际发行时间集中在下半年，付息时间也相应相对集中安排在下半年；2019 年，随着额度下达大幅提前，收费公路专项债券发行时间提前

①② 根据中国债券信息网地方政府债券发行信息整理。

到 1 月份，并于前三季度全面完成收费公路专项债券发行工作，付息时间全年分布相对均匀。

表 7－4　　2017—2019 年收费公路专项债券利息偿还资金需求

期间	1—6 月	7—12 月	全年合计
规模（亿元）	38.19	63.55	101.74
规模占比（%）	37.50	62.50	100.00

资料来源：根据中国债券信息网地方政府债券发行信息整理。

按照 2019 年全国收费公路专项债券发行规模 1 486.8645 亿元计算，根据财政部有关地方政府专项债券利息可通过发行专项债券进行偿还的规定，目前每年利息偿还资金需求规模约占年度发行规模的 6.8%，将在一定程度上降低收费公路专项债券促进收费公路发展作用的发挥。

（三）相关困难和问题

据调研了解，地方政府在发行使用地方政府收费公路专项债券中遇到了一些困难和问题，具体包括：

一是专项债券额度难以满足政府收费公路融资需求。甘肃、青海等省普遍反映，当前阶段政府收费公路建设资金缺口较大，专项债券额度较小，难以满足发展需要。

二是收费公路项目收益和融资自求平衡的范围不够明确。四川、内蒙古等省（区）反映，新建政府收费公路单个项目大多社会效益大于经济效益，项目收益和融资较难实现自求平衡，需要采用集合发行或与其他项目利用统借统还机制才能实现平衡。吉林、河南、广西等省（区）反映，收费公路项目成长期较长，在目前较短的发行期限内很难实现平衡，应当是整个收费期来测算收支平衡。

三是专项债券额度按年核定与项目建设周期不匹配。湖南、陕西等省反映，收费公路建设期一般为 3～4 年，目前专项债券发行额度需每年申报核定，项目建设前期无法确定建设期各年的发行额度，资金来源存在较大的不确定性，易造成项目停工或产生资金断链风险。江苏、江西等省反映，项目工程可行性审批阶段提供资金落实方案，专项债券申请要求工程可行性批复，两者互为前置的问题需要解决。

四是建设期专项债券利息偿还资金来源不明确。贵州、湖北等省反映，专项债券发行后每半年或一年要偿付一次利息，但由于高速公路仍处于建设期，没有形成对应的政府性基金收入，债券利息偿还需要财政通过从其他渠道垫支或利用已有收费公路通行费来解决。

五是专项债券发行期限与项目建设运营周期不匹配。湖南、河南等省反映，当前政策规定专项债券原则上单次发行不超过 15 年，但从实际情况看，2017 年收费公路专项债券发行期限最长 10 年，2018 年浙江、河南、福建、天津 4 省（市）各发行了一只 15 年期的收费公路专项债券，其余省（区、市）发行期限最长 10 年，远低于当前阶段政府收费公路建设、运营和回收周期（通常超 20 年），与政府收费公路收费期限不相适应。2019 年在国家政策支持下，湖北、陕西、天津等 7 个省（市）共发行 15 年期、20 年期和 30 年期收费公路专项债券各 12 只、3 只和 2 只，但收费公路专项债券管理政策尚未有所调整。

六是在续建政府还贷公路能否使用专项债券不明确。湖南、四川等省反映，财政部门不允许已使用银行贷款的项目使用专项债券，交通运输部门则认为只要做好对应资产的抵押，应可使用专项债券。河南省 2017 年通过发行专项债券支持已使用银行贷款并签订收费权质押合同的 10 个政府收费公路项目，银行贷款按额度占比对应路段享有质押权益，剩余路段收入用于偿还专项债券。内蒙古、江苏等省（区）也反映，应当对此作出明确规定，以便地方操作实践。

七是专项债券发行时间与项目使用资金时间存在错配。陕西、河南等省反映，由于专项债券额度下达时间晚，发行时间主要集中在第三季度，债券资金到位前项目建设资金保障困难。甘肃、浙江等省反映，专项债券资金发行后一次性全部到位，且发行当年不得结余，易形成资金沉淀或突击用钱等问题。

八是集合发行方式下专项债券使用和偿还方式不清晰。浙江、山西等省反映，采取集合方式发行的专项债券，能否在所集合的项目范围内进行统借统还，政策没有给出明确意见。

第二节　公路产业投资基金设立研究

一、基金设立的必要性

（一）落实中央决策部署推进公路交通发展的需要

习近平总书记指出，交通运输基础设施具有很强的先导作用，“十三五”是交通运输基础设施发展、服务水平提高和转型发展的黄金时期。[①] 根据国务院批准的《国家公路网规划（2013—2030 年）》，今后一段时期建设任务还十分繁重。此外，我国公路已进入养护高峰期，养护管理资金严重不足的矛盾日益尖锐；公路政府性债务高企，偿债压力日益增大。这些都需要有稳定的资金渠道予以保障。

（二）适应新常态推进交通运输供给侧性改革的需要

“十三五”期是交通运输推进供给侧结构性改革的关键时期，提升交通运输供给效率和品质需要进一步深化交通运输投融资体制改革，明确政府与市场的关系，在加大政府投入的同时，激发社会投资的积极性，使资源配置向交通运输转型升级重点领域倾斜，调动更多资源加大重点领域投资力度。

（三）适应深化财税体制改革的需要

国家深化财税体制改革要求将所有预算资金纳入财政部门统一分配，推进专项收入统筹使用；剥离地方各类平台政府融资功能，建立规范的政府举债机制。这些都对交通运输领域现有的资金保障政策产生了重大影响。设立公路产业投资基金，吸引社会资本投资公路交通行业，对促进交通运输持续健康发展具有至关重要的作用。

---

① 交通运输部网站．交通运输部：奋力从交通大国向交通强国迈进［R/OL］．（2017 - 10 - 18）［2020 - 12 - 11］．http：//www. gov. cn/xinwen/2017 - 10/18/content_5232641. htm.

（四）落实投融资体制改革任务的内在要求

中共中央、国务院印发的《关于深化投融资体制改革的意见》（中发〔2016〕18号），明确提出“根据发展需要，依法发起设立基础设施建设基金、政府出资产业投资基金等各类基金，充分发挥政府资金的引导作用和放大效应”。《国务院关于创新重点领域投融资机制鼓励社会投资的指导意见》（国发〔2014〕60号）提出“充分发挥政府投资的引导带动作用……大力发展股权投资基金和创业投资基金，鼓励民间资本采取私募等方式发起设立主要投资于公共服务、基础设施等领域的产业投资基金”。

二、国内产业投资基金经验做法

（一）中央层面政府投资基金设立情况

以2011年设立国家科技成果转化引导基金为起点，我国中央层面积极探索设立各类政府投资基金支持特定产业发展，发挥了积极推动作用（见表7-5）。

表7-5　部分中央级政府投资基金设立情况

序号	基金名称	首期募资规模（亿元）	设立时间	组织形式
1	国家科技成果转化引导基金	173	2011年7月	有限合伙制
2	中国农业产业发展基金	40	2012年12月	公司制
3	铁路发展基金	2 000	2014年4月	公司制
4	国家集成电路产业投资基金一期	1 387	2014年9月	公司制
5	国家中小企业发展基金	600	2015年9月	有限合伙制
6	国家新兴产业创业投资引导基金	760	2016年1月	有限合伙制
7	中国政府和社会资本合作融资支持基金（中国PPP基金）	1 800	2016年3月	公司制
8	先进制造产业投资基金	200	2016年6月	有限合伙制
9	中国国有资本风险投资基金	1 000	2016年8月	公司制
10	中国国有企业结构调整基金	1 310	2016年9月	公司制
11	国家集成电路产业投资基金二期	2 000	2019年10月	公司制

资料来源：根据搜狐中国政府产业引导基金名录大全整理。

1. 铁路发展基金

为深化铁路投融资体制改革，2014 年，国务院发布《关于铁路发展基金设立方案的批复》（国函〔2014〕52 号），批准设立铁路发展基金，由国务院委托铁路总公司为主发起人和政府出资人，联合全国社保基金理事会等高信用等级机构共同设立，通过从铁路建设基金、中央预算内基建投资、车购税等专项资金中安排部分资金作为政府的投入，吸引和带动社会资金的参与。

根据《铁路发展基金管理办法》（发改基础〔2014〕1433 号），铁路发展基金存续期 15 ~20 年，基金设立坚持以下几个原则：一是基金投资必须符合国家规定的投资方向，主要用于国家批准的铁路项目资本金，规模不低于基金总额的 70%，其余资金投资土地综合开发等经营性项目，提高整体投资效益。二是采取政府引导、市场运作的方式，铁路总公司作为政府方代表保证社会投资人获得稳定合理回报，具体回报水平按照募集时市场等情况与社会投资人协商确定，并承诺社会投资人及时足额获得约定回报。2014 年 9 月，中国铁路发展基金股份有限公司成立，注册资本 3 696. 17 亿元，其中：中国国家铁路集团有限公司作为最大股东，出资 1 760. 17 亿元，占比 46. 5879%；国开发展基金有限公司为第二大股东，出资 1 236 亿元，占比 32. 7142%；其他 13 个占比分别为 0. 2647% ~7. 9403% 不等。目前，中国铁路发展基金股份有限公司参股设立的铁路建设运营企业已经超过 60 家（见表 7 -6）。

表 7 -6　　铁路发展基金参股设立的部分铁路建设运营企业

铁路建设运营企业名称	持股占比（%）	铁路建设运营企业名称	持股占比（%）
京张城际铁路有限公司	22. 75	沪昆铁路客运专线云南有限责任公司	39. 56
京沈铁路客运专线辽宁有限责任公司	45. 33	沪昆铁路客运专线贵州有限公司	82. 95
哈桂铁路客运专线有限责任公司	54. 61	渝黔铁路有限责任公司	25. 76
大西铁路客运专线有限责任公司	32. 40	滇西铁路有限责任公司	60. 37
大焦城际铁路山西有限责任公司	38. 59	石济铁路客运专线有限公司	52. 81
怀邵衡铁路有限责任公司	22. 69	福建福平铁路有限责任公司	37. 06
成贵铁路有限责任公司	56. 56	郑万铁路客运专线河南有限责任公司	65. 76
杭黄铁路有限公司	27. 36	银西铁路有限公司	43. 66

资料来源：根据天眼查网站中国铁路发展基金股份有限公司股权穿透图整理。

2. 国家集成电路产业投资基金

2014 年 6 月，国务院印发《国家集成电路产业发展推进纲要》，提出设立国家产业投资基金，主要吸引大型企业、金融机构以及社会资金，重点支持集成电路等产业发展，促进工业转型升级。2014 年 9 月，国家集成电路产业投资基金股份有限公司正式设立，基金层面设董事会，共 8 个席位；设监事会，共 6 个席位。基金原计划首期募集资金 1 200 亿元，实际募集资金达到了 1 387.2 亿元。

基金资金来源多元化，包括中央财政资金、社保基金、人寿、人保等保险资金，三大运营商、电子信息行业龙头如中国电子、中国电科、大唐电信等，还包括北京亦庄国投、上海国盛、武汉金控等地方政府资金，以及武岳峰、清华紫光在内的民营资本。主要出资人如表 7－7 所示。

表 7－7　国家集成电路产业投资基金主要出资人

序号	股东名称	出资金额（亿元）
1	财政部	360
2	国开金融有限责任公司	220
3	中国烟草总公司	110
4	北京亦庄国际发展投资有限公司	100
5	武汉金融控股（集团）有限公司	50
6	上海国盛（集团）有限公司	50
7	中国移动通信集团公司	50
8	其他	447.2
合计		1 387.2

资料来源：根据企查查网站国家集成电路产业投资基金股份有限公司股东信息整理。

基金的投资方式主要有两种：一种是直接股权投资，包括跨境并购、定增、协议转让、增资、合资公司等多种方式，优化企业股权结构，提高企业效率和管理水平；另一种是与地方基金、社会资本联动，参股子基金。其中，直接股权投资为主要投资方式。同时，基金投资策略也非常明确，具体包括：一是不做风险投资；二是重点投资每个产业链环节中的骨干企业；三是与龙头企业在资本层面合作；四是提前设计退出通道。

基金存续期 10 年，其中投资期 5 年，回收期 5 年。存续期满经股东大会批准可延长 5 年。基金自 2014 年 9 月 24 日成立以来，吸引了各方关注，成果丰硕。截至 2018 年 5 月底，该基金募集资金全部投资完毕，经统计，公开投资公司 23 家，非公开投资公司 29 家，累计有效投资项目达到 70 个左右，投资范围涵盖集成电路产业上、下游各个环节。

3. 国家中小企业发展基金

为贯彻落实 2015 年 9 月 1 日召开的国务院第 104 次常务会议精神及《国务院关于国家中小企业发展基金设立方案的批复》（国函〔2015〕142 号）要求，工业和信息化部会同财政部、科学技术部、国家发展和改革委员会、国家工商总局五部门积极推动国家中小企业发展基金实体基金设立和投入运营。目前，已设立完成 4 支直投子基金实体，认缴出资总规模 195 亿元，分别为中小企业发展基金（深圳有限合伙）、中小企业发展基金（江苏有限合伙）、中小企业发展基金（江苏南通有限合伙）、中小企业发展基金（深圳南山有限合伙），基金管理人分别为深圳国中创业投资管理有限公司、江苏毅达股权投资基金管理有限公司、清控银杏创业投资管理（北京）有限公司、深圳市富海中小企业发展基金股权投资管理有限公司（由深圳市东方富海投资管理股份有限公司组建并委派核心管理团队专职管理）。

2020 年 5 月，为贯彻落实中办国办《关于促进中小企业健康发展的指导意见》、国务院决策部署，在工业和信息化部与财政部的牵头推动下，中央财政出资 150 亿元，与上海国盛、中国烟草等社会出资人发起成立了国家中小企业发展基金有限公司（母基金），主要通过投资设立子基金等方式（同时保留部分可投资金用于跟随子基金直接投资相关优质项目），使基金总规模达到 1 000亿元以上，重点解决创新型中小企业的中长期股权融资问题，更好地服务实体经济，促进中小企业创新发展，为培育新业态、新模式、新增量、新动能等方面发挥积极作用。

截至 2020 年 8 月 20 日，中小企业发展基金（深圳有限合伙）已投资荣昌制药、国人通讯等 142 家企业，投资金额 50. 0188 亿元；中小企业发展基金（江苏有限合伙）已投资大运汽车、国联股份等 83 家企业，投资金额 25. 95 亿元；中小企业发展基金（江苏南通有限合伙）已投资天眼查、莱特兄弟等 68

家企业，投资金额 18.115 亿元；中小企业发展基金（深圳南山有限合伙）已投资一瑞生物、行云集团等 39 家企业，投资金额 12.2226 亿元。①

（二）交通领域政府投资基金设立情况

为充分发挥财政资金的引导作用和杠杆效应，积极引导社会资本参与交通基础设施建设，各地积极探索通过设立交通政府投资基金，解决交通基础设施建设资金不足问题。据统计，甘肃、云南、贵州、青海、内蒙古、浙江、湖南等省利用政府预算资金与社会资本共同发起设立交通产业基金，一些地市级政府也相继设立了交通产业基金。这些产业基金作为交通基础设施项目的一种融资工具及渠道，发挥了重大作用。

总体来看，各地设立的交通产业基金具有以下特征：一是除个别基金由地方融资平台发起设立解决资金短缺或特定项目资本金筹集问题外，其他基金均按照“政府主导，财政支撑，交通部门组织实施，市场运作”的原则设立。二是各地在政府投资基金筹备设立阶段均有较为明确的投资方向，包括：用于新建交通项目，优先补足项目资本金出资缺口、政府补助或配套资金缺口等。三是产品分级中交投集团（平台公司）一般作为劣后级，银行理财资金作为优先级，劣后级对优先级资金有差额补足、远期回购的义务，也有基金的回购任务由地方政府的平台公司承担；四是基金存续期较长，一般都在 5～10 年，到期后再滚动发展；五是基金的退出渠道主要是政府平台或交投集团回购，金融机构不像一般的股权投资对项目进行价值判断，而是着重考察回购方的偿付能力。

1. 甘肃交通投资基金②

2015 年 9 月，经甘肃省人民政府授权，省交通运输厅作为政府出资代表，与中国交通建设集团下属公司中交投资基金管理（北京）有限公司共同发起设立甘肃交通投资基金，2016 年 12 月完成在中国证券投资基金业协会备案。基金采取有限合伙制，由省交通运输厅授权厅投融资管理办公室（以下简称“厅投融资办”）作为政府出资代表与中交投资基金管理（北京）有限公司各出资

---

① 根据国家中小企业发展基金有限公司官网股权投资信息整理。

② 甘肃交通投融资信息（2018 年第 1 期）. 甘肃省交通厅投融资办. 2019－03－26；甘肃省交通产业投资基金使用规则（甘交财〔2017〕181 号）. 2017－11－25.

50%，进行合伙企业注册。厅投融资办作为有限合伙人，承担出资部分有限责任；中交投资基金管理（北京）有限公司作为普通合伙人，承担无限连带责任。

基金设定募集目标规模400亿元。每期基金的募集比例为厅投融资办出资7%，中交投资基金管理有限公司安排出资23%，其余70%由中交投资基金管理（北京）有限公司负责引进其他社会资本，如银行资金、保险资金、社保资金等募集。厅投融资办、中交投资基金管理（北京）有限公司、银行和保险等社会资本出资分别划分为一般级、中间级和优先级。存续期不超过10年，基金成立期满5年后如各方一致同意，可根据基金投资项目情况酌情延期或提前终止。基金主要投向具有财政补助资金的交通基础设施建设项目，包括纳入甘肃省“6873”交通突破行动项目库的国家高速、省级高速等重点公路项目。

基金投放资金到项目公司，可作为项目资本金使用，当政府补贴到位时，依据有关法律法规以及投资合约规定，同时根据项目投资到期时间逐步退出。基金投资项目到期后，优先级投资本金优先退出，中间级其次退出，一般级最后退出并应以出资为限保证优先级本金及收益安全。优先级和中间级投资人对基金的投资也可选择通过证券化方式退出。该基金设立以来，共募集两期基金累计30亿元。一期为两徽子基金募集资金5亿元，用于两当至徽县高速公路项目，其中股权投资1 000万元，债权投资4.9亿元；二期为北仙子基金募集资金25亿元。

2. 贵州交通产业基金①

2016年7月，经省人民政府授权，省交通运输厅履行政府出资人职责，委托贵州高速公路集团有限公司、贵州交通建设集团有限公司利用省级财政交通建设专项资金和自有资金，共同出资设立贵州交通产业基金。基金采取母子架构，母基金采取公司制形式，2016年8月注册成立，注册资本金72亿元，高速集团和交建集团分别占股60%、40%。

基金总规模为400亿元，其中首期规模90亿元。母基金总规模72亿元，由省级财政拨付专项资金57.72亿元，省交通运输厅统筹高速集团和交建集团

① 贵州省交通运输厅. 贵州交通产业发展基金正式揭牌成立［EB/OL］.（2016-08-22）［2016-08-22］. http://jt.guizhou.gov.cn/xwzx/xwfb/201609/t20160907_27166777.html；交通运输部科学研究院. 财税体制改革背景下交通基础设施投融资创新研究［R］. 2019.

出资 14.28 亿元。母基金吸引社会资本投资 328 亿元，通过公司制、有限合伙制等方式共同组建各专项子基金，达到 400 亿元总规模。首期已出资 24 亿元，其中省财政出资 17.72 亿元，高速集团和交建集团 6.28 亿元。

基金存续期不低于 10 年。主要用于缓解贵州省公路（主要是高速公路）、水路交通项目地方应配套资本金，规模不低于基金总额的 70%，变集中出资为分期偿还方式，缓解地方筹资压力。母基金作为引导资金，主要作为子基金募集时的定向合格投资者认缴子基金份额，在资金间歇期可进行低风险保本型投资。子基金所募集资金用于投向具体项目，主要采取股权投资方式，积极支持全省多个高速公路项目。截至 2018 年 10 月，母基金累计已到位 34 亿元，累计投放额已超 27 亿元，先后支持了都匀至安顺高速公路、贵州铜仁市沿河经印江（木黄）至松桃高速公路、贵州三独高速公路建设有限公司、贵州黔大东清高速公路投资建设有限公司解决资本金缺口。

3. 云南交通产业基金①

云南省交通产业发展基金 2017 年 7 月正式成立，是经省人民政府授权，云南省交通发展投资有限责任公司（以下简称省交通投资公司）以其自有资金采用市场化手段发起设立，并以股权投资方式将资金投入确定项目单位的私募股权基金。基金采取有限合伙制方式设立，由省交通投资公司联合金融机构共同发起设立。金融机构作为优先级有限合伙人，省交通投资公司作为劣后级有限合伙人，产业基金普通合伙人即基金管理机构作为管理人，由金融机构按照约定进行托管或监管。省财政 2017—2030 年每年统筹安排 75 亿元专项资金，以资本金方式注入省交通投资公司。

为确保交通产业基金的及时募集及投放，有效控制综合成本，交通产业基金分解为 10 支单一基金；每支单一基金择优选择一家金融机构合作，设立交通产业基金合伙企业，筹措不低于 600 亿元资金规模，省交通投资公司与金融机构认缴的资金出资比例约 1∶3。基金存续期为 15 年，主要用于全省地方高速公路建设。省交通投资公司在 2020—2030 年，通过购买金融机构持有产业

① 云南省交通运输厅．云南交通产业基金管理实施办法［EB/OL］．（2017－12－28）［2017－12－28］．http：//jtyst. yn. gov. cn/Item/187795. aspx；云南交通运输厅．云南省交通运输厅“十三五”规划的执行情况［EB/OL］．（2018－11－16）［2018－11－16］．http：//jtyst. yn. gov. cn/Item/228304. aspx.

基金合伙企业份额的方式，取得金融机构持有产业基金合伙企业的份额。在基金存续第6~15年末，每年由云南省财政厅或云南省交通厅按计划拨付高速公路建设专项资金，由省交通投资公司逐年等额回购优先级持有的优先级有限合伙人份额。截至2018年9月28日，今年已募集到位交通产业基金345.66亿元，并全部投放至14个州（市）的高速公路项目；省政府批复的2018年度253.476亿元交通产业基金计划也已下达226.976亿元。

三、基金设立基本思路

（一）基金定位

公路产业投资基金是以中央财政性资金为引导的、市场化运作的政府投资基金。针对中央财政事权、中央与地方共同财政事权范围内的收费经营性公路项目，借鉴铁路发展基金的经验做法，以政府财政性资金为引导，积极吸引金融机构、全国社会保障基金以及保险资金、中央大型交通企业等社会资本，通过认购基金份额等方式有效参与。基金的设立和运作按照加快完善现代市场体系和加快转变政府职能的要求，充分考虑公路行业特点和发展实际，发挥市场配置资源的决定性作用，发挥政府的积极引导、监督管理作用和放大效应，促进公路交通健康可持续发展。

（二）资金来源

在中央层面，通过中央政府财政性资金出资，吸引社会资本参与的方式，设立公路产业投资基金。未来根据中央与地方收入划分及交通运输领域税制改革进程，相应调整基金的资金来源渠道。

（三）运作框架

公路产业投资基金遵循“政府引导，市场运作，科学决策，防范风险”的原则，按照所有权、管理权、托管权三分离的机制，坚持市场化运作。公路产业投资基金可以采取公司制运作模式，也可考虑采用有限合伙制，按照《合伙企业法》的规定来运作，存续期暂定30年。

考虑到公路产业投资基金主要投资于公路基础设施和运输服务等产业领域，具有投资规模大、回收周期长、投资收益相对稳定、涉及政府层级多等特点，从有利于强化基金管理、有利于实现政府投资意图、有利于协调各方投资关系、有利于保护投资者利益的角度，推荐采用公司制的方式予以设立。

（四）基金投向

公路产业投资基金总规模可设定为 3 000 亿元。基金设立后，可以通过增资、基金投资收益转增股本或设立子基金等方式扩大基金规模，可通过发行期限不超过一年期的债券或银行流动资金贷款等方式筹集资金，用于弥补因日常运营产生的流动性缺口。基金主要投向符合国家公路交通发展规划和政策且具有一定收益的项目，包括：经营性国家高速公路及其他收费公路、综合枢纽、物流园区、疏港铁路，以及各种运输方式的换乘（联运）基础设施等。在一定时期内，可以出资参与省级公路产业投资基金的设立。

（五）收益分配及退出机制

基金的收益在扣除必要的税费和基金管理费用之后，剩余部分按基金出资份额在全体投资人中进行分配。为吸引社会投资人，可在基金公司章程中约定，在一定条件下，国家出资部分可以放弃部分或者全部收益。基金到期清算时，按各方出资比例分配收益或承担损失。

基金管理公司对于所投资的项目，可以采用股权转让、上市和清算等方式实现退出。基金公司的投资人可以采取股权转让、上市和到期清算等方式实现退出。

第三节　多式联运产业基金设立研究

一、设立的背景和必要性

（一）发展多式联运是党中央部署推动的重大战略决策

党中央、国务院高度重视多式联运发展，2018 年中央经济工作会议和中央财经委员会第一次会议上，习近平总书记强调要打好污染防治攻坚战，打赢蓝天保卫战，要求调整运输结构，减少公路货运量、增加铁路货运量。2018年5月16日和6月27日两次国务院常务会议，要求加快发展多式联运，推动调整运输结构，提高运输效率，降低实体经济物流成本。十八届三中全会明确"发展多式联运，形成横贯东中西、联结南北方对外经济走廊"。《国民经济和社会发展第十三个五年规划纲要》提出"加快发展多式联运，提高交通运输服务质量和效益；建设一批多式联运货运枢纽；推进公铁水及航空多式联运，构建国际物流大通道；开辟跨境多式联运交通走廊"。《物流业发展中长期规划（2014—2020年）》要求"大力发展多式联运，提高多式联运比重"，并将多式联运工程列为12大工程之首。《"十三五"现代综合交通运输体系发展规划》要求"开展多式联运专项行动"。《打赢蓝天保卫战三年行动计划》再一次强调"大力发展多式联运"。《推进运输结构调整行动计划（2018—2020年）》提出要在全国实施"多式联运提速行动"。多式联运已上升为国家战略，处在难得的发展机遇期。

（二）发展多式联运是加快建设现代综合交通运输体系、促进物流降本增效、打赢蓝天保卫战的重要抓手

党的十九大提出了建设交通强国的宏伟目标。从现实看，我国已是交通大国但还不是交通强国，其中综合交通运输结构性矛盾仍较突出，特别是在货运领域，公路承担了过多的中长距离货物运输，铁路和水运的经济环保优势未能有效发挥。问题主要表现在：一是成为空气污染的重要源头之一。据统计，2017年我国柴油货车保有量仅占全国汽车保有量的7.8%，但却排放了57.3%的氮氧化物和77.8%的颗粒物；铁路单位货物周转量能耗和污染物排放仅为公路运输的1/7和1/13，水运则更低。① 二是推高了社会物流成本，不利于实体经济降本增效。从欧美国家经验看，多式联运能够提高约30%的运输效率，减少约10%的货损货差，降低约20%的运输成本。根据对重点企业多式联运线路的调研，可以发现，大多数的多式联运线路运输费用低于公路直达运输费

① 生态环境部. 2018年中国机动车环境管理年报［R/OL］.（2018-06-01）［2018-06-01］. http://www.mee.gov.cn/hjzl/sthjzk/ydyhjgl/201806/P020180604354753261746.pdf.

用，成本平均降低约30%。[①] 据测算，我国多式联运占全社会货运量的比重每提高1个百分点，可直接带动物流总费用占GDP比值下降约0.8个百分点，可节约社会物流成本近千亿元。发展多式联运强化不同运输方式间无缝化衔接和一体化组织，推动将更多公路货运转向铁路和水运，对于促进综合交通运输结构性节能减排、减少公路交通拥堵、推进物流降本增效等，具有重大现实意义，也是建设交通强国，深化交通运输供给侧结构性改革的必然要求，更是加快推进运输结构调整、确保打赢蓝天保卫战的迫切需要。

（三）当前我国多式联运发展严重滞后，难以满足高效、快捷、经济的运输需求

与欧美发达国家相比，我国多式联运发展水平差距甚大，已成为综合交通运输和现代物流提质增效升级的突出薄弱环节。据测算，现阶段我国多式联运货运量占全社会货运量比例不足3%，而美国已达10%左右。我国海铁联运比例目前仅2%左右，而国际上主要港口普遍为20%～30%，欧美港口最高已超过40%。问题主要表现在：一是基础设施衔接不畅，不同运输方式枢纽站场统筹布局和一体化建设不足，枢纽间“连而不畅”“邻而不接”现象严重。二是枢纽场站能力不足，尤其是内陆地区公铁联运枢纽场站设施严重不足，且功能设计大而全、小而全，难以满足多式联运快速转运的需要。三是装备标准化水平低，标准化运载单元市场推广率不高、循环利用不足，货运车型标准化程度低，内陆集装箱技术体系尚未全面建立。四是信息共享和系统建设滞后，不同运输方式、不同物流环节之间信息互联共享不足，多式联运基础公共服务信息平台缺失，企业多式联运信息化覆盖、智能化管理、智慧化服务能力普遍较弱。五是多式联运运作模式单一，除了集装箱多式联运，其他以半挂车为标准运载单元的驮背运输、水陆滚装运输以及整车公铁滚装运输等联运形式，在我国目前尚未发展起来。六是创新发展仍举步维艰，多式联运法规制度、标准规范体系建设严重滞后，不同运输方式运输规则不尽统一，“一单到底”“一票结算”还面临诸多规制瓶颈制约。

---

① 中国交通广播．交通运输部：多式联运将统一标准、降低门槛，进一步加强监管［EB/OL］.（2017-01-11）［2017-01-11］．http://www.cnr.cn/gsgb/gsjtxw/20170111/t20170111_523469791.shtml.

（四）政府大力支持和推动多式联运系统建设是发达国家的普遍经验

从国际成功经验看，政府部门在大力推动多式联运系统建设中发挥了重要作用。欧美发达国家均将国家多式联运系统建设作为交通运输资源整合优化、集约利用的核心产业政策和破解资源环境约束的重要措施，通过财政资金支持、运用包括政府性基金在内的多样化融资等手段大力推进多式联运发展。1991 年美国发布的《多式联运地面运输效率法案》提出建设经济高效、绿色环保的国家多式联运系统是美国的国家政策，并明确联邦政府在 1992—1997 年通过交通信托基金提供 1 550 亿美元投资，用于发展和改善多式联运系统。[①] 2003 年，欧盟制定出台马可波罗计划，通过政府专项基金每年资助 6 000 万欧元，用于支持运输模式转换（公转铁、公转水）及多式联运技术创新等项目。此外，欧盟为了推进成员国综合交通基础设施互联互通，2013 年启动实施“连接欧洲设施”计划，跨欧洲运输网络项目是其主要内容，并通过 CEF 基金方式提供投融资支持。[②]

（五）建立多式联运产业基金，是创新交通投融资体制，解决资金瓶颈制约的有效途径

当前，我国铁路、公路、水路、民航等单一运输方式均有相应的政府投资、产业融资和行业组织体系，而多式联运所涉及的无缝衔接、交互融合等方面，则因体制分离、机制缺失，缺乏专门资金、稳定渠道的投资支持，目前仅少量车购税资金给予多式联运型物流园区一定的投资补助，导致多式联运基础设施建设、运输装备改造、信息系统升级、运输模式转换、技术创新引导等投入不足，多式联运加快发展的资金支持保障基础还比较薄弱。

从市场投资来看，单个企业对多式联运设施装备等重资产投资往往力不从心，很多纯商业运作的基金资本对长线投资、专注性投资兴趣也不高。面对打赢蓝天保卫战、着力调整运输结构、加快发展多式联运的迫切要求，为破解投融资瓶颈，有必要通过政企合作，共同发起设立多式联运产业基金，通过财政

---

① 林坦．美国多式联运发展历程及对我国的启示［Z/OL］．（2019 - 01 - 07）［2019 - 01 - 07］．https：//ctit. tongji. edu. cn/info/1132/1195. htm.

② 刘昭然．欧盟多式联运政策对我国发展铁水联运的启示［J］．铁道运输与经济．2013（5）．

支持引导、社会融资投入方式，形成多式联运产业投资资金池，既发挥财政资金的放大功能，拉动社会资本共同投资，拓展多式联运行业投融资渠道，又发挥产融结合优势，提高财政资金使用效率，带动释放市场新动能。多式联运产业基金的成功运作，对于充分发挥政府和市场“双引擎”作用、适应市场庞大投资需求、推动多业联动和跨界融合、引导支持产业创新实践等，具有重要现实意义。

二、基金设立基本思路

（一）基金定位

多式联运产业基金是中央政府支持的、以财政性资金为引导的政府投资基金，主要吸引大型交通企业和综合物流企业、大型国有金融机构、有实力的其他社会资本参与，主要投向多式联运基础设施、运输装备、专用设备、信息平台以及相关产业、企业等。

多式联运产业基金的设立和运作将充分考虑多式联运产业发展实际，统筹兼顾政策目标和市场原则，创新投融资体制机制，发挥市场在资源配置中的决定性作用和更好发挥政府作用。通过设立基金吸引社会资本投入，发挥财政资金的引导和带动作用，克服单纯依靠政府投资的机制僵化问题和完全依赖市场配置资源的市场失灵问题，推动资源整合优化和战略性重组，为深化交通物流供给侧结构性改革，确保实现国家调整运输结构、发展多式联运的战略目标提供坚实的投融资保障。

（二）资金来源

在中央层面，通过车购税资金出资，吸引社会资本参与的方式，设立国家多式联运产业基金；在地方层面，可以根据项目需要与其他社会资本联合出资设立子基金。多式联运产业基金的国有资本出资比例，总体上应控制在50%以内。

（三）运作框架

多式联运产业基金遵循“政府引导、市场运作，科学决策、防范风险”的原则，按照所有权、管理权、托管权三分离的机制，坚持市场化运作。

多式联运产业基金可采取公司制或有限合伙制运作模式，存续期 15 年，到期后经股东或合伙人同意可适当延期。基金通过公司章程或合伙人协议、委托管理协议等法律文件明确政策方向，约束投资行为，落实政策目标，实现投资收益。国务院授权财政部履行政府出资人职责，授权交通运输部承担具体管理和监督职责，交通运输部结合《贯彻落实〈交通运输部等十八个部门关于进一步鼓励开展多式联运工作的通知〉的实施方案》和《推进运输结构调整行动计划（2018—2020 年）》，对基金政策目标、投资战略、投资领域等政策性事项进行指导和监督。基金公司成立后，可采用公开招标方式选择一家或多家银行担任基金托管人。

（四）基金投向

多式联运产业基金总规模可设定为 200 亿元，建议车购税资金出资 40 亿元。基金设立后，可以通过增资、基金投资收益转增股本或设立子基金等方式扩大基金规模，可通过发行期限不超过一年期的债券或银行流动资金贷款等方式筹集资金，用于弥补因日常运营产生的流动性缺口。

基金主要投向符合国家综合交通运输和物流业发展规划、符合运输结构调整要求、符合《贯彻落实〈交通运输部等十八个部门关于进一步鼓励开展多式联运工作的通知〉的实施方案》工作部署、具有较好经济收益的项目，近期重点支持纳入《推进运输结构调整行动计划（2018—2020 年）》项目，包括：多式联运基础设施、运输装备、专用设备、信息平台以及相关产业、企业等。基金投资单个项目的比例原则上不超过基金总规模的 20%。

（五）投资方式

基金投资方式包括项目投资、子基金投资和直接股权投资。其中，项目投资主要是对多式联运领域专业化枢纽场站、集疏运通道等基础设施项目，以及新技术、新设备、新模式、新产品的技术研发、产业化推广项目给予投资支持。子基金投资主要是投资于多式联运相关领域的私募股权投资基金或省级多式联运产业基金。直接股权投资是对具有行业领先优势，能够发挥较强示范带动作用的多式联运经营企业进行股权资本投资。

（六）收益分配及退出机制

基金的收益在扣除必要的税费和基金管理费用之后，剩余部分按基金出资份额在全体投资人中进行分配。为吸引社会投资人，可在基金公司章程中约定，在一定条件下，国家出资部分可以放弃部分或者全部收益，但不向社会出资人承诺投资本金不受损失，不承诺最低收益。基金到期清算时，按各方出资比例分配收益或承担损失。财政出资形成的基金收益，继续用于基金投资，实现循环利用、滚动发展。

基金管理公司对于所投资的项目，可以采用股权转让、上市和到期清算等方式实现退出。基金公司的投资人可以采取股权转让、上市和到期清算等方式实现退出。

第四节　公路交通存量资产盘活研究

一、存量项目 PPP 模式应用

（一）政策依据

国务院及财政部、国家发展和改革委员会等有关部委出台了一系列 PPP 制度文件，积极推动 PPP 模式在新改建项目中的实践运用，同时也关注运用 PPP 模式盘活存量资产。2014 年 11 月，《国务院关于创新重点领域投融资机制鼓励社会投资的指导意见》（国发〔2014〕60 号），从拓宽资金渠道角度提出，“鼓励通过 PPP 方式盘活存量资源，变现资金要用于重点领域建设”。2015 年 5 月，《国务院关于在公共服务领域推广政府和社会资本合作模式的意见》（国办发〔2015〕42 号），从化解地方政府性债务风险角度提出，“积极引进社会资本参与地方融资平台公司存量项目改造，争取通过政府和社会资本合作模式减少地方政府性债务”。2017 年 11 月，《关于规范政府和社会资本合作（PPP）综合信息平台项目库管理的通知》（财办金〔2017〕92 号）：明确下一步政策方向，即优先支持通过 PPP 模式盘活存量公共资产，审慎开展政府付费项目，防止财政支出过快增长，突破财政承受能力上限。

财政部和国家发展和改革委员会出台的规范性文件，从操作层面对存量项目运用 PPP 模式提出了要求。根据财政部《政府和社会资本合作模式操作指南（试行）》（财金〔2014〕113 号）、《政府和社会资本合作项目财政管理暂行办法》（财金〔2016〕92 号），存量项目运用 PPP 模式，应提交存量公共资产建设和运营维护的历史资料、项目产出说明、初步实施方案、第三方出具的资产评估报告等。国家发展和改革委员会《关于印发〈传统基础设施领域实施政府和社会资本合作项目工作导则〉的通知》（发改投资〔2016〕2231 号）提出，存量项目优先采用“改建—运营—移交”（ROT）的方式。

财政部在几次筛选 PPP 示范项目时，鼓励融资平台存量项目转型 PPP 项目，积极吸引社会资本参与存量项目改造和运营，有效化解地方政府性债务风险。财政部 2014 年 11 月印发的《关于政府和社会资本合作示范项目实施有关问题的通知》（财金〔2014〕112 号）和 2015 年 6 月印发的《关于进一步做好政府和社会资本合作项目示范工作的通知》（财金〔2015〕57 号）均有提及，尤其是财金〔2015〕57 号文进一步明确：“存量项目应纳入地方政府性债务管理系统或 2013 年全国政府性债务审计范围；对合同变更成本高，融资结构调整成本高，原债权人不同意转换，不能化解政府性债务风险、降低债务成本和实现‘物有所值’的项目，财政部将不予受理。”

国家发展和改革委员会针对当前过多注重新建项目忽视盘活存量资产、基础设施领域存在资产沉淀和运营效率低等问题，出台专项文件，鼓励和指导各地加快推进实施运用 PPP 模式盘活存量资产。2017 年 7 月国家发展和改革委员会出台《关于加快运用 PPP 模式盘活基础设施存量资产有关工作的通知》（发改投资〔2017〕1266 号），明确运用 PPP 模式盘活存量资产的重要意义、分类实施路径、规范管理等。这是目前为止首份引导地方积极推进运用 PPP 模式盘活存量资产的规范性文件，对指引各地探索运用 PPP 模式盘活存量资产具有重要积极的意义。

（二）适用范围

1. 项目类型

针对运用PPP模式盘活存量基础设施资产具体实施操作路径，发改投资〔2017〕1266号文提出，各地要根据当地实际情况和项目特点，积极探索、大胆创新，灵活运用PPP模式，规范有序盘活基础设施存量资产。存量项目适用范围可以包括三种类型：

第一类是对拟采用PPP模式的存量项目，根据项目特点和具体情况，可通过“转让—运营—移交”（TOT）、“改建—运营—移交”（ROT）、“转让—拥有—运营”（TOO）、委托运营、股权合作等多种方式，将项目的资产所有权、股权、经营权、收费权等转让给社会资本。

第二类是对已经采用PPP模式且政府方在项目公司中占有股份的存量基础设施项目，可通过股权转让等方式，将政府方持有的股权部分或全部转让给项目的社会资本方或其他投资人。

第三类是对在建政府投资基础设施项目，比如对于积极探索推进PPP模式、引入社会资本负责项目的投资、建设、运营和管理，减少项目前期推进困难等障碍，更好地吸引社会资本特别是民间资本进入。

2. 资产特征

对于存量资产而言，需要具备四个特征：

一是资产优质。需要结合行业特点，选择边界条件明确、商业模式清晰、价格调整机制灵活、市场化程度较高、投资规模较大、需求长期稳定、可能产生一定现金流的优质存量资产。

二是适宜运营。要遴选有利于社会资本方创新的运营管理模式，充分挖掘项目的商业价值，在确保公共利益的前提下，提高合理投资回报水平的存量资产。

三是能够减少或化解政府性债务。要能够通过PPP模式减少地方政府性债务，化解地方政府性债务风险，降低债务成本的存量资产。

四是程序合法、物有所值。对于运用PPP模式盘活存量资产需要准备一系列基础材料和前提条件，具体包括：（1）存量资产完整的建设审批与验收材料、运营管理维护资料；(2) 债权债务关系要清晰，且征得原债权人同意；(3) 转让前需要第三方出具财务审计报告、资产评估报告；(4) PPP 项目实施方案且包含存量资产处置方案，通过物有所值论证和财政承受能力论证；(5) 完成存量资产竞争转让程序等。

对于收费公路而言，存量项目 PPP 模式运用将涉及收费公路权益转让程序。在国家简政放权背景下，收费公路权益转让程序从原来审批制改为备案制，经营性公路股权转让也不再需要审批。这对于促进存量资产盘活具有一定积极作用。

（三）运作方式

从当前各地交通运输部门探索实践情况看，存量资产转型为 PPP 项目主要有两种具体运作方式。

一是单个存量资产改造、转型为 PPP 项目的运作方式。根据存量交通项目实施周期所处阶段、存量资产特点、收费定价机制、预期投资收益水平、风险分配基本框架和政府财力等多种因素，单个存量交通资产可以选择"改建—运营—移交"（ROT）、"转让—运营—移交"（TOT）、委托运营（O&M）、股权合作及其他可行方式改造、转型为 PPP 项目。如 2015 年吉林省厅选取通化至梅河高速公路项目作为 PPP 改造试点项目，聘请中介机构起草了《PPP 实施方案》，在通过财政两评和省发改委的审批后，省政府于 2016 年 9 月 18 日正式批准了实施方案，并成功入选了财政部第三批政府和社会资本合作示范项目。按照吉林省政府批示要求，吉林省厅组织省高速公路管理局（项目实施机构）依法合规推进项目实施，通过政府采购方式，经法定招标程序确定吉林省高速公路集团有限公司为中标社会资本。2016 年末，吉林省高速公路管理局与吉林省高速公路集团有限公司就《吉林省集双高速公路（通化至梅河口段）PPP 项目合同》内容达成了一致意见。项目改造成功后，将化解政府债务 43 亿元，回收项目资本金约 27 亿元，由吉林省交通运输厅安排用于普通公路等基础设施建设。①

二是多个存量资产改造、转型为 PPP 项目的运作方式。根据不同存量交

① 王明锐. 吉林存量收费公路的 PPP 改造 [J]. 中国公路. 2017 (5).

通资产特点和相互关系、预期投资收益水平、风险分配基本框架、政府财力水平、社会资本接受度等多种因素，可以采取收益高的存量资产和收益低的存量资产组合，有关联的多个存量资产捆绑打包，存量资产与新建项目共同打包等创新组合模式，如“ROT + BOT”“TOT + BOT”等，以促进一体化经营、提高运营质量和效率。如 2015 年昆明市采取以存量带增量的方式实现了 PPP 项目成功落地实施，具体情况是：昆明市相关部门首先对本身完全没有收益的存量资产珥季路道路项目进行 PPP 化改造变现，投资规模约 10 亿元，然后将存量资产变现后的资金，作为新增 PPP 项目投资的一部分，这是存量变现与新增项目投资对应捆绑的操作思路，是一种创新之举。① 该做法解决了地方债务、突破 PPP 公共预算 10% 的限制以及新增 PPP 项目社会资本投入和退出的问题，用存量资产盘活出的资金作为新增项目政府引导资金（不在预算内），进而带动社会资本投资参与新项目。

（四）面临困难

从目前各地实践探索情况看，存量项目转型为 PPP 项目面临着一些困难和障碍，主要表现在以下几个方面：一是收费公路权益转让相关政策规定限制政府还贷公路转让为经营性公路，存在一定的政策障碍。二是对于优质、能带来稳定现金流的交通运输存量项目，地方政府不愿主动转让。三是地方政府更加重视能够对当地经济社会发展带来直接促进的新建项目。四是前置要件多、实施成本高，除了新建 PPP 项目“一方案两评价”材料外，还需要第三方出具的财务审计报告、资产评估报告等。五是需要征得利害关系人（债权人、质权人等）同意。如债权人向政府投资项目贷款，有政府信用作为背书。存量项目转型为 PPP 项目，债务人由原政府下属单位转为项目公司，债权人可能会因为新债务人信用问题提出反对意见。六是需要按照国有资产管理有关规定转让，但政府方担心转让造成国有资产流失，不愿承担责任。七是涉及事业单位和国有企业改制、人员分流和安置等诸多复杂问题。

---

① 中国财经报．昆明存量项目 PPP 改造“存量带增量”模式获专家认可［EB/OL］．（2016 - 03 - 17）［2016 - 03 - 17］．http：//www. cfen. com. cn/dzb/dzb/page_5/201603/t 20160317_1912634. html.

二、存量资产证券化

资产证券化（asset - backed securitization）就是把缺乏流动性、但具有未来现金收入流的资产等汇集起来，通过法律和财务上的结构性重组，将其转变成可以在金融市场上出售和流通的金融产品，据以融通资金的过程。国际上资产证券化已经发展成为一种比较成熟的融资方式，在金融市场上发挥着重要作用。资产证券化虽然优势明显，但我国 2005 年才开始试点，目前资产证券化发行已经常态化，但应用领域还相对狭窄，主要集中在信贷资产、企业资产和资产支持票据等领域。2016 年下半年以来，国家发展和改革委员会大力推动 PPP 项目与资产证券化的结合，为 PPP 项目投资退出提供了有效渠道。

（一）高速公路资产证券化

1. 高速公路收费权是资产证券化理想的基础资产

高速公路因其能够产生独立、可预测的现金流，其收费权是十分理想的可用于资产证券化的产品。由于资产证券化不是以企业的整体信用为基础，而是以剥离出来的高速公路未来的收益为信用基础。因此，资产证券化有效地实现了破产隔离，将债券现金流的风险与建设企业本身的风险分离开来，是一种以项目收入为导向的结构性融资方式。

虽然高速公路建设之初投入巨大，但是高速公路未来 20 ~ 30 年稳定的现金流入具备了资产证券化的首要条件：第一，高速公路经营收入能及时入账，不存在拖欠和违约问题；第二，收费高速公路的通行费收入历史统计资料完备，遵循一定的自然和生活规律，可以较好地预测未来现金流收入。

2. 高速公路资产证券化市场发行情况

1996 年 8 月，广深珠（广东—深圳—珠海）高速公路在国内首创了通过离岸资产证券化为高速公路融资的模式，以特许经营的公路收费权作为基础资产，在国际资本市场发行 6 亿元债券，募集资金用于广深珠高速公路的建设，资金的筹集成本低于当时从商业银行贷款的利率。2005 年 12 月，“莞深高速公路收费收益权专项资产管理计划”成立，广发证券设立专项资产管理计划，向投资者募集资金5.8亿元，购买6亿元莞深高速（一、二期）在18个月内产生的公路收费现金流，这是国内第一次以高速公路收费权为基础资产发行的资产支持证券。但是期限较短，并且此后相当长一段时间内没有新的同类产品出现。

据统计，2014年11月银监会和证监会分别宣布资产证券化实行备案制以来，资产证券化累计发行规模突破2.7万亿元，基础资产不断丰富，交易结构创新层出不穷，参与主体更加多元化。企业积极利用资产证券化产品拓宽融资渠道，资产证券化市场趋于成熟。未来我国资产证券化市场将保持高增长。目前来看，将高速公路收费收益权作为证券化的基础资产，不论是企业还是由事业单位作为原始权益人发行证券化产品，在我国都已经有比较成熟的案例。近年来收费公路收益权资产支持专项计划发行情况如表7-8所示。

表7-8　近年来收费公路收益权资产支持专项计划发行情况

序号	发行金额（亿元）	成立时间	基础资产	原始权益人
1	5.27	2017年9月20日	江阴长江公路大桥	江苏扬子大桥股份有限公司
2	11.50	2017年8月9日	青兰高速（邯郸段）一期	邯郸市交通建设有限公司
3	5.00	2017年7月28日	湖北交投鄂黄长江公路大桥有限公司	湖北交投鄂黄长江公路大桥有限公司
4	7.00	2017年3月15日	宁连高速淮连段和宁蚌高速江苏段	江苏省高速公路经营管理中心
5	50.00	2016年10月27日	玉元高速公路	云南省公路开发投资有限责任公司
6	3.80	2016年7月26日	武涉公路（一级公路）	邯郸市交通建设有限公司
7	35.00	2016年1月22日	曲胜高速公路	云南省公路开发投资有限责任公司
8	21.30	2015年12月18日	榆靖高速公路	陕西省交通建设集团公司
9	44.00	2015年10月27日	广州机场高速	广州快速交通建设有限公司
10	11.22	2015年8月28日	京台高速公路徐州绕城西段	江苏连徐高速公路有限公司
11	9.14	2015年8月19日	哈尔滨机场专用路	哈尔滨机场专用路公司

续表

序号	发行金额（亿元）	成立时间	基础资产	原始权益人
12	25.00	2015年6月29日	西安绕城高速公路	陕西省交通建设集团公司
13	12.00	2015年4月15日	包东高速公路	内蒙古高等级公路建设开发有限责任公司
14	33.00	2015年2月13日	衡枣高速公路	湖南省高速公路建设开发总公司
15	5.30	2014年5月29日	大成西黄河大桥	鄂尔多斯益通路桥有限公司
16	5.80	2005年12月27日	莞深高速公路	东莞发展控股有限公司

资料来源：根据中国资产证券化分析网市场分析数据整理。

3. 高速公路资产证券化面临的问题

目前来看，由于资产证券化在我国发展实践仅10余年的时间，相关法律法规尚不健全，相对滞后于资产证券化市场发展进程，资产证券化在收费公路行业应用也比较有限，并将面临如下问题：

一是资产证券化是一种资产收入导向型融资方式，它是凭借原始权益人的一部分资产的未来收入能力融资，要求原始权益人的未来现金流量稳定，不会发生不可预测的大额支出影响偿付能力，一旦原始权益人的未来收益能力下降，将会导致增加原始权益人的违约风险，降低其市场声誉，引致债权人要求提前赎回，对于原始权益人来说将会面临巨大的财务压力，造成资金紧张。

二是作为基础资产的公路收费权的转让是一个核心问题，公路收费权转让存在法律上的限制直接影响着资产证券化的有效性问题。如果这个基础法律关系存在着效力上的瑕疵，直接影响SPV机构（证券行业中特殊目的的机构）以资产发行证券及对证券化资产进行的信用增级行为的一系列措施是否有效的问题。

（二）PPP项目资产证券化

1. 政策依据

为加快推进明确推进传统基础设施领域PPP项目开展资产证券化，从而盘活PPP项目存量资产、加快社会投资者资金回收、吸引更多社会资本参与

PPP 项目，2016 年 12 月 26 日，国家发展和改革委员会联合证监会印发了《关于推进传统基础设施领域政府和社会资本合作（PPP）项目资产证券化相关工作的通知》（发改投资〔2016〕2698 号）；2017 年 6 月，财政部联合中国人民银行、中国证券监督管理委员会印发了《关于规范开展政府和社会资本合作项目资产证券化有关事宜的通知》（财金〔2017〕55 号）。这两个文件的下发，为交通运输 PPP 项目更好地利用各类社会资本、提高 PPP 资产流动性和项目再融资能力创造了有利条件。

2. 重要意义

各级交通运输部门在过去二三十年 BOT、BOO 等模式实践经验基础上，积极推动 PPP 模式的全面推广和运用工作，取得了显著成效。但交通运输 PPP 项目普遍投资规模大、年限长，社会资本等主体参与退出机制不灵活、资产流动性差，加之项目收益率普遍较低，难以有效吸引社会资本广泛参与。除交通运输领域外的市政、环保等领域也同样面临着落地率低等问题。对此，财政部、国家发展和改革委员会分别联合其他部委专门针对 PPP 项目资产证券化发文，明确推进 PPP 项目资产证券化，推动 PPP 项目融资方式创新，更好地吸引社会资本参与。为此，还明确上海证券交易所等机构将建立专门的业务受理、审核及备案绿色通道，加快审核等程序的推进。这是该领域的一个重大突破，同时也预示着 PPP 项目资产证券化正式启动，使 PPP 资产与资本市场形成有效对接，以实现盘活 PPP 项目社会资本存量资产、拓宽市场投资者投资渠道等目标，这对 PPP 各参与方、PPP 项目融资、PPP 基础资产都将产生重大影响，对今后交通运输领域 PPP 市场发展具有积极影响。

一是有助于盘活存量 PPP 项目资产。财政部 PPP 中心统计数据显示，交通运输 PPP 项目约占 PPP 项目总投资规模的 30%。这些交通运输项目资产往往具有较强的专用性，流动性较差，可以选择其中具有稳定现金流、运营较为成熟的项目进行资产证券化，变成市场可投资的金融产品，通过金融市场交易流动，盘活存量 PPP 项目资产，满足社会资本再融资需求，增强基础资产的流动性。

二是提高社会资本参与积极性。关于 PPP 项目社会资本退出机制，目前还没有明确的法律政策规定。政府方通常希望选定社会资本后双方能够合作至全生命周期满，对社会资本退出机制的安排，偏重于非正常情形下的临时接管等，对正常情形下社会资本的退出规范和细化较少新意。而社会资本往往是具有不同优势的社会资本方联合组成，需要随PPP项目进程而进退，更何况对于一个企业而言其目标定位也会在长达二三十年的合作期中随市场环境的变化而进行调整。PPP项目资产证券化为社会资本的投资退出提供了规范化、市场化的机制，有利于降低社会资本融资成本、实现表外融资、改善债务结构。这一融资模式将有助于提高社会资本参与的积极性，吸引更多社会资本参与交通运输领域的公共服务中来。

三是有利于逆向激励社会资本增强信用。由于开展资产证券化工作需要对发起人或原始权益人开展一系列尽职调查，包括基本情况、主营业务及财务状况、与基础资产相关业务情况等，这有利于逆向激励社会资本方或项目公司增强信用，加强运营管理，提高效率，这实际上也有助于提高公共服务水平。

总之，在当前国内实体经济下行压力加大，结构性改革步入深水区，交通运输领域依然承担着促投资、稳增长的重要任务，根据国家公路网等最新规划，未来5～10年交通建设融资需求规模巨大，因此推行交通运输PPP项目资产证券化对于开拓新的融资渠道、提高资金使用效率，实现资本有效供给与需求的匹配具有非常重要的意义。

3. 核心要点

一是收费公路PPP项目资产证券化中基础资产收益权与特许经营权密切相关。《收费公路管理条例》明确规定了收费公路的特许经营性质，并明确规定收费公路权益可以依法转让。因此，收费公路收费等收益权具有的垄断性和排他性，使其成为资产证券化基础资产提供了有效的保障，且收费公路基础资产的收益权与特许经营权密切相关。基础资产收益权是特许经营权的一部分，基础资产的转让体现为特许经营权的部分转让，由于PPP项目资产证券化基础资产转让的“真实出售”是附有条件的买卖行为，即原始权益人如PPP项目公司将继续负责PPP项目的运营养护管理，是否需要按现行收费公路权益转让的有关规定转让程序存在一定的争议。

二是资产证券化产品期限要与收费公路PPP项目期限相匹配。收费公路

PPP 项目全生命周期普遍为二三十年，而目前我国资产证券化产品的存续期限一般在 5 年以内，不超过 7 年，主要原因是：一方面目前我国资产证券化市场缺少中长期机构投资者，保险资金的投资门槛较高，企业年金、社保基金等大型机构投资者在资产证券化产品的投资准入方面有较大限制；另一方面资产证券化产品的流动性较弱，投资者对于中长期限资产证券化产品要求较高的流动性溢价，难以满足优质主体的融资成本要求。因此，当前单个资产证券化产品期限难以满足单个收费公路 PPP 项目融资需求，如果要满足融资需求，在收费公路 PPP 项目资产证券化产品期满后，再开展另外的资产证券化，如此，不仅程序烦琐，也会增加融资成本；如果要设计出与收费公路 PPP 项目周期相匹配的证券化产品，需要在投资主体准入和产品流动性等方面提出更高的要求，还需要不断推动政策的完善和交易机制的创新。

三是收费公路未来现金流的稳定性问题。发改投资〔2016〕2698 号明确规定，开展资产证券化的 PPP 项目需要运营 2 年以上且已产生稳定持续现金流。但对于何为“稳定持续现金流”尚未界定，事实上也很难明确。当前阶段我国收费公路中交通流量大的项目已基本建成，新建项目通常市场培育期较长、运营早期阶段现金流有限，项目收益率普遍较低。另外，随着路网越来越加密，收费公路预期现金流受与之平行的公路带来的竞争影响越来越大，未来现金流面临较大不确定性。这将是收费公路 PPP 项目资产证券化面临的一个核心问题，也是其他资产证券化产品面临的一个普遍性问题。为克服这一缺陷，美国一些公司开展了一系列探索，采用增信措施，例如创造性地采用多档分级设计，推出对基础资产进行主动管理的债务抵押证券等方式提供现金流的稳定性；又如为了降低兑付风险，产品发行前普遍安排了债券保险等外部信用增级措施。因此，针对收费公路 PPP 项目资产证券化产品现金流不稳定性问题，需要市场创新研究出相应的增信措施，降低产品风险。

四是开展收费公路 PPP 项目证券化的动力不足。当前收费公路 PPP 项目面临落地难的其中一个原因是 PPP 项目资产流动性差、社会资本退出机制不灵活，资产证券化恰恰可以解决这一问题，起到盘活存量资产、推动融资创新、实现出表、加快社会资本投资收回，进而吸引社会资本积极参与的积极作用。但并不是所有收费公路 PPP 项目都有动力去开展资产证券化，只有发起人认为资产证券化发行利率足够低以至于能够赚取利差的情况下，才会有动力去证券化。据统计，2016 年企业资产证券化优先 A 档证券最高发行利率为 8.5%，最低发行利率为 2.31%，平均发行利率为 4.43%；优先 B 档证券最高发行利率为 9.2%，最低发行利率为 3.4%，平均发行利率为 5.5%。① 同时，受 2016 年发生的首单资产证券化违约事件影响，预判现阶段收费公路 PPP 项目资产证券化发行利率普遍不会明显低于当前银行长期贷款利率 4.9% 的水平，或者低于银行长期贷款利率幅度不会太大。这对收费公路 PPP 项目社会资本等参与者而言无明显利差可图，影响资产证券化在收费公路 PPP 市场的应用。

专栏阅读 7－1：

PPP 项目资产证券化违约事件——大成西资管计划

2014 年 3 月 17 日，我国证券监督管理委员会正式批复了“大成西黄河大桥通行费收入收益权专项资产管理计划”。2016 年 5 月，该项目优先级“14 益优 02”到期未发布兑付公告，资产证券化项目出现第一单实质性违约事件。该事件的发生引起了业界的广泛关注，尤其是对资产证券化风险的重新审视与思考。挖掘违约的本质，核心原因是项目还款来源单一，信用评级对煤炭行业形势预估与实际形势不符。该项目现金流还款来源完全依赖于大成西黄河大桥通行费收入，项目还款来源单一、集中，自 2014 年以来煤炭等重资产重能源的行业出现不景气的情况，而大成西桥项目通行的车辆主要为运煤车辆，加之该项目对面的煤矿环保改造，实际通行费收入远低于预期水平。

资料来源：叶晓明，钱梦佳：《大成西黄河大桥 ABS 违约本质为何?》，《21 世纪经济报道》，2016 年 8 月 26 日。

① 中央国债登记结算有限责任公司. 2016 资产证券化发展报告［R/OL］.（2017－01－09）［2017－01－09］. https://www.chinabond.com.cn/resource/1472/1488/1505/18472/41498/63390/146095561/1483927537652204654 4974.pdf? n = 2016% E5% B9% B4% E8% B5% 84% E4% BA% A7% E8% AF%81% E5% 88% B8% E5% 8C% 96% E5% 8F% 91% E5% B1% 95% E6% 8A% A5% E5% 91% 8A.pdf.

4. 应用情况

2017年3月，国家发展和改革委员会发布了首批9单PPP资产证券化项目的推荐函，其中包括交通基建、工业园区、水务、固废处理等类型的传统基础设施领域项目。3月10日，首创股份污水处理PPP项目收费收益权资产支持专项计划、华夏幸福固安工业园区新型城镇化PPP项目供热收费收益权资产支持专项计划、网新建投庆春路隧道PPP项目资产支持专项计划、广晟东江环保虎门绿源PPP项目资产支持专项计划4个PPP资产证券化项目获准发行，标志着业界一直期盼的PPP项目资产证券化正式落地。4单PPP项目资产证券化产品总规模达27.14亿元，其中3单分别对应3家上市公司。剩余的首批5单PPP资产证券化项目相继推出。5月4日，中国证券投资基金业协会收到国家发展和改革委员会向中国证监会推荐的第二批资产证券化PPP项目清单，临沂市阳都热力有限公司PPP项目等8个项目符合条件并获得国家发展和改革委员会推荐，交通基础建设领域项目多达5个，占全部项目数的62%，充分体现了国家对传统基础设施领域PPP项目资产证券化业务发展的大力支持。具体项目名称如表7-9所示。

表7-9　　　　第二批资产证券化PPP项目推荐清单

序号	项目名称
1	临沂市阳都热力有限公司PPP项目
2	青岛海湾大桥项目
3	三门峡市三联热力PPP项目
4	武汉汉西污水处理厂PPP项目
5	惠东凌坑至碧甲高速公路（广惠东延线）一期工程项目
6	广西灵峰（桂粤界）至八步公路项目（广贺高速公路贺州段）
7	成自泸赤高速公路（泸州段）
8	黔西至大方高速公路石板至关东段项目

资料来源：中国新闻网：第二批资产证券化PPP项目推荐清单，2017年5月4日。

财政部PPP中心数据显示，自2016年底相关主管部门正式力推“PPP+ABS”以来，入库PPP项目资产证券化产品共成功发行（产品处于存续期）14单，总规模136.86亿元（见表7-10）。其中2017年成功发行6单，规模56.55亿元；2018年仅成功发行2单，规模10.81亿元；2019年则成功发行5

单，规模 59 亿元；2020 年截至目前成功发行 1 单，规模 10.5 亿元。从项目所属领域来看，该 14 单 PPP 资产证券化产品的项目主要涉及市政工程、城镇综合开发、教育等领域，此外，文化及交通运输也有涉及，其中市政工程 8 单，占比绝大多数；交通运输 1 单，占比较小。

表 7－10　PPP 项目资产证券化实际发行情况

年份	发行单数（单）	发行规模（亿元）	所属领域
2017 年	6	56.55	市政工程、交通运输、教育、城镇综合开发
2018 年	2	10.81	市政工程、教育
2019 年	5	59.00	市政工程
2020 年至今	1	10.50	市政工程
合计	14	136.86	

资料来源：根据财政部 PPP 中心数据整理。

近年来 PPP 项目资产支持专项计划发行情况如表 7－11 所示。

表 7－11　近年来 PPP 项目资产支持专项计划发行情况

序号	产品简介	PPP 项目库名称	所属领域	发行金额（亿元）	发行日期	发行期限（年）	发行利率（%）	基础资产
1	中建三局—十堰管廊 PPP 项目资产支持专项计划	湖北十堰市地下综合管廊 PPP 项目	市政工程	23.16	2019 年 12 月 20 日	29	3.88	收费收益权
2	安信证券—四川发展国润环境绵竹供排水一体化 PPP 项目资产支持专项计划	四川省绵竹市城乡供排水一体化 PPP 项目	市政工程	7.14	2019 年 9 月 27 日	18	4.90	信托收益权
3	国金—川投航信停车场 PPP 项目 1 号资产支持专项计划	四川省资阳是雁江区停车场 PPP 项目	市政工程	5.30	2019 年 9 月 27 日	10	4.35	收费收益权
4	徐州粤港海水务有限责任公司 2019 年第一期资产支持票据	徐州市骆马湖水源地及袁水冠线 PPP 项目	市政工程	17.32	2019 年 2 月 19 日	20	4.25	原水供应收费收益权

续表

序号	产品简介	PPP 项目库名称	所属领域	发行金额（亿元）	发行日期	发行期限（年）	发行利率（%）	基础资产
5	中信建设—京蓝沐禾 PPP 项目可持续发展资产支持专项计划	翁牛持续美丽村庄综合整治街巷硬化 PPP 项目	市政工程	4.11	2018 年 6 月 15 日	≤9	7.50	收费收益权
6	国君资管山财大莱芜校区 PPP 资产专项计划	山东省莱芜市山东财经大学莱芜校区建设项目	教育	6.70	2018 年 4 月 26 日	10	5.60	政府可用性付费的收费收益权
7	华西证券—川投 PPP 项目资产支持专项计划	四川省资阳市雁江区停车场 PPP 项目	市政工程	2.50	2017 年 12 月 29 日	12	4.70	私募股权投资基金 A 类份额（项目公司股权）
8	华夏幸福固安工业园区新型城镇化 PPP 项目资产支持专项计划	—	城镇综合开发	32	2017 年 12 月 19 日	5.53	6.60	供热收费收益群
9	中海恒信－联储证券—仪征技师学院 PPP 项目资产支持专项计划	仪征市技师学院整体迁建项目	教育	3.80	2017 年 11 月 28 日	11.32	6.50	政府每年支付的服务费
10	西成新区沣西新城综合管廊资产支持专项计划	泾河新城综合管廊 PPP 项目	市政工程	1	2017 年 9 月 5 日	5	6.87	承租人的管廊租金债权
11	华夏幸福固安新型城镇化 PPP 项目市政物业服务 2017 年第一期资产支持票据	河北省廊坊市固安县固安高新区综合开发 PPP 项目	城镇综合开发	2	2017 年 8 月 14 日	5.53	4.80	物业服务费收费收益权

续表

序号	产品简介	PPP 项目库名称	所属领域	发行金额（亿元）	发行日期	发行期限（年）	发行利率（%）	基础资产
12	富诚海富通—浦发银行 PPP 项目资产支持专项计划	鞍山市兴业环城大道（东环段）PPP 项目	交通运输	15.25	2017 年 8 月 1 日	14.33	4.46	信托贷款形成的信托受益权
13	中信信托—唐山世园会 PPP 项目资产支持专项计划	2016 年唐山世界园艺博览会基础设施及配套项目	文化	6.08	2019 年 1 月 28 日	—	—	信托受益权
14	申万宏源—北控水务楚雄亚行配合 PPP 项目资产支持专项计划	云南省楚雄彝族自治州亚行贷款云南省楚雄州城市基础设施建设项目	市政工程	10.50	2020 年 2 月 6 日	—	—	项目收费权

资料来源：万文清、沈星：《PPP 项目资产证券化发展现状分析》。

三、收费公路权益转让

（一）政策依据

《公路法》规定，依照本法出让公路收费权的收入必须用于公路建设。《收费公路管理条例》规定，依照本条例的规定转让收费公路权益的，应当向社会公布，采取招标投标的方式，公平、公正、公平地选择经营管理者，并依法订立转让协议。转让政府还贷公路权益的收入，必须缴入国库，除用于偿还贷款和有偿集资款外，必须用于公路建设。《收费公路权益转让办法》（国务院令第 417 号）作为《收费公路管理条例》的配套规章，专门对收费公路权益转让原则、转让条件、转让程序、转让收入使用管理等作了具体全面规定，充分体现“国家允许依法转让收费公路权益，同时对收费公路权益的转让进行严格控制”原则。为进一步规范收费公路权益转让行为，《关于进一步规范收费公路权益转让行为的通知》（交财审发〔2017〕80 号）结合新形势新要求，在《收费公路权益转让办法》的基础上，规定国道的收费权转让必须经交通运输部批准，国道以外的其他公路的收费权转让必须经省、自治区、直辖市人民政府批准，并报交通运输部备案。同时，简化了收费权转让程序和材料，重申了受让支付方式。

（二）转让模式

根据《收费公路权益转让办法》规定，收费公路权益转让，是指收费公路建成通车后，转让方将其合法取得的收费公路权益有偿转让给受让方的交易活动。按转让前后项目性质不同，包括政府还贷公路转经营性公路、经营性公路转经营性公路、经营性公路转非经营性公路；按转让权益构成，包括单个项目转让、整体换转转让、股权转让等。从政府角度讲，将政府还贷公路转为经营性公路，或将政府与社会资本合作项目中的国有股权转让给社会资本，可以盘活收费公路存量公路资产，筹集公路发展资金，更具现实意义。其中：

单个项目转让针对某一具体项目，转让双方履行转让手续后，受让方获得该项目的收费公路权益。转让方通过转让既有项目一定期限内的收费公路权益获取转让金，提前回收项目投资资金，并可将获取的转让金用于公路建设。受让方则通过受让一定期限内的收费公路权益，以收回投资、获取回报。

整体划转转让即政府还贷公路整体划转转让，是指将政府还贷公路资产和债务作为一个整体，采取行政划拨方式划拨给交通融资平台公司，政府还贷公路债务转化为企业债务，有效化解了政府债务风险，并通过完善融资平台公司功能定位，为高速公路未来发展搭建了新的投融资平台，能够确保高速公路持续发展。这种转让模式是公路交通行业为积极应对国家财税体制改革新形势新要求，确保行业可持续发展所做的一种有益探索。

股权转让包括三种情形：一是将经营性公路部分或全部股权在公路经营集团公司内部进行转让；二是将经营性公路转让给集团公司之外的公路经营企业；三是将政府与社会资本合作的收费公路项目中的国有股权全部或部分转让给社会资本。前两种收费公路权益转让情形比较常见，第三种情形目前尚不多见。

（三）探索实践

自20世纪90年代以来，在公路交通行业发展过程中，单个政府还贷公路项目转让为经营性公路的行为一直存在。据统计，截至2016年9月30月底，全国共有约300多个收费公路进行了收费权益转让，其中存在较多的违规转让行为。[①] 期间，交通运输部多次出台政策进行规范，但依然未能扼制住违规转让行为的发生。2017年5月，交通运输部、国家发展和改革委员会、财政部联合发文，要求对2012年1月1日至2016年9月30日期间违规转让收费公路权益行为进行整改。

近年来，随着国家投融资和财政预算体制改革的不断深化，特别是《国务院关于加强地方政府性债务管理的意见》（国发〔2014〕43号）的出台，高速公路等政府还贷的交通基础设施建设项目通过原有的政府融资平台融资受到限制，存量债务风险化解及未来交通基础设施建设发展融资面临较大困境。在此背景下，山东、辽宁、山西等一些省份积极探索，采取整体划转方式，将政府还贷公路整体划转到省级交通融资平台公司，将政府还贷公路债务转化为企业债务，由交通融资平台公司承担交通基础设施建设融资任务，不仅化解了政府还贷公路的债务风险，而且解决了未来交通基础设施建设发展的融资渠道问题。从实践中看，整体划转表现为两种情形：

一种情形是整体划转后政府还贷公路性质不变，其本质是委托管理，典型代表是江西省。2012年江西省经省政府批准同意，江西省交通运输厅将其投资和管理的14条收费还贷高速公路的厅属资产和负债、江西省高等级公路管理局5个管理处整体移交至江西省高速公路投资集团有限责任公司管理及运作。[②] 具体移交原则包括：（1）性质不变，即维持原收费还贷性质不变，继续享受政府还贷公路的免征营业税及附加，资产不计提折旧政策；（2）整体划转（含在建项目）；（3）责权一致。高速公路资产的相关收入及债务的还本付息责任全部直接移交省高速集团。除路政经费外，省高速集团负责承担高速公

① 蒋桂芹，周健．盘活交通基础设施存量资产研究报告［R］．2017-12-12.

② 江西省高速公路投资集团有限责任公司2018年度第六期中期票据信用评级报告［R］．2018-08-06.

路相关的一切费用；（4）分账核算。省高速集团对所辖高速公路分类、分路段核算收入、成本和预算管理，统筹安排公路建设资金。

另一种情形是整体划转后政府还贷公路转变为经营性公路，这是近年来出现的一种整体划转形式，典型代表是辽宁省。2016 年，辽宁省为推动公路、铁路等交通基础设施持续健康发展，化解政府债务风险，按照“政企分开、市场导向”原则，由省政府决策，将全省全部高速公路资产和债务整体划转省交通融资平台公司省交投集团，省政府授权省国有资产监督管理委员会代表省政府履行出资人职责，省交通运输厅履行行业管理职责。[①] 省交通投资集团领导班子由省委统一管理。

四、金融租赁应用

金融租赁是集融资和融物于一体，并且具备多种综合服务功能的融资方式，是金融业发展过程中金融资本、产业资本、商业资本相融合，以及现代化大生产趋势下银行信用、商业信用、实物信用相结合的产物。20 世纪 50 年代，以融资租赁为代表的现代租赁业在美国兴起，随后在日本及欧洲地区迅速发展，经过 60 多年的发展，租赁已经成为资本市场中仅次于信贷的融资形式，与信贷、证券并列为最重要的固定资产投资工具。

（一）主要运作模式

融资租赁是将传统的租赁、贸易与金融方式有机结合后形成的一种新的交易方式，具有所有权与使用权分离、融资与融物相结合、以租金形式分期归还本息等主要特点。在实务中，金融租赁主要有直接融资租赁、售后回租、杠杆租赁、委托租赁和转租赁等具体表现形式。其中：

直接融资租赁是指由承租人选择需要购买的租赁物件，出租人通过对租赁项目风险评估后出租租赁物件给承租人使用。在整个租赁期间承租人没有所有权但享有使用权，并负责维修和保养租赁物件。这种模式适用于固定资产、大型设备购置以及企业技术改造和设备升级。

---

① 蒋桂芹，周健．盘活交通基础设施存量资产研究报告［R］．2017－12－12．

售后回租是承租人将自制或外购的资产出售给出租人，然后向出租人租回并使用的租赁模式。租赁期间，租赁资产的所有权发生转移，承租人只拥有租赁资产的使用权。双方可以约定在租赁期满时，由承租人继续租赁或者以约定价格由承租人回购租赁资产。这种方式有利于承租人盘活已有资产，可以快速筹集企业发展所需资金，顺应市场需求，比较适用于流动资金不足的企业、具有新投资项目而自有资金不足的企业、持有快速升值资产的企业。

杠杆租赁的做法类似银团贷款，是一种专门做大型租赁项目的融资租赁，主要是由一家租赁公司牵头作为主干公司，为一个超大型的租赁项目融资。首先成立一个脱离租赁公司主体的操作机构——专为本项目成立资金管理公司提供项目总金额20%以上的资金，其余部分资金来源则主要是吸收银行和社会闲散游资，利用100%享受低税的好处和“以二搏八”的杠杆方式，为租赁项目取得巨额资金。其余做法与融资租赁基本相同，只不过合同的复杂程度因涉及面广而随之增大。由于可享受税收好处、操作规范、综合效益好、租金回收安全、费用低，一般用于飞机、轮船、通信设备和大型成套设备的融资租赁。

委托租赁是拥有资金或设备的人委托非银行金融机构从事融资租赁，第一出租人同时是委托人，第二出租人同时是受托人。出租人接受委托人的资金或租赁标的物，根据委托人的书面委托，向委托人指定的承租人办理融资租赁业务。在租赁期内租赁标的物的所有权归委托人，出租人只收取手续费，不承担风险。这种委托租赁的一大特点就是让没有租赁经营权的企业，可以“借权”经营。

转租赁是以同一物件为标的物的融资租赁业务。在转租赁业务中，上一租赁合同的承租人同时也是下一租赁合同的出租人，称为转租人。转租人从其他出租人处租入租赁物件再转租给第三人，转租人以收取租金差为目的，租赁物的所有权归第一出租方。转租至少涉及四个当事人：设备供应商、第一出租人、第二出租人（第一承租人）、第二承租人。转租至少涉及三份合同：购货合同、租赁合同、转让租赁合同。

（二）适用范围

1. 我国相关政策规定的适用范围

从监管体制看，我国融资租赁机构可分为银监会监管的金融租赁公司、商务部监管的内资融资租赁企业和外商投资租赁公司，分别执行《金融租赁公司管理办法》（银监会令 2007 年第 1 号）、《外商投资租赁业管理办法》（国商务部令 2005 年第 5 号）和《关于从事融资租赁业务的有关问题的通知》（商建发〔2004〕560 号）。

《金融租赁公司管理办法》提出，适用于融资租赁的租赁物为固定资产。《外商投资租赁业管理办法》提出，本办法所称租赁财产包括：（1）生产设备、通信设备、医疗设备、科研设备、检验检测设备、工程机械设备、办公设备等各类动产；（2）飞机、汽车、船舶等各类交通工具；（3）本条（1）、（2）项所述动产和交通工具附带的软件、技术等无形资产，但附带的无形资产价值不得超过租赁财产价值的 1/2。《关于从事融资租赁业务的有关问题的通知》规定，从事各种先进或适用的生产、通信、医疗、环保、科研等设备，工程机械及交通运输工具（包括飞机、轮船、汽车等）租赁业务的企业参与试点工作。

由此可见，金融租赁公司可从事的融资租赁适用范围最大，为固定资产，不仅包括动产也包括不动产；外商投资租赁企业可从事的融资租赁适用范围次之，包括各类动产，以及动产所附带的一定价值的无形资产；内资试点租赁公司可从事的融资租赁适用范围最小，仅包括各类动产。

2. 我国融资租赁实践中的适用范围

目前，我国融资租赁主要在设备制造业（飞机、船舶、工程机械等）、道路运输业、城市公共交通运输业、水上运输业、航空运输业、铁路运输业、电信和其他信息传输服务业、卫生行业（主要是医院行业）、水的生产和供应业、房屋和土木工程建筑业、化学原料及化学制品制造业、电力热力的生产和供应业、石油加工、炼油及核燃料加工业和其他适宜租赁的行业发挥作用。其中设备融资租赁服务的各类设备主要包括铁路运输设备、电网的电力设备、飞机等。

3. 融资租赁业发达国家实践的适用范围

从融资租赁市场高度发达的国家（美国、日本、韩国）来看（见表 7 - 12），尽管动产和不动产都可以成为金融租赁交易中的客体，但是由于不动产租赁时需要与各国关于不动产交易的法律法规紧密联系在一起，因此，许多关于不动产金融租赁的研究，特别是关于房地产金融租赁的研究都是归在房地产交易与融资的范畴里进行的。而关于金融租赁交易中租赁客体的研究，则主要集中在以机械设备为主的动产方面。由于金融租赁交易中拟租赁的资产由承租人自己选定，以满足其进行生产经营的需要，所以，在理论上来说，任何用于生产经营的设备都可以成为金融租赁交易中的租赁范围。这些设备可以是具有通用性的设备，也可以是完全满足特定承租人需要的专有设备。正是由于这个原因，金融租赁在美国又被称为设备租赁。

表 7－12　　美国、日本和韩国金融租赁客体范围

国家	租赁物
美国	• 服务业租赁； • 汽车设备租赁，包括客车租赁、货车、拖车和改造车租赁； • 消费品租赁，包括电子产品、制服、磁带和光盘、其他消费品； • 商业性和产业性机器设备租赁，包括建筑业、运输业、采矿业、林业机器设备；办公设备；其他商业性和产业性设备
日本	• 信息与通信设备，包括计算机硬件、计算机软件和通信设备； • 办公室设备； • 产业设备； • 制造业设备； • 建筑业设备； • 交通运输设备，包括汽车和船舶； • 医疗设备； • 商业与服务业设备； • 其他，如物理与化学设备
韩国	• 产业机械； • 运输设备； • 电脑、科教仪器； • 医疗机械； • 通信设备； • 其他

资料来源：交通运输部科学研究院：《金融租赁业务在交通行业应用的政策研究》。

所以，就租赁客体而言，现代金融租赁所经营的租赁设备几乎无所不及，从人造卫星、航天设备、石油钻井平台等大型成套设备到包括汽车、火车、轮船以及飞机在内的各种运输工具、集装箱、电子计算机，从各种精密仪器、信息处理系统、电话通信、纺织机械等专用设备到机床、办公用品等一般通用生产设备，都已经成为出租人的经营对象。此外，随着信息产业的飞速发展，IT设备的价值实际上与硬件和软件的整合度越来越紧密。而且，很多情况下一套

IT设备的总价值中软件所占的价值比重已经远远超过了硬件的价值。所以，像计算机软件这样的无形资产也开始迅速进入租赁客体的范畴，在一定意义上丰富了金融租赁的内容。

（三）实践探索

1. 总体情况

交通建设项目往往需要巨额资金，金融租赁是集融资和融物于一体的新型融资方式，在融资、引进外资等各方面有着巨大优势，经过30年的发展，金融租赁业务在我国交通行业的一些领域已有广泛应用，飞机、船舶等交通工具和工程机械设备的金融租赁活动正逐步成为一种普遍的做法。通过开展多种形式的金融租赁业务，为我国交通建设利用外资引进先进设备，提高资金使用效率、降低资本运营风险、缓解资金需求压力和改善财务状况做出了巨大的贡献。可以说，现代交通业的发展离不开金融租赁业务的支持。

2009年5月，融资租赁首次引入公路资产领域，探索采取金融租赁方式盘活云南昆石高速公路资产，融资金额达37.48亿元，首开全国高速公路金融租赁的先河，实现了金融租赁业的首次创新。此后，福建、河南、山东和甘肃等省交通行业先后采取售后租回的金融租赁模式盘活高速公路存量资产，不仅为公路交通建设发展提供了及时的资金供给，也为交通基础设施建设拓宽融资渠道、优化资本结构、降低资金成本和提高资本运作能力，起到了良好的示范作用。据了解，云南、福建等省继续用好发挥好金融租赁方式的融资作用，截至2016年6月底云南省利用金融租赁累计融资174亿元，截至目前福建省采取售后回租方式累计融资183亿元。我国公路资产金融租赁售后回租模式应用情况如表7－13所示。

表7－13　我国公路资产金融租赁售后回租模式应用

时间（年）	公路资产	公路资产经营者	金融租赁机构	融资金额（亿元）
2009	云南昆石高速公路	云南省公路开发投资有限责任公司	国银租赁	37.48
	云南楚大高速公路		工银租赁、国银租赁	49

续表

时间（年）	公路资产	公路资产经营者	金融租赁机构	融资金额（亿元）
2010	郑州机场高速公路	河南省中原高速公路股份有限公司	招银租赁、建信租赁	9
	福宁高速公路	福建省高速公路公	国银租赁	80
2011	京福高速公路德齐北段	山东高速公路股份有限公司	中飞融资租赁有限公司	19
2012	古永、永山两条高速公路	甘肃省公航旅集团	国银租赁	12
2014	安楚高速公路和平村至三合邑路段	云南省公路开发投资有限责任公司	中国信达资产管理公司、信达金融租赁公司	18
2017	雅西高速	四川高速公路建设开发总公司	昆仑金融租赁	25

资料来源：蒋桂芹、周健：《盘活交通基础设施存量资产研究报告》。

专栏阅读7-2：

山东高速售后回租融资租赁

一、概述

山东高速公路股份有限公司（以下简称“公司”）将所拥有的京福高速公路德齐北段划分两段，以其路面资产为标的资产分两期出售给中飞租融资租赁有限公司（以下简称“中飞公司”），融资总金额19亿元。中飞公司再将该资产返租给公司，租期5年，公司在租赁期内向中飞公司按期支付租金，继续保持本公司的管理权与运营权，至期满时以1元价格购回资产所有权。

二、交易标的基本情况

京福高速公路德齐北段，全长52.2公里，经营期限25年，于2022年11月到期。类别：固定资产；权属：山东高速公路股份有限公司；资产价值：截至2011年3月31日，资产账面净值19.05亿元。

三、合同主要内容

(1) 租赁物：京福高速公路德齐北段。(2) 融资金额：分两期，合计融资19亿元；第一期融资10亿元，第二期融资9亿元。(3) 租赁方式：售后回租方式；租赁期限：5年，即2011—2016年。（4）银行利率：银行利率以中国人民银行贷款基准利率（3～5年）下浮10%，采取浮动利率制。（5）银行手续费及租赁安排费：首次融资10亿元，银行手续费按照租赁金额的2.66%，租赁安排费率3‰（即300万元）；二期融资9亿元，银行手续费按照当期资金市场价格确定，租赁安排费率3‰（即270万元）。（6）租金及支付方式：采用等额本金还款法，按季度支付。（7）担保：承租期间，标的资产的收费权质押给融资银行，以担保租金作为还款来源。（8）合同生效条件：自各方法定代表人或其授权代表签字并盖章后生效。

四、影响

通过融资租赁业务，公司利用现有资产进行融资，降低了财务费用，有利于盘活固定资产，优化资本结构，提高资本运作能力。

资料来源：交通运输部科学研究院：《金融租赁业务在交通行业应用的政策研究》。

2. 制度障碍

一是金融租赁标的物合规性问题。根据金融租赁相关政策规定，金融租赁标的物为固定资产，包括动产也包括不动产。但一直以来，公路交通行业利用售后回租的金融租赁方式盘活公路存量资产，通常是将公路路面资产作为金融租赁标的物，而公路路面资产与其所占有土地具有不可分割性，二者共同构成公路基础设施资产。

根据《物权法》规定，公路路面资产转让，其占用范围内的建设用地使用权一并处分。在采取售后回租方式开展融资租赁时，在"售"路面资产的同时并未将其占有的建设用地使用权一并处分，不符合《物权法》规定。即便是将公路路面资产与其所占有土地一并处分，也不符合《物权法》规定，因为公路基础设施为国家所有，处置权属于国家。

二是收费公路权益转让程序问题。公路交通行业采取售后回租方式盘活公路存量资产，而金融租赁标的物路面资产本身并不能带来经济效益，但依附在路面资产之上的收费公路权益却能够带来经济效益，这也是售后回租金融租赁方式得以运用的基础。从本质上讲，通过"售"路面资产将收费公路权益转让给金融租赁机构，然后再通过"回租"路面资产方式将收费公路权益从金融租赁机构转回来。由此，收费公路权益主体发生了变化，需要按照《公路法》《收费公路管理条例》《收费公路权益转让办法》等规定的收费公路权益转让程序进行转让。但在实践中，则是通过将“路面资产”作为金融租赁标的物的方式，规避了收费公路权益转让程序。

3. 政策规定适用的公路交通资产

根据我国相关政策规定及国内外实践情况，公路交通资产中适用于开展金融租赁的资产主要包括：一是高速公路附属设施。从实物形态上看，高速公路附属设施主要由各种建筑物、构筑物和机电工程（包括通信系统、监控系统、收费系统和供配电及照明系统）构成，属于固定资产，既包括动产也包括不动产。二是物流园区。一般来讲，物流园区的建设投资额较大，主要由建筑物、构筑物、运输机械或车辆等固定资产构成。三是运输场站。根据运输标的物的不同，道路运输场站分为道路旅客运输场站和道路货物运输场站。从实物形态上看，运输场站基础设施通常是由建筑物、构筑物、办公及服务设施等构成。

第五节　政府购买服务融资模式研究

一、政策依据

2012 年 6 月，财政部、交通运输部联合印发了《关于推进交通运输领域政府购买服务的指导意见》（财建〔2016〕34 号），明确将农村公路建设与养护纳入政府购买服务事项范围。该文件的出台，对于指导各地破解农村公路投融资难题，增强普通公路服务供给提供了政策依据。与此同时，国省干线公路中具备条件的、适合以政府购买服务实现的非收费公路项目也可以参照该文件精神，按照“应买尽买，能买尽买”的原则，进一步加大创新力度，积极争取各方支持，推动政府购买服务方式在普通公路领域的全面运用。

此外，《国家发展改革委关于开展政府和社会资本合作的指导意见》（发改投资〔2014〕2724 号）规定，“对于缺乏‘使用者付费’基础、主要依靠

‘政府付费’回收投资成本的项目，可通过政府购买服务，采用‘建设—拥有—运营’（BOO）、委托运营等市场化模式推进”。这也为非收费公路项目在PPP模式中采用政府购买服务提供了政策依据。

在银行参与政府购买服务提供金融支持方面，中国农业发展银行率先提供了政策支持。2015年，中共中央、国务院印发的《关于加大改革创新力度加快农业现代化建设的若干意见》明确指出：农业发展银行要在强化政策性功能定位的同时，加大对水利、贫困地区公路等农业农村基础设施建设的贷款力度。《交通运输部中国农业发展银行关于充分发挥农业开发性金融作用支持农村公路建设的意见》中提出：通过委托代建购买服务、PPP及政府授权公司自营等融资模式支持农村公路建设；因地制宜、因项目制宜，组合运用项目前期贷款、流动资金贷款和中长期项目贷款等信贷产品，量身定制合规便捷的融资方案；开辟绿色通道，实施利率优惠，提高办贷效率，加快贷款投放，为农村公路建设提供全面优质的金融服务。

2015年11月，交通运输部与国家开发银行股份有限公司签署了《开发性金融推进交通扶贫攻坚合作协议》，合作领域主要包括《“十三五”交通扶贫规划》确定的集中连片特困县、国家扶贫开发工作重点县、革命老区县、少数民族地区县、边境县所辖的高速公路、国省干线公路网、农村公路和内河水运基础设施项目；双方将紧紧围绕全面建成小康社会总要求和“十三五”交通扶贫重点目标任务，广泛开展融智合作和融资合作，结合国家预算体制改革，研究适合的融资模式，为贫困地区整体脱贫致富、全面建成小康社会提供强有力的交通运输保障。

二、在四川的探索应用

（一）初步设计思路

2015年，按照交通运输部与农业发展银行《关于充分发挥农业开发性金融作用支持农村公路建设的意见》（交财审发〔2015〕129号）精神，经报省政府批准，四川省交通运输厅与四川兴蜀公路建设发展有限责任公司（以下简称“兴蜀公司”）签订政府购买服务协议，委托其开展农村公路改善提升工程省补助资金融资服务。兴蜀公司按照省政府批准的农村公路改善提升工程专项实施方案向农发行贷款，并根据四川省交通运输厅编制的项目投资计划先行垫付省级补助资金。所垫付的资金及相关费用，按成本补偿原则以支付政府购买服务费用方式，分年纳入四川省交通运输厅部门预算安排。具体流程如图 7－3 所示。

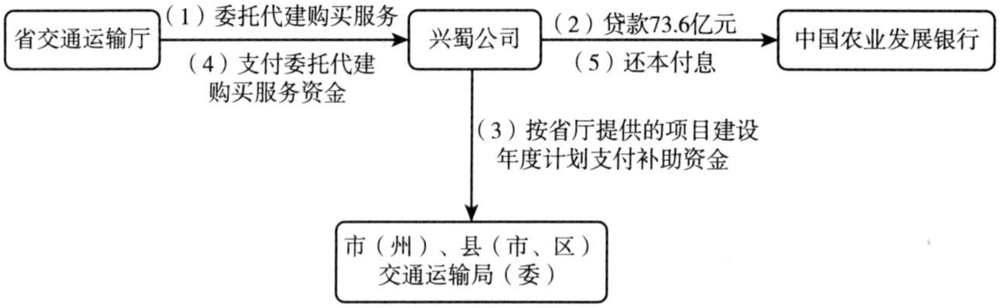

图 7－3　政府购买服务业务流程

资料来源：交通运输部科学研究院：《四川省普通公路筹融资问题研究》。

（二）改进设计思路

以解决省级补助资金不足问题为例，在 2015 年采用的政府购买服务方式基础上，可结合财建〔2016〕34 号文指导精神，改进政府购买服务流程，采用兴蜀公司（或银行认可的其他省级公司，下同）向银行统贷统还、市县政府向兴蜀公司购买服务的方式（见图 7－4）。

一是省级层面统筹协调政府购买服务工作。省政府印发专项实施方案，明确资金平衡总体方案和省级补助资金规模。对于纳入全省交通运输发展规划和专项实施方案的非收费公路项目，鼓励市县政府在省级补助资金到位前，积极采用政府购买服务方式开展建设和养护。

按照政府采购有关法律规定，政府购买服务应统一纳入政府采购管理，购买主体需依法采用公开招标、邀请招标、竞争性谈判、竞争性磋商、单一来源采购等方式确定承接主体。因为非收费公路政府购买服务的特殊性，以及银行对承接政府购买服务的主体贷款条件要求，需在省级层面明确农村公路建设和养护政府购买服务采取单一来源采购的方式，由兴蜀公司作为各市县政府购买服务的承接主体，确保银行贷款资金的顺利投入和还本付息风险可控。

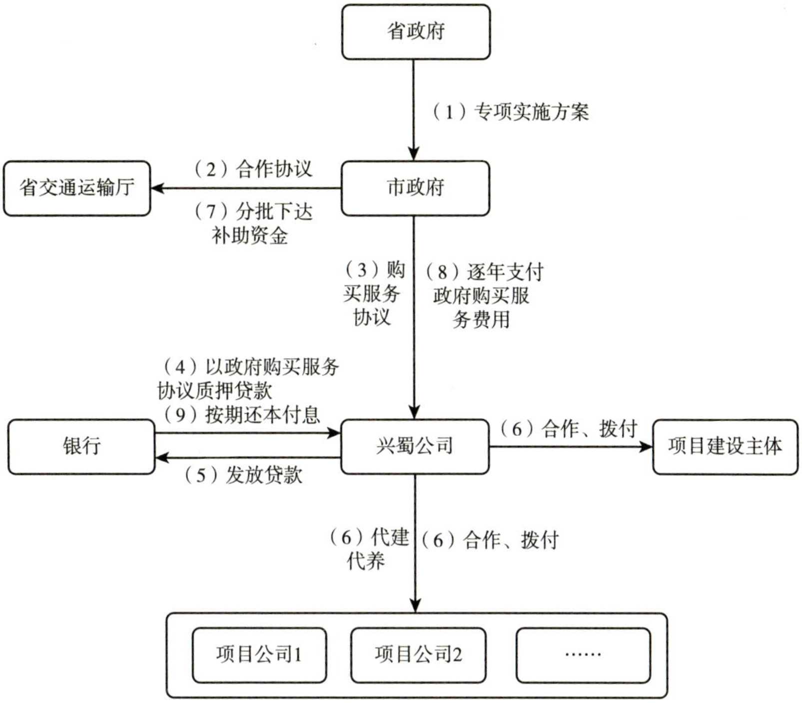

图7－4 改进后的政府购买服务业务流程

资料来源：交通运输部科学研究院：《四川省普通公路筹融资问题研究》。

二是市县政府向兴蜀公司购买服务。按照全省交通运输发展规划和相关专项实施方案，由市县政府与兴蜀公司签订期限为20～30年的购买服务协议，将有省级补助的非收费公路项目委托兴蜀公司建设和养护，或委托兴蜀公司将贷款资金拨付相关非收费公路项目建设主体（兴蜀公司与项目建设主体形成合作关系，实际上只承担融资服务功能）。

为切实维护政府信誉和防范债务风险，确保市县政府将农村公路建设省补助资金用于辖区内通过政府购买服务方式实施的农村公路项目，需由省交通运输厅和相关市县政府签订合作协议，明确权利和义务；对积极采用政府购买服务方式实施普通公路建设和养护，推进有力有序的市县，在计划安排上给予优先支持，促进普通公路建设和养护的良性循环；对履约情况不好，项目推进不力的市县，不按要求及时整改的，以县为单位纳入“负面名单”管理，减少或暂停计划安排。

三是兴蜀公司向银行取得长期贷款。兴蜀公司以项目应取得省补助资金为限向金融机构申请与政府购买服务期限一致的长期贷款。银行将兴蜀公司与市县政府签订的购买服务协议以应收账款质押担保方式批准贷款。除兴蜀公司通过银行贷款垫付的省补助资金外，市县政府应确保项目自筹资金落实到位。

四是在市县政府购买服务期限内分批下达补助资金。采用政府购买服务方式，兴蜀公司需承担因垫付省级补助资金向银行贷款融资产生的利息和税费等相关成本。需通过改进计划管理方式，对政府购买服务方式垫付省级补助资金的项目，采用以奖代补方式增大项目补助总额，在政府购买服务期限内分批下达补助资金。由省交通运输厅与市县政府、兴蜀公司、银行签订四方资金监管协议，确保省级补助资金逐年用于兴蜀公司还本付息及相关税费和管理支出。

五是市县政府向兴蜀公司支付购买服务费用，市县政府收到逐年下达的省补助资金后，应按照政府购买服务协议约定，及时向兴蜀公司支付购买服务费用。兴蜀公司按期向银行足额还本付息。同时，市县政府应将兴蜀公司建设养护成本、贷款利息支出、应付税费、服务管理成本和合理利润作为政府购买服务费用，全额纳入财政预算予以足额保障。

市县政府可参考上述思路，按照政府购买服务要求，选择金融机构认可的政府购买服务承接主体，将非收费公路项目建设和养护通过政府购买服务予以实施，在不增加当期财政负担以及不增加政府债务的情况下，充分调动社会力量积极参与普通公路建设和养护，进一步提高公共服务供给效率、质量和水平。

三、全国应用情况及成效

2015 年以来，政府购买服务方式已经成为筹集农村公路建设资金的重要来源渠道。政策实施以来，交通运输部先后向农发行提供四批农村公路建设 PSL（抵押补充贷款）项目清单，合计 3.4 万个项目，贷款资金需求超过7 000 亿元。截至 2017 年 5 月底，农业发展银行农村公路建设贷款余额约 2 000 亿元，其中受央行限制 PSL 余额仅约 650 亿元。

实践证明，采用政府购买服务方式使用 PSL 资金支持农村公路建设，具有以下优点：一是 PSL 资金具有贷款利率低，平均低于基准利率 15%，贷款期限长，一般为20年等优势，契合了农村公路的公益性属性和建设周期特点；二是创新了财政性资金和政策性信贷资金的结合方式，有效填补了现有的商业化运作、PPP项目等投融资模式在农村公路建设领域的市场缺位；三是在财政规划内，支持地方政府“用未来的钱办现在的事”，符合短时期内集中力量弥补农村交通基础设施突出短板的政策导向和实际需要，尤其可以满足中西部欠发达地区的迫切需求；四是当前政府购买服务相关政策比较全面、清晰，项目操作环节少、办理周期短，地方政府、社会投资者的认可度和积极性较高，金融机构管理制度比较完善，具备了全面推广的政策基础。

第八章　公路交通基础设施行业债转股研究[①]

第一节　债转股的基本内涵

债转股即债权转化为股权，转股之后企业注册资本增加，原来的还本付息转变为按股分红，原债权人不再对企业享有债权，而是债权人自身或由其他法人收购债权，成为企业新增的阶段性持股股东，依法行使股东权利，企业经济状况好转以后，通过上市、转让或企业回购形式回收这笔资金。对于债权人来讲，它将放弃拥有的债权以换取债务企业的股权，从企业的债权人变成股东；对于企业原股东而言，将使他们在企业中所占的份额减少，并很可能失去对企业的控制权；而对债务企业来说，要以权益性证券清偿债务，从而改变企业的资本结构，改变企业股东的数量及其所占份额。

债转股的本质是企业债务的证券化，它是一种债务重组，也是处置不良资产的常用方式之一。根据处于法律程序的不同阶段，债转股可以在进入破产程序前实施，也可以在进入破产程序后通过重整程序实施。二者的差别在于，前者一般是原股东自愿付出一定代价，比如将自身的股东权益以低价转增给债权人，通常只有如此才能满足原债权人和投资者的要求，后者则带有法律强制性。此处研究的债转股仅指银行债转股，即“在企业面临一定债务问题时，将银行对企业的债权转换为资产管理公司对企业的股权”。

第二节　债转股在我国的应用

债转股在我国并不是新概念，改革开放以来，我国于 1999 年和 2016 年共

---

① 本章的表格、图、专栏阅读以及相关数据资料来源均见参考文献［12］。

两次推动过银行债转股，目的均是在经济下行期降低银行不良贷款率、帮助企业去杠杆、维持宏观经济平稳运行。

一、第一轮银行债转股

20 世纪 90 年代末，我国经济受东南亚经济危机、自然灾害和经济结构失调的影响，出现下行趋势。国有企业负债率超过 65%，是 GDP 的 1.78 倍，且相当一部分企业经营不善并出现还款困难，商业银行不良资产和企业负债高企问题困扰着经济发展。

1999 年，为处理国有银行居高不下的不良贷款和企业负债过高问题，时任国务院总理朱镕基大力推行改革，推动银行债转股。原国家经济贸易委员会、中国人民银行于 1999 年 7 月发布《关于实施债权转股权若干问题的意见》，相继成立了信达、东方、长城、华融四家资产管理公司分别对口中国建设银行、中国银行、中国农业银行和中国工商银行四大国有银行。财政部作为唯一股东向四大资产管理公司各注资 100 亿元，并担保四大资产管理公司向央行再贷款融资 5 700 亿元，四大资产管理公司再向商业银行和国家开发银行发行金融债券融资 8 200 亿元，以此作为全部资金按照面值购买四大行的共计 1.4 万亿元的不良资产。2013—2015 年四大国有银行不良贷款率如表 8 - 1 所示。

表 8 - 1　2013—2015 年四大国有银行不良贷款率　单位:%

年份	中国农业银行	中国建设银行	中国工商银行	中国银行
2013	1.22	0.99	0.94	0.96
2014	1.54	1.19	1.13	1.18
2015	2.39	1.58	1.50	1.43
2016	2.37	1.52	1.62	1.46

四大资产管理公司成立后，对四大国有银行的不良贷款进行收购和交接，2006 年官方数据显示，四大资产管理公司累计处理不良资产 1.21 万亿元，占接收总额的 83.5%，累计回收现金约 2 110 亿元，回收率约 17.4%。坏账的剥离让银行轻装上阵，随后四大行相继走上财务重组、注资、引入战略投资者以

及股改上市的改革道路。虽然第一轮债转股的实施存在行政干预过多、市场化程度较弱等问题，但不可否认其成功防范了银行不良资产率过高可能引发的金融危机，避免了国有大型企业因负债沉重大面积倒闭的局面，对维持宏观经济平稳运行发挥了重要作用。

二、第二轮银行债转股

（一）推动背景

“十二五”末期以来我国经济发展开始步入新常态，处于阶段性的增长速度换挡期、结构调整阵痛期、前期刺激政策消化期，“三期叠加”特征明显，经济下行压力逐步加大，使我国企业和实体经济发展面临一系列问题，其中最严重且迫切需要解决的问题即企业杠杆率过高和银行的坏账问题。据中国社会科学院统计，2016 年全社会债务总额占 GDP 比重为 235.7%，企业部门连续三年处于 125% 的高位；国家信息中心预测，我国企业负债率可能已接近 160%，是美国的 2 倍，而且还在不断增长；包括钢铁、水泥、煤炭、贸易在内的部分行业亏损严重，负债率较高，经营困难；上市银行不良贷款激增，净利增速下降明显，不良贷款主要集中在批发零售、制造业、采矿业，截至 2016 年末，银行业不良贷款余额超过 1.5 万亿元。

企业负债率过高和银行不良贷款问题若不及时解决，不仅企业和实体经济难以恢复元气，还可能在这轮经济下滑中引发大规模银行坏账，造成系统性风险。在此背景下，国务院于 2016 年 10 月发布《关于积极稳妥降低企业杠杆率的意见》（国发〔2016〕54 号）和《关于市场化银行债权转股权的指导意见》两份文件，指出要坚持积极的财政政策和稳健的货币政策取向，优化债务结构，有序开展市场化银行债权转股权，依法破产，发展股权融资，积极稳妥降低企业杠杆率。

（二）特点和规模

从对文件的解读和已成功实施的项目来看，第二轮债转股与上轮最大的不同之处在于突出市场化和法制化，并且强调社会资本的参与。也就是说，不论是转股企业，还是银行、金融资管公司，都应通过市场定价的方式承接债转股，而社会资本的参与意味着需要有良好的退出渠道和退出时的期望收益率。

同时，第二轮债转股明确了适用企业和债权范围，鼓励面向发展前景良好但遇到暂时困难的优质企业开展市场化债转股，包括：因行业周期性波动导致困难但仍有望逆转的企业；因高负债而财务负担过重的成长型企业，特别是战略性新兴产业领域的成长型企业；高负债居于产能过剩行业前列的关键性企业以及关系国家安全的战略性企业。禁止将下列情形的企业作为市场化债转股对象：扭亏无望、已失去生存发展前景的“僵尸企业”；有恶意逃废债行为的企业；债权债务关系复杂且不明晰的企业；有可能助长过剩产能扩张和增加库存的企业。

另外，金融机构的入股形式也呈现多样化，包括优先股、股权投资基金、可转债转为优质子公司股权等。在退出渠道方面，第一轮债转股中90%的债转股协议都要求企业回购，回购资金基本来自于企业自主资金。而第二轮的债转股案例中，企业主体基本上都会有上市子公司或者自身拟上市，股票市场成为金融机构未来股权退出的重要渠道之一。在企业的投后管理方面，第二轮债转股通过市场化机制进行，金融机构在与高负债企业的债转股博弈中应该处于优势，可以更积极地参与企业的运营中去，包括派驻董事、优化企业管理、禁止盲目投资等。以中国建设银行和云锡集团的债转股项目为例，中国建设银行在和云锡集团签订债转股协议后，积极派董事参与公司运营，帮助企业瘦身减负，引入更多的资源，进而从实质上改善企业的经营状况，提高回报收益率。

从规模方面看，新一轮债转股在全国范围内的规模数量级在1万亿~2万亿元左右，估计在三年甚至更短时间内，化解1万亿元左右规模的银行潜在不良资产。国家开发银行、中国银行、中国工商银行、招商银行等银行入选第一批债转股试点，按企业贷款利率6%估算，每年可减少企业利息支出近千亿元。截至2016年底，即仅在指导意见出台后3个月内，债转股合作协议签约额已经超过3 000亿元，涉及煤炭、钢铁、有色、交通运输（如广州交通投资集团有限公司）等领域的几十家国有企业。

专栏阅读 8－1：

中国中钢集团债转股案例

由于此前多年的大手笔并购扩张，中钢集团累积了巨额债务。至 2013 年末，中钢集团的资产负债率高达 93.87%，总负债为 1 033.5 亿元。中钢集团高额负债所带来的危机在 2015 年彻底爆发，2015 年 11 月起，中钢集团旗下中钢股份有限公司的“10 中钢债”多次调整回售登记期，并借此延期支付这笔 20 亿元债券的利息。

债转股政策的出台为中钢集团解决面临的债务问题迎来了转机。2016 年 12 月 9 日，作为中钢集团债委会主席行，中国银行、交通银行、国家开发银行、中国农业银行、中国进出口银行和上海浦东发展银行等六家银行与中钢集团正式签署《中国中钢集团公司及下属公司与金融债权人债务重组框架协议》。整体重组方案包括债务重组方案和业务重组方案两部分。其中：债务重组方案采取“留债＋可转债＋有条件债转股”的模式，按回收风险对重组范围内金融债权划分层级，兼顾企业当前和未来发展需要，设计差异化方案并分两阶段实施。在第一阶段的安排中，对本息总额 600 亿余元的债权进行整体重组，分为留债和可转债两部分，其中可转债部分由中钢集团成立新的控股平台向金融债权人发行，可置换金融机构债权人非留债部分对应的债权，使中钢债务得以缓解。第二阶段，在相关条件满足的情况下，可转债持有人逐步行使转股权。同时，在国家相关部委的指导下，结合债委会要求，中钢集团配合债务重组方案形成业务重组方案，通过企业内部改革，业务有保有压，产业有进有退，重点发展其优势业务及产业，突出主业，构建可支持企业更好发展的新优势。

本次债务重组充分体现了专业化设计和市场化运作的特点。坚持以市场化、法治化为原则，设计了先期可转债和后续有条件债转股的重组方案，开创了我国大型央企债务重组的新范例。方案安排既可以有效降低企业杠杆率，为其减轻负担轻装前行，同时推动企业自我加压、深化企业内部改革，形成运行高效灵活的经营机制，持续深化和推动我国央企的改革。

（三）影响和挑战

宏观上来看，在我国增量增长放缓的情况下，债转股是盘活存量的有效方式，央行 2016 年第三季度货币政策报告也提到，“市场化债转股是主动去杠杆的重要途径，可发挥好银行在金融体系中的重要作用，把债转股与金融业综合经营、建设多层次资本市场、国企改革等有机结合起来，加快结构调整和改革步伐”。债转股鼓励民营资本甚至外资参与，也能为国有企业重新注入生机。

微观上来看，企业通过债转股能够有效降低负债，利好企业中短期的偿债能力。但是企业的长期偿债能力仍要考察企业减负之后的营利和现金流情况。对于银行来说，则能够降低不良贷款压力，投资优质资产。

债转股的推进和实施也面临一系列挑战，包括：一是政府能否做到不干预。本轮债转股预计仍然是国企为主，企业的筛选、资产估值、投后管理以及未来的退出都需要国资委等政府部门参与，行政干预的存在可能会使得债转股效果不达预期。二是社会资本参与是否积极。尽管本轮债转股鼓励社会资本参与，社会资本参与的前提是有较好的预期收益率，需求债转股的高负债企业是否有足够的优质资产吸引社会资本进入。三是退出渠道问题。目前进行债转股的大部分公司是拥有上市公司平台，因此退出可通过二级市场完成。但是随着债转股的逐步推进，部分公司的股权退出可能还是要企业进行回购，这实质上是明股实债，对于企业的资金压力还是比较大的。

第三节　交通行业推进债转股的必要性

一、当前公路建设债务风险急需化解

改革开放以来，“贷款修路，收费还贷”政策支撑了我国公路基础设施发生了巨大改变，结构得到很大改善。与此同时，公路建设债务风险也在逐步积累和显现，据初步估算，目前全国公路行业债务余额已突破 6 万亿元，考虑到公路在建项目特别是高速公路在建项目规模较大，债务规模仍将进一步扩大。

另一方面，由于宏观经济形势的变化、融资平台清理、国家防控政府性债务风险等多项政策共同作用、相互叠加的影响，当前公路交通运输行业面临债务负担沉重，债务风险逐渐积累的问题已开始显现。从形势来看，“十三五”及今后一段时间将是债务偿还的高峰期，如何做好公路债务风险防控工作，是关系当前交通发展的重要任务。

根据收费公路统计公报，截至 2018 年底，全国收费公路累计建设投入 88 823.5 亿元，其中，资本金投入 27 044.7 亿元，债务性资金投入 61 778.8 亿元，分别占总投入的 30.4% 和 69.6%。2018 年底，全国收费公路债务余额为 56 913.6 亿元，2018 年度全国收费公路应还本付息 7 714.6 亿元，其中应还本 5 066.7 亿元，应付息 2 647.9 亿元。当年高速公路车辆通行费总收入为 5 552.4 亿元，扣除用于养护及运营管理等刚性支出后，当年全国高速公路付息支出可以保障，但是还仍存在 4 069.4 亿元的缺口。

二、释放债务空间保障公路可持续发展

我国经济进入新常态后，交通运输在稳增长、促投资、促消费中发挥了重要作用。从“十三五”全面建成小康社会、深入实施国家“三大战略”、推进新型城镇化发展，以及“十四五”期开启建设交通强国新征程来看，都为交通运输加快建设、快速成网带来了重大机遇；同时，中西部地区，尤其是老少边穷地区，建设发展任务重，需要继续加大投入，补齐短板。但是，从中央防控地方债务风险，遏制隐性债务增量等新要求新部署来看，交通建设投融资环境正在发生深刻的变化。当前，地方政府债务问题已经成为中央工作的重中之重，上升到了维护国家总体安全的高度。近年来，国家出台了国发〔2014〕43 号文、新版《预算法》等一系列法律法规和文件，要求进一步规范地方政府举债融资行为。特别是 2017 年财政部出台的 50 号文，对地方政府违规担保、明股实债、借道基金、PPP 违规举债等行为进行清理规范；出台的 87 号文叫停了农村公路 PSL 贷款。目前我国收费公路的资产负债率过高，极大限制了融资规模，即使采用国家政策允许的融资方式，也难以满足银行和其他金融机构的融资条件。

债转股能够给予由于周期性因素或由于短期管理问题导致财务困境的企业

一个相对宽松的约束，帮助其渡过难关。体现在企业资产负债表中，其将债务下移转变为所有者权益，从而使企业的资产负债率或杠杆率下降，改善资产负债表，释放债务空间，增强其再融资能力。所以通过债转股可以增强我国交通融资平台的融资能力，保障我国公路健康良性发展。

第四节　债转股的优劣势分析

一、优势分析

根据企业的实际情况，对高速公路企业实行债转股是企业轻装上阵交通基础设施建设的机遇，能够实现政府、银行、企业的多方共赢，具有实施的可能性。

对于政府，债转股减轻了加快公路建设资金筹措的压力，解决了高速公路企业的扭亏增盈和融资平台的转型问题；对于银行，通过盘活不良资产，增强了资产的流动性，提高了资金运作效益，防范和减轻金融风险，提高银行信誉及其金融市场竞争力；对于高速公路企业，将债务转作资本金，减轻了还贷压力，改善了财务状况，拓宽了融资渠道，提高了融资和对外投资公路项目的能力，同时改善了产权结构，有利于建立现代企业制度。

二、劣势分析

一是债转股并不能降低企业资本成本。债转股并非债务豁免，债务转成了股权，企业不需再向债权人支付利息，但要向股东支付股利。企业没有营利或营利较少时可以不分红派息，但不能总不分红派息。银行作为股份制企业，它必须对股东负责，保证资产的保值增值，必须追逐利润，这是它的经营目标。作为一家非生产性控股公司，它的利润只能来源于投资收益。债转股以后，由于银行承受了比能得到固定利息收益的债权人更大的投资风险，按照风险收益对等原理，它应该得到比债权人更高的投资报酬。因此从理论上讲，债转股后企业支付的股利要高于利息，企业资本成本不会因债转股而降低。

二是债转股使企业不能利用债务的节税功能，得不到财务杠杆利益。在资本结构一定时，企业从息税前利润中支付的债务利息相对固定，当息税前利润增加时，每1元息税前利润所负担的债务利息相应降低，企业税后利润就会增加，这就是负债的节税功能为企业带来的财务杠杆利益。债务转为股权，股利在税后利润中支付，企业就丧失了固定利息节税效应产生的杠杆作用。

三是债转股削弱了企业资本结构弹性。资本结构中的长期银行借款，一般都可随时增减，市场利率高时可偿还，利率低时可借入，灵活性大，弹性高。一旦转为股权，企业将不能随意增减调整，从而削弱了资本结构弹性。

第五节　债转股方案设计

一、方案具体内容

市场化债转股业务流程如图 8－1 所示。

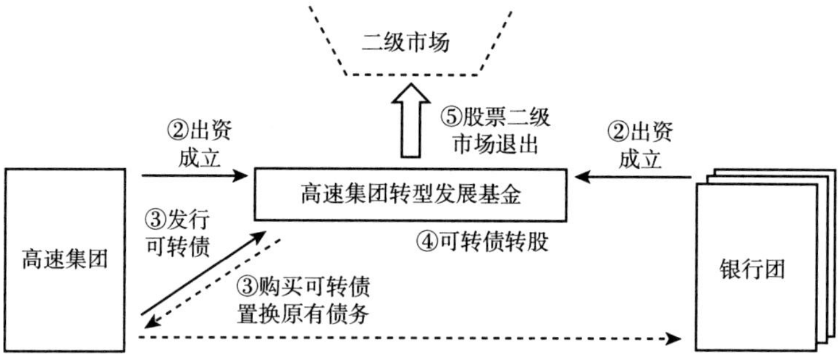

图 8－1　市场化债转股业务流程

资料来源：吉林省交通运输厅：《深化财税体制改革对吉林交通运输筹融资影响及对策分析》。

第一，国务院国有资产监督管理委员会、高速公路企业、债权银行签署三方框架协议。

以省级高速集团为例，由国务院国有资产监督管理委员会、高速集团、银行团代表等开展沟通协商，明确高速集团进行债转股的意向、条件、模式和初步债务重组方案等，签署三方或多方债转股框架协议，便于后续操作。

通过企业内部改革，业务有保有压，产业有进有退，重点发展优势业务及产业，突出主业，构建可支持企业更好发展的新优势；争取逐步理顺高速集团资产权益配比关系，优化其财务指标，增强其融资和转股能力。

第二，高速集团和银行团共同出资成立控股平台。

成立“高速集团转型发展基金”作为夹层基金。基金注册资金构成中，高速集团作为劣后级出资较少，银行团作优先级出资较大，但通过基金管理结构的设计使高速集团拥有相当的决策权。高速集团出资部分由高速集团自有资本构成，银行团出资部分由银行自有资本、保险资金等战略投资者以及社会资本构成。

转型发展基金能够以债权等形式用于高速集团的债务结构调整，在基金成熟运转后，还能够以股权或资产证券化形式投资于新建项目。

第三，高速集团通过对基金平台发行可转换债券等方式，将原银行债权置换为平台的债权。

高速集团将原银行团的债务进行测算，确定希望转股的债务规模。之后对“高速集团转型发展基金”发行相应规模可转换债券，偿还原银行团债务，并将原银行团的债权置换为平台的债权。

第四，基金平台（可转债持有人）逐步行使转股权。

可转换债券持有人成为高速集团阶段性股东，并行使股东权利；高速集团杠杆率下降、可进行相应规模的再融资。

第五，基金到期后，通过上市、再发行、高速集团回购等模式退出。

二、需要进一步研究的问题

一是如何促使优质资产管理公司为高速集团实行债转股。债转股的基本内涵是将银行对企业的债权转换为资产管理公司对企业的债权，然后转化为资产管理公司对企业的股权。债转股可使商业银行账面不良资产减少，资产质量形式上得到改善，银行资本金压力减少，对银行而言总体是利好；但对于购买银行债权的资产管理公司（基金平台）而言，其将承担债转股之后公司治理依然得不到改善、经营效率没有提高的风险。资产管理公司作为转股之前的债权人，其求偿顺序发生了变化，原先债权的优先偿付优势丧失，若企业再次面临经营困难的问题，其可能回收更少资金，将严重加大资产管理公司的流动性风险。因此在债转股过程中，如何促使优质资产管理公司为高速集团实行债转股是高速集团必须面临的问题。初步考虑可以采用以下措施：（1）使用较低价格出让股东权益；（2）给予资管公司退出一些便利条件；（3）采用适当的结构设计成立资管公司。

二是资产管理公司变为股东对高速集团的影响。资产管理公司对债转股企业的控股重组，根据转股规模的不同大致包含三种情况：（1）资产管理公司对企业持股权较弱，主要减轻企业的杠杆率和不良负债；（2）资产管理公司对企业有较强控股权，其投资决策是为了尽快收回不良贷款。在这种情况下，资产管理公司只为尽快追回资产，其投资决策可能并不会真正为企业长远利益考虑。（3）资产管理公司获得企业控股权，对企业经营体制进行重组。在这种情况下，企业控制权发生一定程度的变化，通过重塑治理结构对内提升管理水平，对外加强资源整合，可能更有利于企业的长期发展。但这需要企业的原股东让出一部分决策和监管权，出于各方面因素考虑，有较多企业并不愿意让资管公司真正参与到企业的重大决策中。

第六节　债转股实施面临的困难

银行普遍反映，尽管多数交通企业对债转股有较强的意愿，但在实际推进工作中存在落地慢、落地难等情况，主要面临着以下问题：

一是部分企业对债转股认识不够，实施债转股动机与本轮政策要求存在差异。部分企业对相关政策了解不全面，推荐的债转股标的资产多为经济效益较差的项目，寄希望于通过实施债转股，实现资产出表从而达到调整财务结构、美化财务报表、降低资产负债率等目标。这与本轮市场化债转股面向拥有优质优良资产、发展前景良好但遇到暂时困难的优质企业，通过债转股实现权益融资、帮助企业提质增效等目的不相吻合。

二是受交通项目经济效益不乐观影响，股权投资收益率较低，难以满足投资者预期。债转股实施主要通过投资者运用固有资金投资撬动社会资本投入，对投资项目有收益率门槛要求。交通项目前期投资规模大、投资回收期年限较长、投资回报率低，部分交通企业可供分配的利润较低或者短期内无法实现分红，难以与市场股权投资收益率预期相匹配，导致投资者债转股资金筹措难度较大。

三是受行业相关政策要求影响，对投资者而言股息分配难有保障。按照收费公路管理相关政策规定，收费公路通行费等收入均有明确的用途，需要先用于公路运营维护、项目贷款利息支出，导致部分企业即使实现了可供分配利润，也很难进行股息分配。

第七节　推动债转股实施的建议

一是在债转股对象的甄选上，应以收费高速公路为主。高速公路具有稳定的现金流，并且随着路网的完善和度过市场培育期，对银行有较大的吸引力。对于普通公路债务，由于没有相应的收益来源偿还，仍应坚持以地方政府发行政府债置换予以解决。

二是债转股方式的选择上，建议转“优先股”。主要原因如下：首先从政策导向上看，本轮债转股处置更强调市场化取向，而优先股在参与企业经营决策方面受限，是一种扭曲较少的债转股工具。公路债务风险的形成与一般企业不同，并不是内部治理结构存在缺陷，而主要是公路适度超前发展与政府投资的缺位。其次，本轮债转股更需重视银行的内在激励，优先股有固定支付的股息率，对银行利润冲击较小。最后，债转股对银行和企业是一种双赢，银行可以获取与贷款相当甚至高于贷款的固定股息，企业则免去了偿还本金的责任而不必再去借新还旧。

三是建立完善的股权退出机制。从根本上讲，第一轮债转股仍以国家财政兜底为主。从目前获得信息来看，第二轮债转股将以市场化取向为主，不仅银行在债转股企业筛选、资产确定、条款细节等方面获得较大的自主权，在后期银行股权退出变现方面，也需要与之相匹配的市场化的定价机制和参与者。

第九章 公路水路交通基础设施投融资相关政策建议

第一节 调整完善收费公路管理相关政策

一、实行年限明确的长期限收费政策

一是我国收费公路政策本质就是年限明确的长期收费政策。1988 年我国第一条收费高速公路通车，从经营主体看，我国收费公路包括政府还贷公路和经营性公路两种，根据 2004 年出台的《收费公路管理条例》规定，政府还贷公路和经营性公路的收费期限最长分别为不得超过 15 年和 25 年，中西部最长分别不得超过 20 年和 30 年，由此可见，我国收费公路发展一直贯彻执行的是有具体年限的“长期收费”管理制度。经过几十年的发展，对于经济社会发展需求而言，我国交通运输经历了从“瓶颈制约”到“总体缓解”，再到目前“基本适应”的发展阶段。在这一过程中，经济发展相对活跃地区的收费公路基本建成，未来新建的收费公路普遍处于经济发展相对滞后地区，经济效益普遍较差，整体呈现出递减趋势。在此背景下，现有的收费公路收费期限年限规定已无法适应新形势下收费公路的发展需求，需要根据新建收费公路经济效益变化趋势和特点进行调整。

二是年限明确的长期收费政策符合经济发展规律。从《收费公路管理条例（修订草案征求意见稿）》看，经营性公路项目经营期限（对应政府收费公路的偿债期）相对明确，一般不得超过 30 年，但政府收费公路项目的偿债期限没有具体年限，实行养护管理收费也意味着政府收费公路可以没有明确年限地一直收费下去，这些新的政策调整与我国一贯执行的有明确年限的“长期

收费”政策不符。一段时间以来，社会公众对收费公路政策已有所诟病，如果没有期限地长期收费社会公众更是较难接受，而且待我国经济发展到一定阶段，各级政府财政实力将明显增强，公路建设任务也大幅减少，比如到 2050 年实现全面建成社会主义现代化强国，全面建成人民满意、保障有力、世界前列的交通强国的目标后，养护管理收费是否还有存在的必要性尚需进一步论证。同时，考虑到目前《收费公路管理条例》修订因面临较大外部压力迟迟不能出台等现实问题，应当借鉴日本在 2005 年将收费公路收费期限界定为 45 年，后调整为 60 年，虽期限很长但年限具体的做法，明确政府收费公路偿债期及养护管理收费具体年限，允许公路基础设施在一定经济和社会条件下回归公益性属性。

二、坚持继续执行“统借统还”政策

一是延续发挥“统贷统还”政策作用和优势。政府还贷公路“统贷统还”政策，由 2004 年出台的《收费公路管理条例》正式提出，支撑我国政府还贷公路跨越式发展，是我国收费公路发展的重要政策基石。截至“十二五”期末政府还贷公路里程达 10.21 万公里，包括高速公路、一级公路、二级公路和独立桥梁[①]。国发〔2014〕43 号文出台以来，政府及其部门举借债务不得采取银行贷款方式，只能采取发行政府债券方式，政府还贷公路发展模式因难以适应新形势下收费公路发展需要，在实践中已转变为通过发行政府专项债券举借融资的政府还债公路发展模式，由此“统贷统还”政策将实际已失去继续发挥作用的基础，需要结合改革新形势及时调整为“统借统还”政策。

二是符合收费公路网体系经济效益特点。从经济学角度分析，收费公路作为能够直接带来一定经济收益的公共产品，社会公众对其消费具有选择权，一条新的收费公路的建成通车，不仅会分流与其线路走向类同收费公路的车流量，也会因此带来路网体系的完善，将更多车辆吸引到已有收费公路上，也就

① 交通运输部. 2015 年交通运输行业发展统计公报［Z/OL］.（2016-05-06）［2016-05-06］. http：//xxgk. mot. gov. cn/2020/jigou/zhghs/202006/t20200630_3319677. html.

是说，从整个路网体系看，收费公路的经济效益是相互影响的，更加适合按照一个整体进行收费管理，实行“统借统还”。

三是有利于降低政府总体债务风险水平。据国家开发银行统计分析，同一省份收费公路“肥瘦不均”，效益好与效益差的项目单位公路收入相差 10 倍以上，偏远地区即网络末端路段通行费收入低，还款现金流不足。建议以省为单位实行“统借统还”政策，在经济效益较好的收费公路项目和经济效益较差的收费公路项目之间进行“肥瘦搭配”，这样更有利于降低政府收费公路的融资和运营成本，增强政府偿债能力，降低政府债务风险，更符合我国收费公路建设发展阶段性特点。

第二节　稳步推进公路发展政府性基金制度建设

一、深入研究制定公路发展政府性基金设立方案

研究发现，政府性基金或专项税是国际通常做法，是保障交通运输行业可持续发展的最好的制度安排，也是当前阶段积极应对车购税交通专项资金面临改革不确定性的重要举措。目前，交通运输领域中央与地方财政事权和支出责任划分改革正在稳步推进，交通运输部门应抓住这一改革契机，为履行中央交通财政事权建立稳定的资金保障机制，充分论证设立公路发展政府性基金的必要性和重要性，为成功申请设立公路发展政府性基金奠定基础。

二、积极争取获得财政部及国务院的支持

从国家财税体制改革形势看，近年来政府性基金和专项收入不断被清理压缩，新的政府性基金的设立将面临较大的困难和挑战。根据《政府性基金管理暂行办法》规定，财政部是审批、管理和监督全国政府性基金的职能部门，政府性基金申请设立必须以法律、行政法规和中共中央、国务院文件为依据。

目前来看，公路发展政府性基金设立的法律、行政法规依据尚不够充分，需要努力争取国务院发布支持文件，积极沟通和听取财政部意见，确保公路发展政府性基金制度顺利建立。

第三节　进一步完善收费公路专项债券制度

一、争取更大额度用于支持地方政府收费公路发展

国发〔2014〕43号文出台后，地方政府发展收费公路只能通过发行专项债券进行融资，为完善地方政府专项债券管理，逐步建立专项债券与项目资产、收益对应的制度，有效防范专项债务风险，2017年在政府收费公路领域开展试点，发行收费公路专项债券，规范政府收费公路融资行为，促进政府收费公路事业持续健康发展。但从实际发行情况看，各省普遍反映地方政府收费公路专项债券规模有限，无法满足地方政府发展收费公路的资金需求，迫切需要提高收费公路专项债券支持额度。

二、争取将统借统还政策落实到收费公路专项债券制度中

“统借统还”政策是指省级政府发展收费公路，实行“统一举债，统一收费，统一还款”，这一政策是过去政府还贷公路“统一贷款，统一还款”政策在财税体制改革新形势下的一种延续，是支撑我国公路交通基础设施快速发展的重要政策。同时，由于公路交通基础设施具有网络性特点，公路网络中的任何一条收费公路作用的发挥都离不开与之相连的其他收费公路，收费公路专项债券对应单个项目发行，并要求项目收益与融资自求平衡，不符合公路交通基础设施的特点。因此，为充分发挥收费公路专项债券作用，将政府融资的明渠开得更大些，在当前新建收费公路普遍经济效益较差的情况下，更应当将“统借统还”政策贯彻到收费公路专项债券管理政策中，“肥瘦搭配”，破解融资难题，促进地方政府收费公路健康发展。

第四节　充分发挥国有交通企业在行业发展中的作用

一、积极推进交通融资平台转型发展，逐步剥离政府融资职能

进一步健全公司治理结构，建立现代企业制度，将国有闲置及经营性资产依法注入划入平台公司，壮大资产规模，做实企业经营，加大改革力度，降低债务负担，将原承担的地方政府债务纳入政府财政预算妥善处置，积极推进交通融资平台转型发展的工作。鼓励平台公司发展自身的市场化业务，实现多元化经营，逐步摆脱对地方政府的依赖。

二、强化与发挥交通融资平台公益属性

交通融资平台公司融资方式灵活，能够综合运用银行贷款、企业债券、中期票据、资产证券化、短融、私募债、产业基金等方式为交通基础设施建设实现市场化、多渠道融资，特别是能够通过“借新还旧”等方式有效化解当前交通运输领域的偿债风险，融资优势明显。除此之外，省级交通投融资平台公司融资能力总体较强，具有融资成本低的优势。但市县级融资平台由于自身融资能力较差、加之国家对不规范融资平台的不断清理，其能够发挥的融资功能甚低。但总体而言，现阶段各类交通投融资平台公司、特别是省级平台公司，依然是会在交通基础设施建设中发挥重要作用。值得注意的是，随着国家对地方政府债务管理的不断规范，大多数承担着交通建设任务的融资平台自身负债水平较高，融资空间呈现不断缩小的趋势。

第五节　规范开展公路项目 PPP 模式运用

一、持续推进 PPP 模式在全行业的推广运用

各级交通运输部门要积极配合财政、发改等部门做好 PPP 项目前期评估论

证工作，提高项目前期准备工作成熟度；合理设定PPP项目收益回报、风险分配等机制，加强PPP项目政府监督和绩效评价，对PPP项目的关键步骤和环节做好风险把控；鼓励各地探索实践存量项目转型为PPP项目，盘活存量资产，回收资金用于补短板项目建设，形成新的优质资产，实现投资良性循环。推动PPP项目资产证券化，鼓励社会资本采取混合所有制、设立基金、组建联合体等多种方式，参与投资规模较大的交通运输基础设施PPP项目。交通运输企业要强化全生命周期提供公共服务的理念，坚持市场化原则，科学审慎评估PPP项目建设和运营等方面潜在风险和营利能力，合理把握市场扩张的规模和速度。

二、为PPP模式的推进营造良好的政策环境

一是完善PPP政策环境。加强PPP相关管理性文件的相互衔接，以便于民间资本通过PPP模式进入交通基础设施领域，同时简化PPP模式的审批程序、缩短审批周期。二是优化金融政策环境。建议简化贷款程序、明确担保条件，取消提高资本金比例、提供额外担保、存贷挂钩、搭售理财产品等附加条件，禁止收取除贷款利息以外的任何费用，降低民企融资难度和融资成本，对民营企业和国有企业一视同仁、公平对待。扩大直接融资比重，降低民间资本准入门槛和股票发行成本，允许有发展潜力的企业发行长期债券，鼓励其推进股票上市。三是切实减轻企业税收负担。为落实李克强总理提出的“营改增”政策（营业税改征增值税），实现所有行业税负只减不增的改革目标，建议国家财税部门密切跟踪推行“营改增”的试点后，全面分析交通运输企业的税负变化情况，并采取必要的措施，确保公路水路交通运输行业“营改增”后税负只减不增，以切实减轻企业负担。

第六节　积极探索推行收费公路降本增效

一、通过债券置换降低政府还贷公路存量债务成本

目前，我国政府还贷公路存量债券规模较大，总体上看，通行费收入只能

偿还利息，本金偿还存在困难，还本付息缺口较大。从政府还贷公路融资来源看，主要是银行贷款，利率通常为5年期银行贷款基准利率4.9%；从2017年至今收费公路专项债券发行情况看，平均率约为3.83%，相当于银行贷款利率下浮22%。[①] 允许通过发行收费公路专项债券置换政府还贷公路存量债务，按2018年底政府还贷公路债务余额30 536.1亿元计算，每年可减少利息支出超300亿元，能够有效降低债务成本，有利于防范和化解可能发生的区域性系统性金融风险。

二、争取更大额度收费公路专项债券降低融资成本

一是政府收费公路是不以营利为目的的公共基础设施。收费公路作为重要的交通基础设施，收取通行费的目的是为了偿还建设借款，同时对收费公路进行养护管理，不以营利为目的，因此并不改变其作为公共基础设施的经济属性。截至2018年底，我国收费公路16.81万公里，在整个路网体系中仅占3.5%。[②]

二是收费公路专项债券利率低、期限长契合政府收费公路经济特性。目前，我国收费公路有经营性公路、政府收费公路两种发展模式，从融资渠道看，经营性公路仍以银行贷款为主，政府收费公路只能通过发行收费公路专项债券融资。从融资成本看，据前文分析，地方政府收费公路专项债券自2017年试点发行3年以来，发行利率平均值相比银行贷款利率一般水平低约20%，利率水平较低，符合政府收费公路作为公共基础设施、不以营利为目的的特点。从融资期限看，银行贷款贷款期限通常在10年左右，很难与政府收费公路收费期限相匹配，而目前收费公路专项债券最长期限可达到30年，能够有效解决银行贷款与政府收费公路收费期限错配问题。

三、优化存量债务结构，提高资金的使用效益

一是继续优化存量债务结构。积极与相关银行及金融机构沟通协调，进一

---

① 根据中国债券信息网地方政府债券信息整理。

② 交通运输部. 2018年全国收费公路统计公报［Z/OL］.（2019－08－29）［2019－08－29］. http://xxgk.mot.gov.cn/2020/jigou/glj/202006/t20200623_3313171.html.

步将短期和高成本债务置换为长期和低成本债务，实现偿债期限与高速公路项目收费期限相匹配，有效降低短期财务费用支出。

二是提高资金使用效率和效益。合理统筹调度闲置资金，加速资金的循环周转利用，减少内部资金沉淀，提高经营性资金周转效率，降低使用信贷资金成本，提高资金使用效益。

第七节 防范化解交通运输行业债务风险

一、完善交通领域地方政府债券制度

交通运输部应积极协调财政部强化顶层设计，明确各省一般债券发行限额中用于交通领域的最低额度或比例，用于普通公路建设发展及偿还债务。建议收费公路专项债券不纳入地方政府发债限额或根据通行费收支状况适度放大发行限额；明确由同级财政先行垫付项目建设期专项债利息；实行三年滚动计划，按项目建设工期逐年安排；项目收益不能自求平衡时，允许通过政府性基金或一般预算资金确保平衡；将政府还贷公路存量债务置换纳入使用范围。

二、妥善处理交通运输存量债务

交通运输部应协调财政部等部门再次清理甄别交通存量债务，按应纳尽纳的原则将政府还贷公路存量债务纳入政府债务；研究出台化解存量债务的支持政策，存量债务置换不受发债限额限制；允许政府还贷公路存量债务未通过发行收费公路专项债置换前可“借新还旧”。针对国高网和普通国道相关事项划为中央财政事权的情况，尽快出台明确的中央资金支持政策，防范债务风险。

三、坚决遏制隐性政府债务增量

一是坚决剥离融资平台公司的政府融资职能。建议各地交通运输部门积极

配合财政部门和地方政府，按照分类处置、风险可控的原则，抓紧剥离交通运输政府融资平台公司的政府融资职能，依法界定政府与市场边界，切实做到谁借谁还、风险自担。融资平台公司不得违规新增政府债务余额。在剥离融资平台公司存量债务时，要与债权人、担保人等有关方充分协商。对合同义务仍由融资平台公司承担的债务，融资平台公司要加强财务管理、拓宽偿债资金渠道、统筹安排偿债资金。

二是加快推进融资平台公司市场化转型。按照党中央、国务院关于深化国有企业分类改革的要求，建议各地交通运输部门指导各类交通融资平台公司的转型工作，支持融资平台公司转型为自负盈亏、自主经营的国有企业，转型以后的国有企业可以合法合规服务交通运输建设。加快推进《收费公路管理条例》的修订出台，为融资平台市场化转型创造有利条件。鼓励各类平台兼并重组，发展混合所有制，盘活存量资产，通过依法依规转让收费公路权益、开展基础设施资产证券化等措施化解存量债务；加快推进各类平台建立健全现代企业制度、完善公司治理结构，对企业负债行为建立权责明确、制衡有效的决策执行监督机制，加强企业自身财务杠杆约束，合理安排债务融资规模，有效控制企业杠杆率，增强发展后劲。

三是坚决遏制违法违规举债。严格执行国家出台的政府和社会资本合作（PPP）、政府投资基金、政府购买服务等各项规范管理政策要求，地方政府和交通运输部门参与交通运输社会资本合作项目，以及参与设立各类交通运输产业投资引导基金时，应依法依规明确各方权利义务关系，坚决堵住违法违规举债的后门，防止通过各种方式异化形成违规政府性债务，坚决遏制隐性债务增量。

四是规范财政补贴行为。各地交通运输部门要严格执行《民法典》等有关法律法规规定，除法律和国务院另有规定外，不得以财政性收入、行政事业等单位的固有资产直接或间接为企业融资提供担保，不得为企业融资提供财政资金安排或承诺。交通运输部门对企业的财政专项资金、财政补贴、税费减免、贷款贴息等各类支持政策以及对企业的各类注资，要纳入预算管理，交通运输部门在出资范围内对有关企业依法履行出资人责任，实现企业债务风险内部化。

四、推进交通运输行业债转股实施

债转股是符合国家政策方向的债务风险化解的主要途径。成功实施债转股能够切实有效降低交通领域的融资杠杆率，防范债务风险；同时能释放债务空间，保障交通运输行业持续健康发展。高速公路具有稳定的现金流，并且随着路网的完善和度过市场培育期，对银行有较大的吸引力，建议首先以收费高速公路为对象开展交通运输领域债转股试点。由于目前我国债转股实操工作刚刚开展，有很多操作细节和落地方案需要进一步深入研究。特别是债转股在全国的规模以及银行可开展的规模是有限的，交通运输领域需要抓住机遇，抢占先机，积极开展相关研究工作并推动方案落地实施。

五、建立债务风险应急处置制度

建议各地交通运输部门制定债务风险应急处置和防范化解奖惩预案，建立责任追究制度，加大问责追责和查处力度，做到终身问责、倒查责任。对负债率持续攀升的企业和部门要约谈提醒。当出现偿债困难时，要通过控制项目规模、压缩公用经费、处置存量资产、争取财政支持等方式，多渠道筹集资金偿还债务。当出现债务风险事件后，在恢复正常偿债能力前，除国务院确定的重点项目外，原则上不得新上政府投资项目。在建政府投资项目能够缓建的，可以暂停建设，腾出资金依法用于偿债。鼓励融资平台接受新的融资方式，对于在建和新建项目采用融资再安排。各地交通运输部门无力自行偿还债务时，要及时上报本级政府和上级交通运输主管部门，启动债务风险应急处置预案和责任追究机制，切实化解债务风险。

参考文献

[1] 交通运输部，《中国交通运输改革开放40年》丛书编委会. 中国交通运输改革开放40年（综合卷）[M]. 北京：人民交通出版社股份有限公司，2018.

[2] 楼继伟. 深化财税体制改革 [M]. 北京：人民出版社，2015.

[3] 楼继伟. 财政改革发展若干重大问题研究 [M]. 北京：经济科学出版社，2014.

[4] 陈建军，蒋桂芹. 收费公路融资创新与风险防范研究 [M]. 北京：中国财政经济出版社，2018.

[5] 杨建平，杨新征. 国外交通投融资管理制度研究 [M]. 北京：人民交通出版社，2016.

[6] 杨建平. 我国公路水路交通投融资政策研究 [M]. 北京：人民交通出版社，2016.

[7] 华莱士·E. 奥兹. 财政联邦主义 [M]. 南京：译林出版社，2012.

[8] 埃里克·M. 佩塔斯尼克. 美国预算中的信托基金：联邦信托基金和委托代理政治 [M]. 上海：格致出版社、上海人民出版社，2008.

[9] 交通运输部科学研究院. "十二五"期公路水路交通发展投融资政策研究 [R]. 2011.

[10] 交通运输部科学研究院. 深化交通运输领域投融资机制改革 鼓励社会投资政策研究 [R]. 2019.

[11] 交通运输部科学研究院. 公路水路建设中长期投资政策研究 [R]. 2020.

[12] 吉林省交通运输厅. 深化财税体制改革对吉林交通运输筹融资影响及对策分析 [R]. 2017.

[13] 庞松. 我国公路基础设施建设投融资政策调整研究 [D]. 武汉理工

大学，2005.

[14] 吴东明．江西省级以下政府间财政事权与支出责任划分研究 [D]．江西财经大学，2019.

[15] 王奋飞．我国政府间财政事权与支出责任研究 [D]．中南财经政法大学，2019.

[16] 刘婧．地方政府项目收益债券研究 [D]．中国财政科学研究院，2018.

[17] 张颖．完善我国政府性基金预算制度的探讨 [D]．云南财经大学，2018.

[18] 翁孟勇．建立交通发展基金制度 促进交通持续健康发展 [J]．中国公路，2018 (7).

[19] 杨建平，蒋桂芹．交通基础设施投融资的根本性变革——对《国务院关于加强地方政府性债务管理意见》的解析 [J]．交通财会，2014 (11).

[20] 高培勇．公共财政的基本特征 [J]．涉外税务，2000 (8).

[21] 贾康．对公共财政的基本认识 [J]．税务研究，2008 (2).

[22] 吴新华．建立高速公路与普通公路统筹发展新机制——日本公路投融资体制对我国的借鉴 [J]．交通财会，2009 (9).

[23] 孙东泉．日本高速公路的建设管理与通行费用 [J]．运输经理世界，2013 (8).

[24] 徐丽，贺菲菲，徐园，虞明远，朱志强，张娜．缓解制约 支撑发展——收费公路的前世今生 [J]．中国公路，2018 (22).

[25] 邵洁，刘丽梅，邓小兵．交通运输财政性资金差异化补助政策初探 [J]．公路，2020 (4).

[26] 郑育彬，刘丽梅．稳定车购税政策 为交通运输可持续发展提供坚实保障 [R]．中国交通报，2013-10-09.

[27] 杨建平．美国联邦公路信托基金的理念及挑战 [J]．中国公路，2014 (11).

[28] 李峰．指导美国未来交通运输事业的"冰茶法案"简介 [J]．综合运输，1994 (8).

[29] 魏永存，葛灵志，孙虎成．完善车购税交通专项资金使用管理机制

及政策研究［J］．交通财会，2013（1）．

［30］邓宝义．由车辆购置税优惠取消引起的思考［J］．十堰职业技术学院学报，2011（1）．

［31］杨磊．我国财政转移支付制度立法改革研究［J］．公共财政研究，2019（6）．

［32］李玉涛．交通投融资可持续性基本问题的思考［J］．交通财会，2020（6）．

［33］郭路赟，王健．交通投融资平台企业债务问题的解决思路［J］．中国公路，2020（9）．

［34］马德隆．交通基础设施投融资基本经验与未来展望［J］．宏观经济管理，2019（8）．

［35］贺竹磬．日本道路公团改革对我国高速公路管理模式的启示［C］．中国高速公路管理学术论文集（2009卷），2009．

［36］彭秉清．深化交通投融资改革研究［J］．企业改革与管理，2018（20）．

［37］江苏省交通运输厅．积极适应深化财税体制改革新形势 努力创新交通运输投融资新模式［J］．交通财会，2015（4）．

［38］郑鹏．浅析地方交通投融资平台资源整合与风险控制［J］．经济研究导刊，2016（12）．

［39］杨燕．新机遇下的交通投融资创新［J］．中国公路，2018（5）．

［40］胡虹，王子同，燕艳．政府投资基金发展研究［J］．中国内部审计，2020（9）．

［41］卞旭东，沐阳．我国政府投资基金的运作管理［J］．时代金融，2020（11）．

［42］王陇刚．市场化债转股的政策框架、实施路径与逻辑反思［J］．冶金财会，2019（6）．

［43］李广子．市场化债转股：理论基础与中国实践［J］．国际金融研究，2018（12）．

［44］刘旸，张斌，王景成．政府投资基金市场化运作难点分析［J］．产业与科技论坛，2020（6）．

［45］李振国．我国政府隐性债务风险及化解措施浅析［J］．经济研究导

刊，2019（36）.

［46］杨萍，杜月．高质量发展时期的基础设施投融资体制机制改革［J］．宏观经济管理，2020（5）.

［47］颜立群．PPP模式迈入政策稳定期与成熟期［J］．施工企业管理，2019（6）.

［48］刘穷志，王君珩．地方政府债务风险：特征、成因与化解［J］．财政监督，2020（16）.